Betriebs- und Wirtschaftsinformatik

Herausgegeben von
H. R. Hansen H. Krallmann P. Mertens A.-W. Scheer
D. Seibt P. Stahlknecht H. Strunz R. Thome

Lothar Gröner

Entwicklungsbegleitende Vorkalkulation

Springer-Verlag
Berlin Heidelberg New York London
Paris Tokyo Hong Kong Barcelona

Dipl.-Ing. Dr. rer.oec Lothar Gröner
Petersberger Hof 10
D-6600 Saarbrücken

ISBN 978-3-540-53444-0 ISBN 978-3-642-52344-1 (eBook)
DOI 10.1007/978-3-642-52344-1

2142-3140-543210 - Gedruckt auf säurefreiem Papier

1. Zielsetzung

In der Vergangenheit waren alle Rationalisierungsbestrebungen überwiegend auf diejenigen innerbetrieblichen Bereiche einer Unternehmung konzentriert, in denen hauptsächlich Kosten entstehen. Dies sind, wie Abbildung 1.1 zeigt, die der Entwicklung/Konstruktion nachgelagerten Bereiche. Hier konnten einerseits die Mikroelektronik und deren Anbindung zu Rechnern sowie andererseits Planungs- und Steuerungssyteme gute Ergebnisse hinsichtlich der Rationalisierungsbestrebungen erzielen.

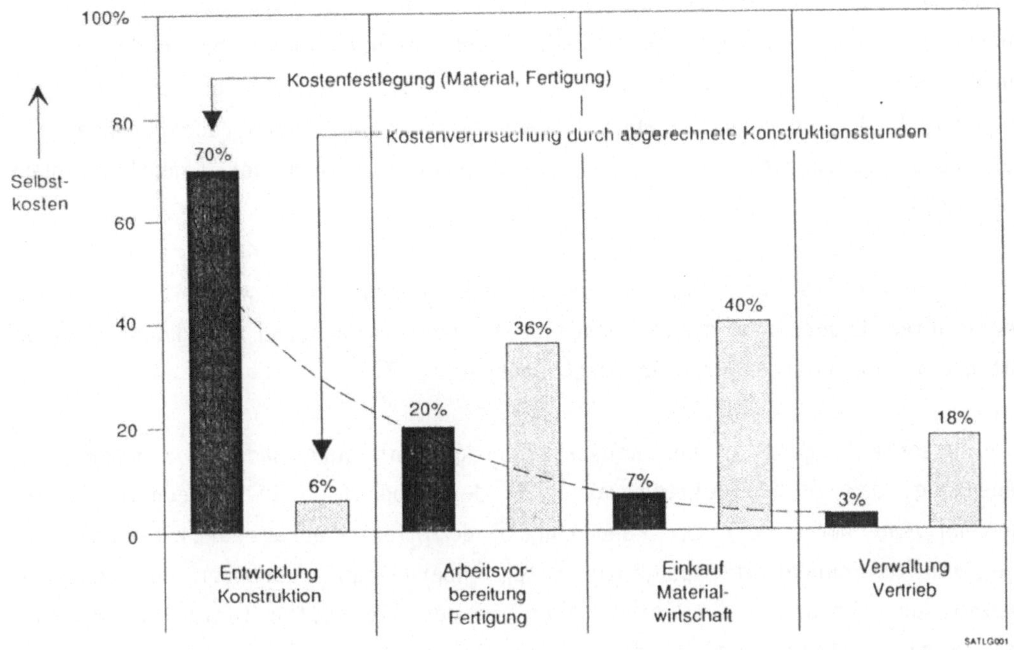

Abb. 1.1: Kostenfestlegung und Kostenverursachung[1]

Zunehmend fand der Computer auch in der Konstruktion Anwendung und hier hauptsächlich, um Kosten bei der Konstruktionstätigkeit einzusparen. Man spricht hierbei von verursachten Kosten der Konstruktion. Hohe Aufwendungen für Systeme wie das Computer Aided Design (CAD) erbringen eine erhöhte Effizienz der Konstruktionsabläufe und der Konstruktionstätigkeiten und zielen so auf eine Verringerung des Konstruktionsaufwandes. Zahlreiche Untersuchungen

---

1 VDI (Hrsg.): VDI-Richtlinie 2235, Wirtschaftliche Entscheidungen beim Konstruieren, Düsseldorf 1987, S. 3.

zeigen aber, daß der Anteil der Kostenverursachung in der Konstruktion nur ca. 6 % an den Kosten eines Produktes ausmacht. Von größerer Bedeutung ist die Kostenfestlegung für ein Produkt in der Konstruktion. Etwa 70 % der Material- und Fertigungskosten eines Produktes werden bereits in der Konstruktion festgelegt (vgl. Abbildung 1.1).

Die beschriebene Situation zeigt, daß der Konstruktionsbereich als Gegenstand von Rationalisierungsmaßnahmen hinsichtlich der dort festzulegenden Kosten von Bedeutung ist.
Gestützt werden die Forderungen nach kostensenkenden Maßnahmen in der Konstruktion durch Untersuchungen von Balken[2] und Bronner[3], die Wertanalysen durchführten. Die Auswertungen ergaben, daß die Herstellkosten in den untersuchten Unternehmen um durchschnittlich 33% gesenkt werden konnten (vgl. Abbildung 1.2). Untersucht wurden hauptsächlich Produkte der Großserienfertigung. Tendenziell sind dann die Einsparungen bei der Einzelfertigung noch größer.

Da die Wertanalyse erst am fertigen Produkt durchgeführt wird, beweisen die angeführten Ergebnisse die Notwendigkeit, bereits während der konstruktiven Tätigkeit eine Kostenkontrolle durchzuführen.

Die Kostenfestlegung in der Konstruktion gewinnt auch dadurch zunehmend an Bedeutung, daß in den letzten Jahren in der Produktion in Ländern mit hohem Kostenniveau immer mehr der Kundenwunsch dominiert. Daraus ergibt sich eine Vielfalt von Kundenaufträgen, die durch Änderungsanforderungen den gesamten Prozeß, ausgehend von der Entwicklung, in der die Kosten festgelegt werden, bis in die Fertigung und in den Versand beeinflussen. Hinzu kommt ein immer schneller voranschreitender technischer Wandel mit immer kürzeren Entwicklungszeiträumen.

Mit den kürzeren Innovationszyklen entstehen auch höhere Anforderungen hin zu kurzen Liegezeiten in den ablauforganisatorischen Vorgängen zwischen Konstruktion und der Vorkalkulation der Produkte. Eine schnelle Kontrolle des Kostenziels ist anzustreben, um rechtzeitig zu erkennen, wie sich die Kosten eines Produkts entwickeln. Diese Anforderung gilt bereits für die Angebots

2 Balken, J.: Auswertung von Wertanalysen zur Ermittlung von Kosteneinflüssen und Hilfsmitteln zum kostenarmen Konstruieren, in DFG Abschlußbericht zu Projekt EK 46/6, Lehrstuhl für Konstruktion, TU München 1978, S. 42.

3 Bronner, A.: Wertanalyse als integrierte Rationalisierung, in: wt-z. ind. Fertigung 58 (1968), H. 1, S. 16-21.
Bronner, A.: Wertanalyse als Grundlage der Erzeugnisplanung, in VDI-Z, 110 (1968), S.1583-1588.

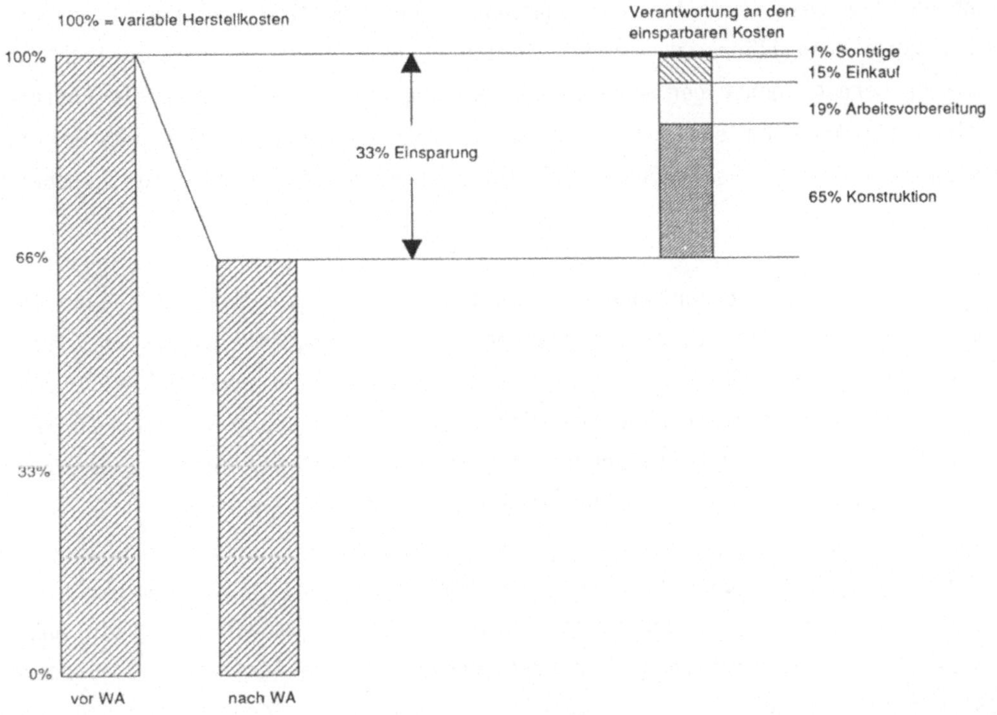

Abb. 1.2: Mit Wertanalyse erreichte mittlere Herstellkostenabsenkung[4]

phase, um nach Möglichkeit ein genaues Angebot abgeben zu können. Da sehr häufig Kundenwunschänderungen noch in den einzelnen Stadien des Konstruktionsprozesses vorzunehmen sind, ist eine schnelle Kostendarstellung bezüglich der Kundenwünsche notwendig.[5]

Neben der Prüfung auf Realisierbarkeit des Kundenwunsches muß parallel zum Konstruktionsprozeß die Prüfung der Wirtschaftlichkeit des Produktentwurfes durch frühzeitige Kostenkalkulation erfolgen.

Zum einen benötigt man Daten über vorhandene Betriebsmittel und Werkzeuge, beispielsweise für eine Simulation im Vorfeld der Fertigung[6]. Zum anderen benötigt man Kostendaten über unterschiedliche Produkte, um eine frühzeitige Kostenkalkulation ausführen zu können.

---

4 Kiewert A.: Systematische Erarbeitung von Hilfsmitteln zum Kostenarmen Konstruieren, Diss., TU München 1979, S.22.

5 Vgl.: Scheer, A.-W.; Ahlers, J.; Gröner, L.; Karst, M.: System zur konstruktionsbegleitenden Kalkulation im Rahmen des Computer Aided Design (CAD) aus betriebswirtschaftlicher Sicht; in: Herstellkosten im Griff?, VDI-Berichte 651, Düsseldorf 1987, S. 33-48.

6 Der Begriff Fertigung bezieht sich im folgenden auf die Einzelteilfertigung und die Montage.

Im normalen Arbeitsverlauf wird zunächst in der Konstruktion die technische Prolemlösung detailliert zu Papier gebracht. Erst in der organisatorisch zum Fertigungsbereich gehörigen Arbeitsvorbereitung werden heute erstmals Kostenüberlegungen in Form einer Vorkalkulation durchgeführt. Dadurch müssen oft nachträglich die Voraussetzungen für eine kostengünstige Produktion geschaffen werden.[7]

Der Konstrukteur muß dementsprechend so früh wie möglich während seiner Tätigkeit durch gezielte Kosteninformationen über die Kostenrelevanz von alternativen Lösungsmöglichkeiten informiert werden. So kann bereits im Verlauf der Konstruktionstätigkeit eine gezielte Kostenbeeinflussung vorgenommen werden. Alle Maßnahmen, nach vollzogener Konstruktion noch auf Kosten Einfluß zu nehmen, haben zur Folge, daß wesentliche Änderungskosten entstehen.

Die Abteilung mit der höchsten Kostenverantwortung ist die Entwicklung/Konstruktion. Obwohl der Konstrukteur die Kosten maßgeblich beeinflußt, besitzt er kaum Informationen über kostenbeeinflussende Parameter. Vorhandene Ansätze bezüglich des Einsatzes von Hilfsmitteln zum kostengünstigen Konstruieren wurden mittels einer Befragung aufgezeigt (vgl. Abbildung 1.3).

In neuerer Zeit wurden weitere Arbeiten zu diesem Themenkomplex veröffentlicht. Diese reichen von methodischen Ansätzen über die Erarbeitung von Relativkostensätzen bis hin zur Kalkulation mit mathematischen Gleichungen. Die Verfahren gründen sich auf der Kostenermittlung mittels Kalkulationsblättern ohne Zuhilfenahme einer EDV-Anlage, auf in Taschenrechnern ablegbaren Kalkulationsformeln und auf Problemlösungen unter Einbindung einer EDV-Anlage. Ansätze, die auch das Computer Aided Design (CAD) mit integrieren, gibt es kaum.

Die Lösungen gelten immer für Teilprobleme oder ein bestimmtes Teilespektrum wie z.B. rotationssymetrische Teile. Auf die entsprechenden Arbeiten wird im Kapitel 2.5 näher eingegangen.

Jorissen, H. D.; Kämpfer, S.; Schulte H. J.: Die neue Fabrik, Düsseldorf 1986, S. 41.

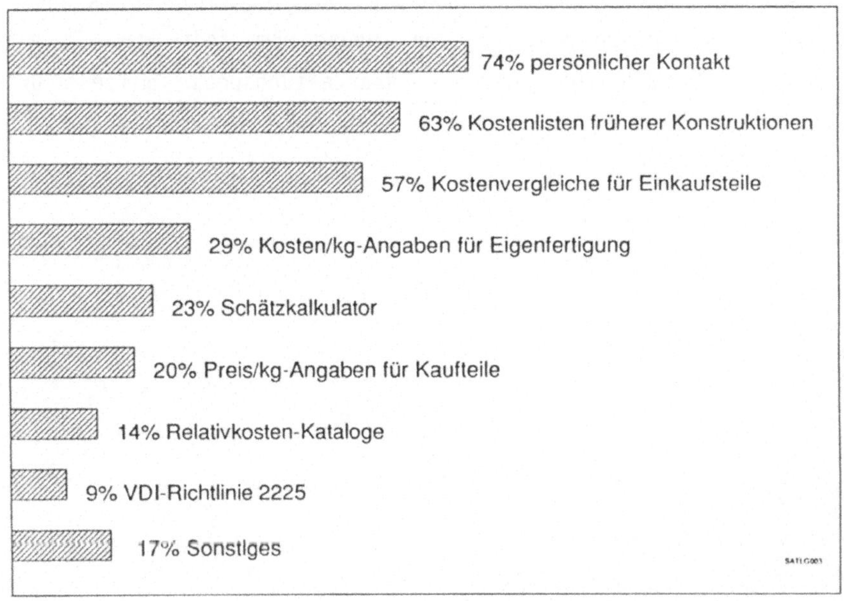

Abb. 1.3: Einsatz von Hilfsmitteln zum kostengünstigen Konstruieren[8]

Die Abbildung 1.4 zeigt die Möglichkeit, die Kosten zukünftiger Produkte zu **beeinflussen**. Zu Beginn des Konstruktionsprozesses, in der Planungs- und Konzipierungsphase, hat der Konstrukteur die größte Möglichkeit, auf die Kosten-Einfluß zu nehmen. Im weiteren Verlauf der Tätigkeit nimmt der Einfluß ab, da die wesentlichen Einflußgrößen, wie z.B. physikalische Effekte, Wirkprinzipien, Baugröße, durch das gewählte Konzept festgelegt sind. Die Stückzahl bestimmt der Markt. Positiven Einfluß auf Kosten können hier Teilefamilien, Gleichteile, Baureihen und Baukasten haben.
Im Gegensatz dazu stehen die heutigen Möglichkeiten, die Kosten in einem frühen Stadium des Konstruktionsprozesses zu **beurteilen**. Erfahrungen und daraus erarbeitete Regeln können herangezogen werden. Auch die Sicherheit der früh getroffenen Entscheidungen, sowohl in Hinsicht auf Kosten als auch für die technischen Eigenschaften, ist gering.[9]

Die Methoden der klassischen Vorkalkulation, die es ermöglichen, anhand von Konstruktionsunterlagen (Detailzeichnung) und Fertigungsunterlagen (Montage-

---

8 Ehrlenspiel K.: Möglichkeiten zum Senken der Produktkosten - Erkenntnisse aus einer Auswertung von Wertanalysen, in: Konstruktion 32 (1980), H. 5, S. 173-178, s. bes. S. 177.

9 Vgl. VDI (Hrsg.): VDI-Richtlinie 2235, Wirtschaftliche Entscheidungen beim Konstruieren, Düsseldorf 1982, S. 5.

pläne, Arbeitspläne, Stücklisten) eine Kalkulation durchzuführen, können allenfalls in der Ausarbeitungsphase greifen. Heute ermittelt man mit diesen Verfahren Kosten erst nach Abschluß der Ausarbeitungsphase mittels Unterlagen, die die Arbeitsvorbereitung erstellt.

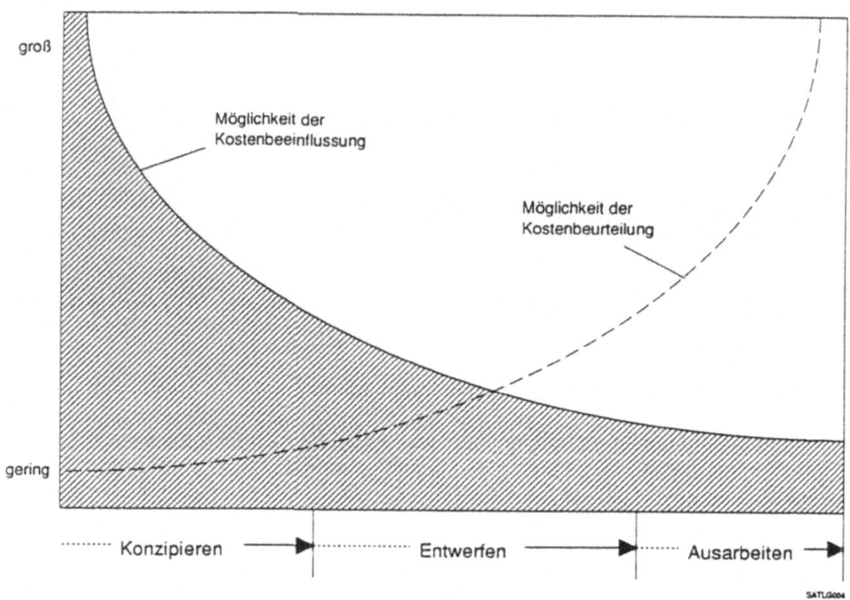

Abb. 1.4: Kostenbeeinflussung und Kostenbeurteilung im Konstruktionsprozeß[10]

Oftmals werden aber Produkte konstruiert, deren Fertigungsunterlagen nicht grundsätzlich von denen schon existierender Erzeugnisse abweichen. Können diese Unterlagen mittels eines entsprechenden Systems aufbereitet und in geeigneter Form bereitgestellt werden, so ist anhand solcher Vergangenheitsdaten eine schon frühzeitige Kostenkalkulation in der Konstruktion möglich. Bei entsprechender Festlegung kostenrelevanter Einflußgrößen gelingt dies bis hin zur Planungsphase.

Die Lösung des Problems, parallel zur Tätigkeit des Konstrukteurs eine Kalkulation durchzuführen und so Hilfen für ein kostengünstiges Konstruieren zu schaffen, muß an der Schnittstelle zwischen Konstruktion, Betriebswirtschaft und technischer Realisierung (Arbeitsplanung, Fertigung) erarbeitet werden.

10 VDI (Hrsg.): VDI-Richtlinie 2235, Wirtschaftliche Entscheidungen beim Konstruieren, Düsseldorf 1987, S. 5.

Grundlegender Gedanke der vorliegenden Arbeit ist hierbei ein rechnergestütztes System, das die vorauszusetzenden Schnittstellen zu anderen betrieblichen EDV-Systemen in den genannten Bereichen beinhaltet.

Dabei sollen die Daten, die für eine Kalkulation während des Produktentwicklungsprozesses in den Bereichen der Betriebswirtschaft und der Technik vorliegen, als Grundlage verwendet werden.

Um Kosten zu bestimmen, müssen Daten in bestimmter Form bereitgestellt und verarbeitet werden, wozu die erforderlichen Algorithmen entwickelt und das Kalkulationsmodell formuliert werden.

Als Basis für ein solches Kalkulationssystem dient eine allgemein formulierte Datenstruktur (vgl. Kapitel 4), die eine Erweiterung der von Scheer[11] entwickelten Informationsstrukturen darstellt.

Das Ergebnis soll die Lösungsansätze der bisher erarbeiteten Systeme ergänzen. Die Systeme und deren Grenzen werden im Kapitel 2.5 angesprochen und ihre Einsetzbarkeit diskutiert und aufgezeigt.

Die Ergebnisse dieser Arbeit sollen über alle Phasen des Produktentwicklungsprozesses einen benutzergesteuerten Entscheidungsdialog zur Produktvorkalkulation bieten.

---

11 Vgl. Scheer, A.-W.: Wirtschaftsinformatik - Informationssysteme im Industriebetrieb, 2. Auflage, Berlin-Heidelberg-New York-London-Paris-Tokyo 1988.

2. Technische Grundlagen

2.1 Konstruktive Tätigkeiten

In der Literatur wird der Konstruktionsprozeß im allgemeinen in unterschiedliche Phasen aufgegliedert (vgl. Abbildung 2.1). Jeder Phase können bestimmte Eingangsinformationen zugeordnet werden, die im Laufe der Bearbeitung einer Problemstellung zu immer konkreterem Datenmaterial führen, das wiederum als Eingangsinformationen für die nachgeschaltete Konstruktionsphase dient.

Der Konstrukteur bearbeitet in jeder Phase die Eingangsinformationen unter Zuhilfenahme seiner Erfahrung und Kenntnisse, von Literatur, Tabellen, bereits konstruierten Lösungen, Konstruktionskatalogen und sowohl innerbetrieblichen als auch außerbetrieblichen Normen.

Konstruktionskataloge sind unterteilt in:[12]

- Objektkataloge: Aufgabenunabhängige Kataloge, die z.B Lösungen zur Realisierung physikalischer Effekte oder Werkstoffeigenschaften enthalten.
- Operationskataloge: Kataloge, die z.B. Regeln zur Erzeugung gestaltlicher Lösungsvarianten enthalten.
- Lösungskataloge: Aufgabenunabhängige Kataloge, in denen prinzipielle oder gegenständliche Lösungsmöglichkeiten für bestimmte Konstruktionsaufgaben enthalten sind.

Eine Konstruktionsaufgabe wird vornehmlich im Hinblick auf eine optimal funktionale, technisch-physikalische Lösung bearbeitet. Hierzu benötigt der Konstrukteur im Rahmen der fortschreitenden Konkretisierung seiner Konstruktionsaufgaben Informationen über Funktionen, Funktionsstrukturen, Lösungsprinzipien, Prinzipkombinationen, mögliche konstruktive Lösungen, Regeln,

---

12 Vgl. Roth, K.; Franke, H.-J.; Simonek, R.: Aufbau und Verwendung von Katalogen für das methodische Konstruieren, in: Konstruktion 24 (1972) H. 11, S. 449-458.
Vgl. VDI (Hrsg.): VDI-Richtlinie 2222, Blatt 2, Konstruktionsmethodik, Erstellung und Anwendung von Konstruktionskatalogen, Düsseldorf 1982, S. 4-5.

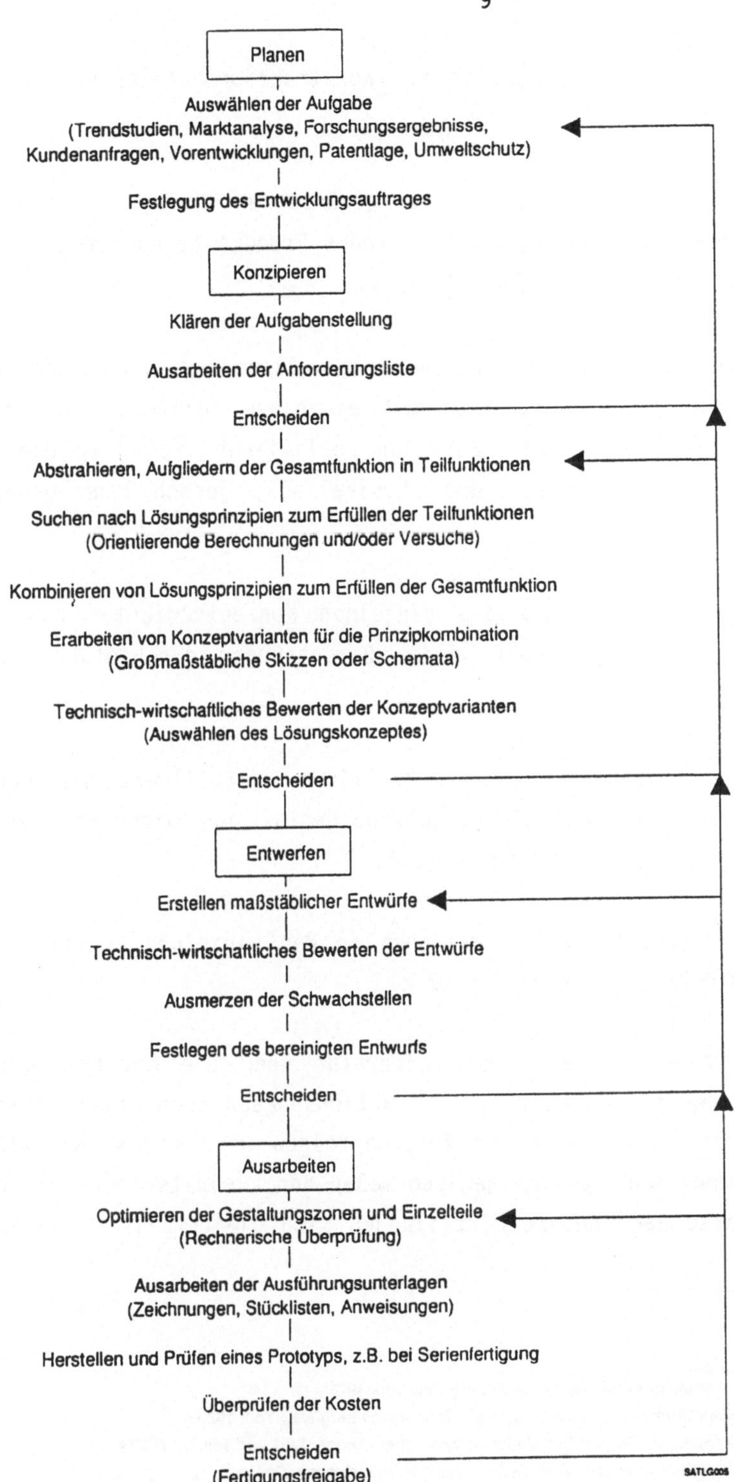

Abb. 2.1: Phasen für die Produktentwicklung[13]

---

13 VDI (Hrsg.): VDI-Richtlinie 2222, Blatt 1, Konzipieren technischer Produkte, Düsseldorf 1977, S. 3 f.

Fertigungsverfahren, wie sie zum Teil in den Konstruktionskatalogen festgehalten sind.

In der **Planungsphase** werden aufgrund von z.B. gewünschten Eingangs- und Ausgangsgrößen die Anforderungen an ein zu fertigendes Produkt beschrieben (Problemstellung, Entwicklungsauftrag, Pflichtenheft).

Unter Zuhilfenahme unterschiedlicher Informationsquellen legt die **Konzipierungsphase** zunächst die Funktionsstruktur mit einzelnen Teilfunktionen und danach physikalische Effekte, die die Funktion realisieren, fest. In dieser Phase wird ausschließlich funktional und physikalisch, jedoch kaum gegenständlich (entwurfsmäßig) gedacht.

Die **Entwurfsphase** konkretisiert nun die einzelnen Konzeptvarianten bis zu maßstäblichen Entwürfen weiter. Dabei werden Berechnungen durchgeführt, um Dimensionen festzulegen.

In der letzten Konstruktionsphase, dem **Ausarbeiten**, detailliert der Konstrukteur die Einzelteile und legt die endgültige Gestalt und Dimension sowie die noch fehlenden Fertigungsinformationen fest.

Den Grad der Konkretisierung von Informationen in den einzelnen Konstruktionsphasen zeigt beispielhaft die Abbildung 2.2.

Weitere Ausführungen hierzu sind in der Literatur über die Konstruktionslehre[14] angegeben. Teilweise werden die Konstruktionsphasen auch unterschiedlich eingeteilt[15]. Die hier verwendeten Aufgabenfolgen wurden aus der VDI-Richtlinie 2222 entnommen und stellen gewissermaßen den kleinsten gemeinsamen Nenner bekannter Ansätze dar. Andere Einteilungen sind gleichfalls darin abbildbar.

14 Vgl. Pahl, G.; Beitz, W.: Konstruktionslehre, Berlin-Heidelberg-New York 1977.
Vgl. Rodenacker, W.G.: Methodisches Konstruieren, 2. Aufl., Berlin-Heidelberg-New York 1976.
Vgl. Rodenacker, W.G., Claussen, H.: Regeln des Methodischen Konstruierens, Teil1 und Teil 2, 1973/74.
Vgl. Kesselring, F.: Technische Kompositionslehre, Berlin-Göttingen-Heidelberg 1954.
Vgl. Hansen, F.: Konstruktionssystematik, 3. Aufl., Berlin, 1968.
Vgl. Hansen, F.: Konstruktionswissenschaft, Münster-Wien 1974.
Vgl. Matousek, R.: Konstruktionslehre des allgemeinen Maschinenbaus, Berlin-Göttingen-Heidelberg 1957 (Reprint 1974).

15 Vgl. Albien, E.: Rechnerunterstütztes Konstruieren - Freie Gestaltung mechanischer Werkzeugmaschinenbaugruppen, Diss., TH Aachen 1980, S. 5-7.

Die Arbeit der Konstruktion führt entsprechend der Phaseneinteilung vom Abstrakten zum Konkreten.[16] Dabei können funktionelle, technische Gesichtspunkte (Gesetze, Zusammenhänge) meist entweder anschaulich erfaßt oder mit Formeln beschrieben und konstruktiv beeinflußt werden.

	Konstruktionsphasen			
	Planen	Konzipieren	Entwerfen	Ausarbeiten
Ziel:	Gesamtfunktion	Arbeitsprinzip	Gestaltprinzip	Fertigungsinformation
Als Ergebnis: z.B.:	Mechanischer Drehwandler	Stufengetriebe mechanisch geschaltet	Anordnung: 3.2 Steckwellen	Einzelteil-zeichnungen
	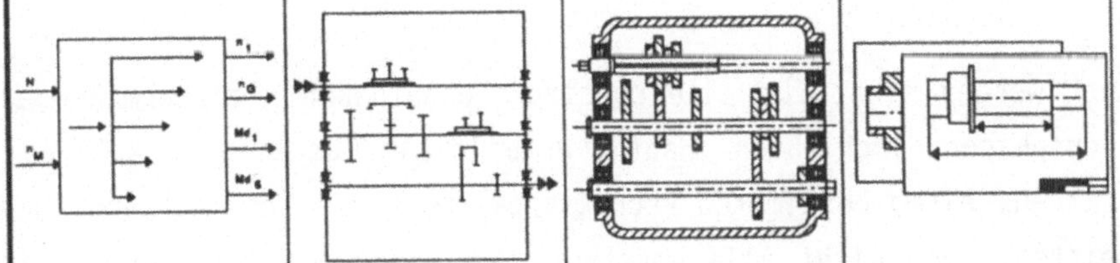			
Verfahren und Hilfsmittel	Methodologie Morphologie Intuition	Konstruktionssystematik Wertanalyse Morphologie	Entwurfssystematik Berechnungsverfahren Wertanalyse	manuelle und maschinelle Zeichentechnik

Abb. 2.2: Konkretisierung von Informationen im Konstruktionsprozeß[17]

So erfolgt die Darstellung von Funktionen durch Schaltpläne, sogenannter Funktionsstrukturen . Die physikalischen Zusammenhänge werden durch Skizzen und Formeln dargestellt. Eine Beeinflussung der konstruktiven Gestalt erfolgt durch Gestaltungsregeln, Festigkeitsanalysen und Optimierung.

Zur Ermittlung der Kosten einer Funktion oder eines physikalischen Effektes fehlen Formeln, wie sie beispielsweise in der Festigkeitsrechnung bekannt sind, so daß es schwierig ist, während des Konstruktionsprozesses Kosten zu

16 Vgl. Rodenacker,W.G.: Methodisches Konstruieren, 2. Auflage, Berlin-Heidelberg-New York 1976, S. 80f.

17 Vgl. Baatz, U.: Bildschirmunterstütztes Konstruieren - Funktionsfindung, Prinziperarbeitung, Gestaltung und Detaillierung mit Hilfe Graphischer Datenverarbeitungsanlagen, Diss., TH Aachen 1971, S. 30.

beurteilen. Entsprechend schwer, wenn nicht unmöglich ist es deshalb zur Zeit für den Konstrukteur, quantifiziert zu beurteilen, wie durch die Wahl einer Funktion, die Veränderung der Funktionsstruktur oder den Austausch eines physikalischen Effektes, die Kosten eines Produkts beeinflußt werden. Kosten können heute erst ausgehend von der fertigen Zeichnung ermittelt werden.[18]

Die aufgezeigten Konstruktionsphasen laufen nicht streng in einer bestimmten zeitlichen Reihenfolge ab, sondern es ergibt sich ein iterativer Bearbeitungsablauf. So können beispielsweise in der Konzipierungsphase konkrete Informationen der Entwurfsphase für Teilkomponenten oder Teile von Funktionen oder Baugruppen vorliegen. Allgemein können Informationen aus nachgeschalteten Konstruktionsphasen zur Lösungsverbesserung in die vorherigen Phasen eingehen.

Auch werden nicht für alle Konstruktionaufgaben gleichermaßen alle Konstruktionsphasen durchlaufen. Häufig erteilt ein Kunde einen Auftrag für ein Produkt aus einem bestimmten Produktspektrum eines Unternehmens. Dann können die meisten, wenn nicht alle konstruktiven Anforderungen über bereits vorhandene ähnliche Teile oder Baugruppen, durch Änderungs-, Varianten- oder Anpassungskonstruktion abgedeckt werden. Für diese Konstruktionsarten beginnt die Arbeit in der Entwurfs- oder gar in der Ausarbeitungsphase. Die Planungs- und die Konzipierunsphase werden nicht durchlaufen.

Bei näherer Betrachtung des Ablaufs in den Konstruktionsphasen ergibt sich, daß hier jeweils eine Kette von vielen Teilschritten durchlaufen wird, wobei eine Reihe dieser Teilschritte in mehreren oder allen Konstruktionsphasen vorkommen.[19]

Die prinzipielle Erarbeitung von Daten zur Lösung einer Konstruktionsaufgabe kann auch am Beispiel des von Rodenacker[20] beschriebenen Vorgangs vom Abstrakten zum Konkreten bei der Konstruktion einer Maschine beschrieben werden.

18 Vgl. Kiewert, A.: Systematische Erarbeitung von Hilfsmitteln zum kostenarmen Konstruieren, Diss., TU München 1979, S. 17-18.

19 Vgl. Wessel-Schlickmann, H.-J.: Rechnerunterstütztes Konstruieren - Flexible Variantenkonstruktion von Werkzeugmaschinenbaugruppen, Diss., TH Aachen 1979, S. 8-9.

20 Vgl. Rodenacker,W.: Methodisches Konstruieren, 2. Auflage, Berlin-Heidelberg-New York 1976, S. 80f.

Hiernach erarbeitet sich der Konstrukteur in der angegebenen Reihenfolge:

- den geforderten Wirkzusammenhang,
- den logischen Wirkzusammenhang,
- den physikalischen Wirkzusammenhang,
- den konstruktiven Wirkzusammenhang.

Aus der Arbeitsweise des Konstrukteurs und aus den in einzelnen Konstruktionsphasen vorhandenen Informationen entstehen Anforderungen an ein Kostenkalkulationssystem im Rahmen der Produktentwicklung, die im weiteren Verlauf der Arbeit analysiert werden. Hieraus sind grundsätzliche Anforderungen an ein solches System ableitbar.

2.2 Objektdaten

Nachfolgend wird zuerst auf Daten eingegangen, die im Konstruktionsprozeß anfallen oder schon vorliegen und in eine Vorkalkulation eingehen könnten.
Im folgenden werden jeder Konstruktionsphase Daten zugeordnet, die entweder als Anforderung an das Produkt gestellt werden oder die der Konstrukteur sich aufgrund von vorgegebenen Eingangs- oder Ausgangsgrößen in der betreffenden Konstruktionsphase sich selbst erarbeitet hat. Aufgeführt werden die Daten, die als Merkmalsgrößen in einem Kalkulationssystem direkt oder indirekt zur Kostenkalkulation dienen können.
Wichtig ist hierbei, daß nicht alle Daten immer gleichzeitig und vollständig zur Verfügung stehen. Vielmehr muß man davon ausgehen, nur eine bestimmte Auswahl der aufgeführten Daten zur Verfügung zu haben. Die für das entwicklungsbegleitende Vorkalkulationssystem bereitzustellenden Kalkulationsmethoden müssen deshalb dazu in der Lage sein, auch mit unvollständig vorhandenen Daten ein Kalkulationsobjekt zu kalkulieren.

2.2.1 Daten der Planungsphase

Im folgenden aufgeführte Daten und Informationen fallen in der Planungsphase an und können zur Kostenfindung verwendet werden:

- **Leistungsdaten:**
In vielen Fällen tritt ein Kunde mit ganz bestimmten Forderungen an einen Hersteller heran. Dies geschieht direkt mittels eines Pflichtenheftes[21], in dem die Forderungen festgehalten sind, oder aber das Pflichtenheft wird infolge von Verhandlungen definiert. Häufige Forderungen sind bestimmte Leistungdaten, die ein Produkt zu erfüllen hat. So zum Beispiel das Eingangsdrehmoment und das gewünschte Ausgangsdrehmoment eines Drehmomentwandlers oder erforderliche Drehzahlen bei vorgegebenem Drehmoment, Fördervolumen einer Pumpe, Turbinenleistungen, Ansaugleistung bei Kolbenverdichtern sowie Leistungsanforderungen an Drehstrommotoren.

- **Geometriedaten:**
Neben Leistungsdaten können auch bestimmte geometrische Vorgaben festgesetzt sein. Solche Angaben treten häufig in Verbindung mit anderen Forderungen auf. Beispielsweise bedingt eine gegebene Durchflußleistung ein bestimmtes Durchflußvolumen und dies wiederum den Rohrquerschnitt. Eine ganz einfache Anforderung an die Geometrie eines Produktes ist das Einbaumaß, welches durch räumliche Gegebenheiten oder andere anzuschließende Bauteile bedingt wird. Hierbei handelt es sich um eine Restriktion)

- **Funktionen:**
Sehr oft muß ein Produkt auch verschiedene Funktionen (z. B. zusätzlicher Unfallschutz oder Bremsen, die nicht blockieren) erfüllen, die als kostenrelevante Merkmale für eine Kalkulation in einem frühen Stadium der Konstruktion herangezogen werden können. Auch diese Forderungen treten oft kombiniert mit anderen Forderungen, beispielsweise Leistungsanforderungen, auf.

- **Eigenfertigungs-/Kaufteil:**
Die Informationen darüber, ob es sich bei einem Teil um ein Fremdbezugs- oder Eigenfertigungsteil handelt, können aufgrund der Auslastung bestimmter Kapazitäten im Unternehmen bereits in der Planungsphase vorliegen (gilt nicht bei Neukonstruktion). Hierzu werden natürlich Kapa-

---

21 Die Festschreibung von Parametern oder Bedingungen durch ein Lasten- oder Pflichtenheft findet man auch bei Baatz; vgl. dazu: Baatz, U.: Bildschirmunterstütztes Konstruieren - Funktionsfindung, Prinziperarbeitung, Gestaltung und Dataillierung mit Hilfe Graphischer Datenverarbeitungsanlagen, Diss., TH Aachen 1971, S. 29.

zitätsauslastungsdaten benötigt, aufgrund derer die Entscheidung über Fremdbezug getroffen werden kann.
Ferner ist es möglich, daß eine bestimmte Komponente eines Produktes grundsätzlich nicht im eigenen Unternehmen gefertigt wird. Oder aber eine Komponente ist nicht mehr in ausreichender Menge im Lager verfügbar und die Wiederbeschaffungszeit ist zu lange, um zu einem bestimmten Termin die Lieferfrist einzuhalten. Dann müssen entweder (kostenbeeinflussende) Maßnahmen im eigenen Unternehmen veranlaßt werden, oder die Komponente muß zugekauft werden.

- **Termine:**
  Oftmals ist die Vergabe eines Auftrages an bestimmte Fertigstellungstermine geknüpft. Um entscheiden zu können, welche Auswirkungen diese Termine auf die Kosten eines Produktes haben, ist es wiederum notwendig, Zugriff auf die Kapazitätsdaten zu haben. Für einen Serienfertiger ist dies weniger von Bedeutung als für einen Kleinserien- oder Einzelfertiger.

- **Anforderungsliste:**
  Eine Anforderungsliste an zu konstruierende Produkte wird in der Regel firmenintern erstellt. Als Basis dient entweder ein Pflichtenheft oder es handelt sich beispielsweise um Anforderungen an eine Produktverbesserung, die das Unternehmen selbst vorsieht. Im allgemeinen ist eine solche Liste in Festforderungen, Mindestforderungen und Wünsche gegliedert (vgl. Abbildung 2.3). Einzelnen Forderungen wird über eine Kennung deren Bedeutung zugeordnet. Daraus kann der Konstrukteur entnehmen, welchen Forderungen beim Planen besondere Bedeutung beizumessen ist.

- **Kostenziel des Produktes:**
  Bei den Kostenzielen des Produktes sind mehrere Aspekte zu berücksichtigen. So werden Kostenziele des Produktes

  -- vom Kunden
  -- von der Konkurrenz- und
  -- von der Marktsituation

  beeinflußt.
  Als wichtige Kenngröße für eine Kostenkalkulation in allen Konstruktionsphasen dient das Kostenziel. Ohne das Kostenziel ist nicht

kontrollierbar, ob man ein marktgerechtes Produkt geplant hat. Das Kostenziel dient als Vergleichsgröße. Sofern es sich nicht um eine Kundenvorgabe handelt, muß ein Kostenziel in dieser Phase aus Konkurrenz- oder Marktanalysen erarbeitet werden.

Firma	Anforderungsliste	Nr. ....
....	für Prototyp einer Abwasserpumpe	Blatt .... Seite ....

Anforderungen	Quantifizierung	Bedeutung *)
1. Festanforderungen		
1.1. Fördervolumen	40 l/s	
1.2. Druckerhöhung	1,6 bar	
1.3. automatischer Betrieb		
1.4. abgeschlossener Einbau (Verhütung der Geruchsausbreitung)		
2. Mindestanforderungen		
2.1. Schallpegel in 3m Abstand	< 70dB (B)	III
2.2. Mischwassertemperatur	< 40° C	II
2.3. korrosionsbeständig im pH-Bereich	6 bis 9	II
2.4. Fremdstoffanteil	< 15%	III
2.5. Fremdstoffgröße	< 2cm Dmr.	III
2.6. Revisionsintervall	> 1000 Betriebsstunden	II
2.7. zulässige Herstellkosten	<	IV
2.8. Termin für Prototyp	<	III
3. Wünsche		
3.1. kleiner Raumbedarf		
3.2. einfache Montage am Einbauort		
3.3. einfache Wartung		
3.4. geringe Betriebskosten		
3.5. niedrige Anlagekosten		
Datum:		Visum:

*) Aus der Angabe der "Bedeutung" bei den Mindestaforderungen erkennt der Konstrukteur, welchen Anforderungen beim Konzipieren und Entwerfen besondere Bedeutung zu schenken sind.

Bedeutung der Anforderung:

von entscheidender Bedeutung	IV
von großer Bedeutung	III
von Bedeutung	II
von geringer Bedeutung	I

SATLG007

Abb. 2.3: Anforderungsliste an zu konstruierende Produkte[22]
(Beispiel: Abwasserpumpe)

22 VDI (Hrsg.): VDI-Richtlinie 2222, Blatt 1, Konzipieren technischer Produkte, Düsseldorf 1977, S. 30.

2.2.2 Daten der Konzipierungsphase

Folgende, für eine konstruktionsbegleitende Kalkulation relevante Daten können in der Konzipierungsphase vorliegen:

- **Gesamtfunktion:**
  Diese kann aus den in einem Pflichtenheft oder einer Anforderungsliste enthaltenen Daten erarbeitet werden. Sie beschreibt in einfacher Weise die Anforderungen an ein Produkt aufgrund vorgegebener Eingangs- und Ausgangsgrößen (vgl. Abbildung 2.4).

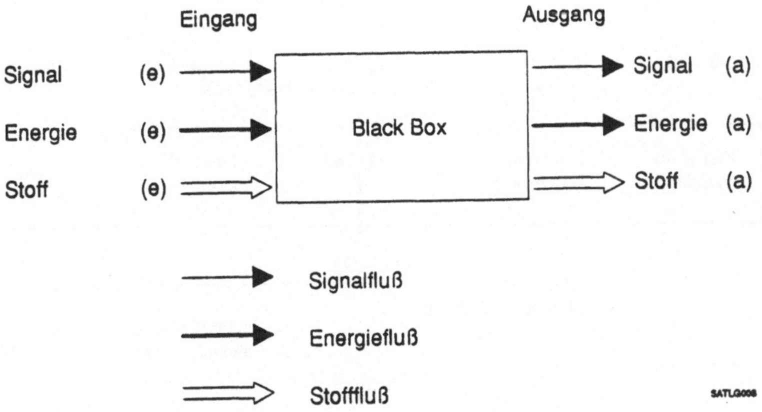

Abb. 2.4: Gesamtfunktion[23]

- **Teilfunktion und Prinzipkombination:**
  Um eine bestimmte Gesamtfunktion zu erfüllen, können unterschiedliche Teilfunktionen zusammengefügt werden. Es ist möglich, einzelne Teilfunktionen mit unterschiedlichen Lösungsprinzipien zu realisieren (vgl. Abbidung 2.5). Die Teilfunktion "Prozeß regeln" ist für die geforderte Gesamtfunktion über vier unterschiedliche Lösungsprinzipien realisierbar. Die einzelnen Lösungsprinzipien haben meist ganz unterschiedliche Auswirkungen auf die Kosten eines Produktes.

23 Vgl. VDI (Hrsg.): VDI-Richtlinie 2222, Blatt 1, Konzipieren technischer Produkte, Düsseldorf 1977, S. 45.

- **Funktionsstruktur:**

  Eine Funktionsstruktur beschreibt, welche einzelnen Funktionen und Lösungsprinzipien aufeinander folgen können. So ist es zum Beispiel möglich, daß nicht alle angebotenen Möglichkeiten auch sinnvoll mit einander kombiniert werden können (vgl. Abbildung 2.6).

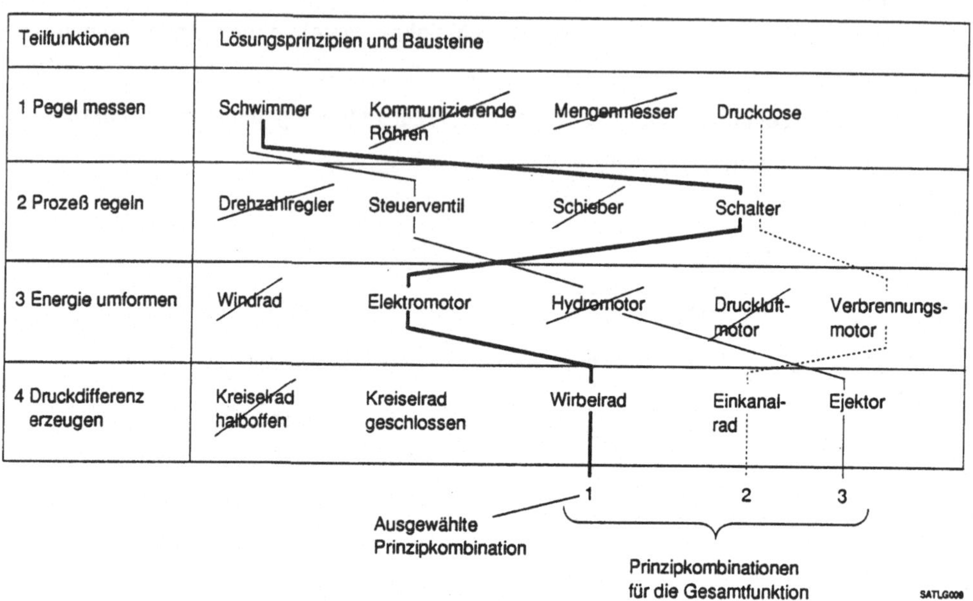

Abb. 2.5: Teilfunktion und Prinzipkombination[24] (Beispiel: Abwasserpumpe)

Alternative Lösungen werden in einem morphologischen Kasten dargestellt. Aus den möglichen Kombinationen muß der Konstrukteur unter Beachtung der technischen und funktionalen Anforderungen die kostengünstigste Funktionsstruktur auswählen.

- **Energiearten:**

  Für verschiedene Problemstellungen kann es sein, daß mehrere unterschiedliche Energiearten (z.B.: mechanische oder elektrische Energie) zu einer Lösung führen. Die Entscheidung darüber, welche eingesetzt wird, liegt hauptsächlich in der Konzipierungsphase.

24 VDI (Hrsg.): VDI-Richtlinie 2222, Blatt 1, Konzipieren technischer Produkte, Düsseldorf 1977, S. 33.

- **Werkstoffgruppen:**
  Die für ein Produkt einzusetzenden Werkstoffe können in der Konzipierungsphase bereits eingegrenzt werden. Zur Auswahl bleiben Werkstoffgruppen, die sich meist durch ein homogenes Preisgefüge auszeichnen.

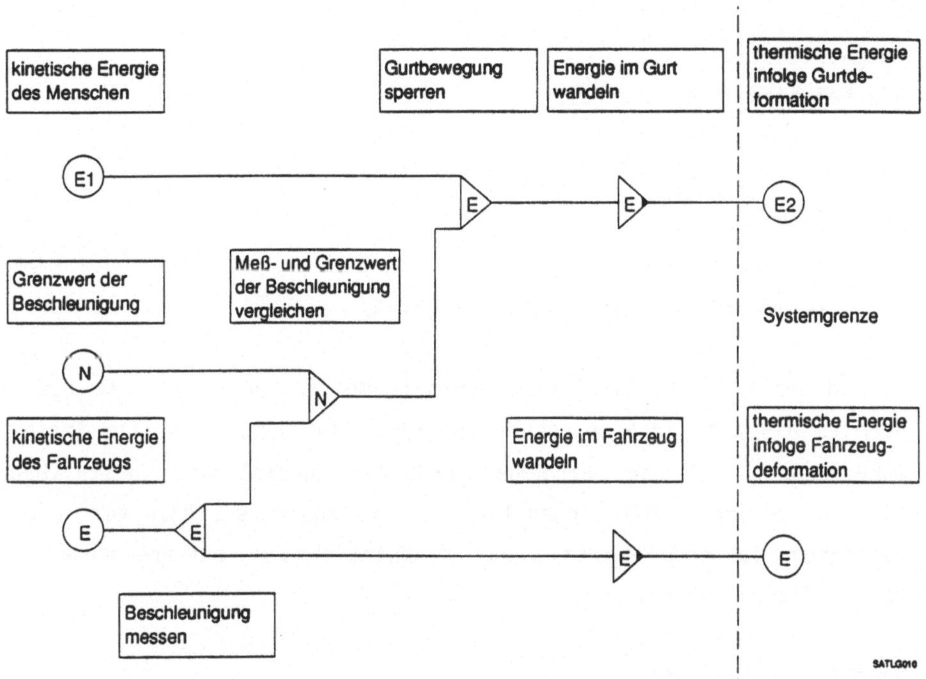

Abb. 2.6: Funktionsstruktur (Beispiel: Sicherheitsgurt)[25]

- **Wirkbewegungen:**
  Hierbei handelt es sich um Merkmalsgrößen, die beispielsweise den Kraftfluß beschreiben. Es können sowohl mehrere translatorische als auch rotatorische Bewegungsrichtungen beschrieben werden. Die Anzahl und Art solcher Wirkbewegungen kann kostenbeeinflussend sein.

- **Wirkflächen:**
  Wirkflächen sind Flächen von Bauteilen, die in gegenseitiger Wechselwirkung stehen. Es können zum Beispiel Kräfte übertragen oder Bewegugen geführt werden. Die Wirkflächen geben im Prinzip die zu bearbeitenden Bauteilflächen vor. Hierbei handelt es sich um eine Merkmalsgröße für die Herstellkostenkalkulation.

25 Grabowski, H.: Unveröffentlichtes Manuskript zur Vorlesung: Rechnerunterstütztes Konstruieren und Herstellen von Fertigungsunterlagen I, Karlsruhe 1980, V 3-7.

2.2.3 Daten der Entwurfsphase

Folgende, für eine entwicklungsbegleitende Kalkulation relevanten Daten können in der Entwurfsphase vorliegen:

- **Geometriedaten:**
  Hierbei handelt es sich um:

  -- Abmessungen,
  -- Toleranz- und
  -- Flächenangaben,
  -- Volumenangaben (bei 3D-CAD Systemen).

  Die in der Entwurfsphase vorhandenen geometrischen Daten sind zum Teil bereits bis auf Einzelteilebene konkret. Zumindest sind alle Anschlußmaße bekannt, die in der Regel auch als hauptsächlich gestaltbeeinflussend gelten. Somit liegen hier bereits konkrete Größen vor, die als kostenbeinflussende Merkmale zur Kalkulation mit entsprechenden Verfahren dienen können.

- **Oberflächenqualität:**
  Bestimmte technische Anforderungen können in dieser Phase zu der Information über die Oberflächenqualität und und somit zu der Oberflächenbearbeitung führen.

- **Werkstoff:**
  In der Entwurfsphase führt der Konstrukteur die technischen Auslegungsrechnungen durch. Der Werkstoff geht in diese Berechnungen mit seinen Festigkeitswerten ein.

- **Differential-/Integralbauweise:**
  Aufgrund von bestimmten Konstruktionsregeln wird spätestens in dieser Phase entschieden, ob ein Bauteil in Differential- oder Integralbauweise ausgeführt wird. Bei der Differentialbauweise setzt sich das Produkt oder eine Komponente aus mehreren Teilen zusammen. Um die Teile zu verbinden, benötigt man Fügeprozeße (z.B. Schrauben, Schweißen). Vor allem für große Teile ist diese Bauweise kostengünstiger.

Bei der Integralbauweise wird darauf geachtet, die entsprechende Komponente nach Möglichkeit aus einem Stück zu fertigen. Dies ist vor allem bei kleinen Teilen kostengünstiger. Die Abbildung 2.7 zeigt schematisch die beiden unterschiedlichen Bauweisen.

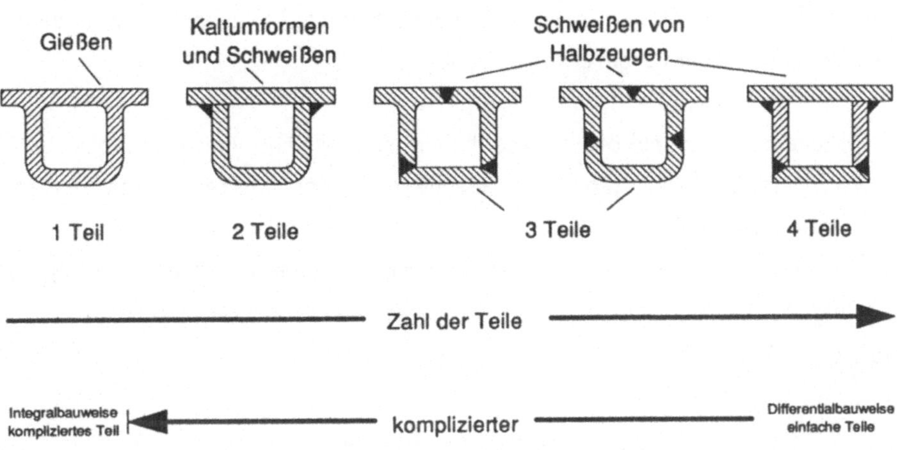

Abb. 2.7: Integral-/Differentialbauweise[26]

- **Fertigungsverfahren und Montageverfahren:**
  Da schon weitgehend konkrete Informationen über das Produkt, die Komponenten, die Bauteile, Integral- oder Differentialbauweise vorliegen, sind weitgehend auch die anzuwendenden Fertigungsverfahren bekannt.

- **Stücklisten:**
  Je nach Ähnlichkeit des zu fertigenden Produktes mit einem bereits gefertigten sind auch die Stücklisten bekannt und müssen zum Teil nur geringfügig geändert werden. Sind solche Daten vorhanden, so können diese zur Kostenkalkulation herangezogen werden.

26 Ehrlenspiel, U.: Kostengünstig Konstruieren, in: G. Pahl(Hrsg.): Konstruktionsbücher, Bd. 35, Berlin-Heidelberg-New York-Tokyo 1985, S. 223.

- **Arbeitspläne:**

  Für die Arbeitspläne gilt das gleiche wie für die Stücklisten. Oftmals ist es möglich, schon in der Entwurfsphase einen Standardarbeitsplan aus der Arbeitsplandatei auszuwählen und mit entsprechenden Änderungen zur Kalkulation heranzuziehen.

  In den Arbeitsplänen sind die Betriebsmittel vermerkt, mit denen die einzelnen Produkte gefertigt werden.

Obwohl in dieser Konstruktionsphase schon sehr viele variable Konstruktionsgrößen festgelegt sind, kann der Bearbeiter noch Kosten beeinflussen, wie dies die Abbildung 2.8 darstellt.

Die Einsparung durch Lösung B, Lagersicherung mittels Sicherungsring, gegenüber Lösung A, Lagersicherung mittels einer Wellenmutter, beträgt in diesem Beispiel ca. 69 %.

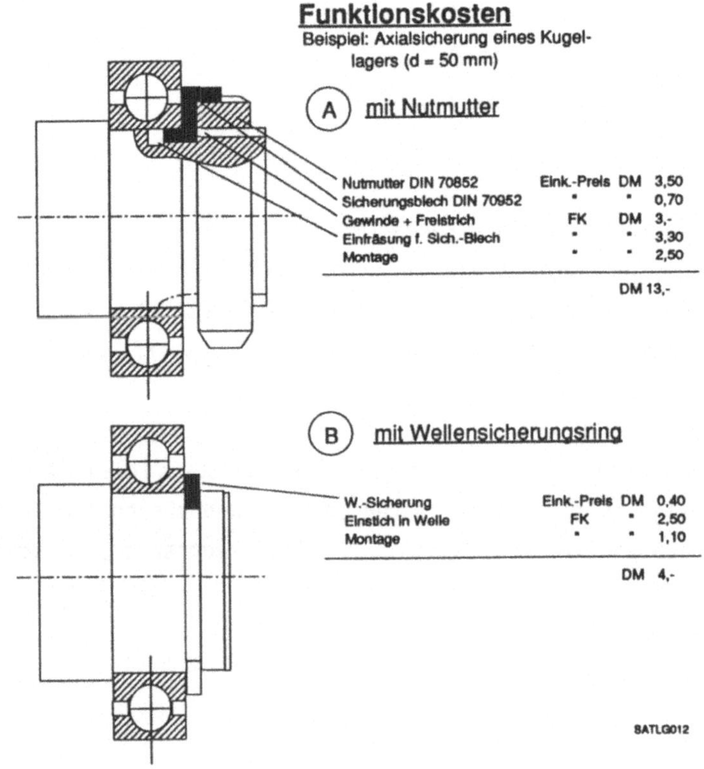

Abb. 2.8: Kostenbeeinflussung in der Entwurfsphase[27]

[27] Lorenzen, H.: Wirtschaftliche Produktgestaltung, in: VDMA (Hrsg.): Leistungssteigerung von Entwicklung und Forschung im Maschinenbau, Frankfurt 1976, S. 98.

2.2.4 Daten der Ausarbeitungsphase

In der Ausarbeitungsphase werden Konstruktionen immer weiter detailliert. Objekte sind hier Einzelteile und Baugruppen, für welche die Vorgaben der vorgelagerten Phase so aufbereitet werden, daß diese in der nachgelagerten Arbeitsvorbereitung in fertigungstechnische Information umzusetzbar sind.
Zum einen handelt es sich um konstruktive Daten in:

- Detailzeichnungen,
  - Baugruppen,
  - Einzelteile,
- Konstruktionsstücklisten.

Aus diesen Unterlagen sind für die darin dargestellten Objekte weitere Daten ersichtlich. Dies sind:

- Fertigungsanforderungen,
  - Oberflächengüte,
  - Bearbeitungshinweise,
    - mnemotechnisch,
    - freier Text,
- Fertigungsverfahren,
- Material,
- Abmessungen,
- Toleranzen.

Weiterhin können die oben genannten Unterlagen organisatorische Daten, wie:

- Identifizierung und
- Klassifizierung

enthalten.

Im Verlauf dieser Konstruktionsphase gelangt man zu so detaillierten Daten, daß auf gängige Kalkulationsverfahren zurückgegriffen werden kann. Von einem Prototypen zur entwicklungsbegleitenden Kalkulation muß der Durchgriff auf ein solches Verfahren realisiert werden. Jedoch sind die in dieser Phase der Konstruktion festgelegten Daten bereits so konkret, daß eine Kostenbeeinflus-

sung nur durch konstruktive Änderungen, d. h. unter erheblichem Kostenaufwand möglich ist (vgl. auch Kapitel 1).
Optimierungen hinsichtlich der Kosten sind nur noch für die Vorgänge/Abläufe der einzusetzenden Betriebsmittel möglich. So können ganz speziell die Fertigungszeiten reduziert werden. Das dazu notwendige fertigungstechnische Wissen ruht heute noch stark isoliert in der Arbeitsvorbereitung. Ohne die Kenntnisse über die im Betrieb vorhandenen fertigungstechnischen Möglichkeiten kann die Konstruktion keine kostenoptimalen Lösungen erstellen.

Das genaue Datenmaterial, das in dieser Konstruktionsphase für eine konstruktionsbegleitende Kalkulation vorliegt, ermöglicht es, im Prinzip schon sehr früh Werte zu kalkulieren, die denen aus der herkömmlichen Vorkalkulation entsprechen. Die Liegezeiten im Regelkreis zwischen Konstruktion und Kalkulation, wie ihn Abbildung 2.9 darstellt, werden durch eine solche frühzeitige, praktisch in die Konstruktion vorgezogene, Vorkalkulation stark verkürzt.

Insgesamt gesehen sind auch diese Phase und ihre anstehenden Entscheidungen und Daten im Modell für ein entwicklungsbegleitendes Vorkalkulationssystem (EVKS) zu berücksichtigen.

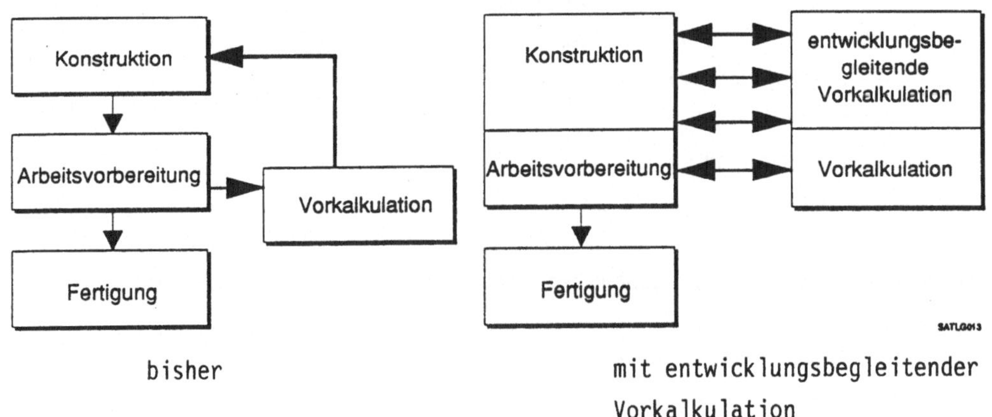

Abb. 2.9: Regelkreis zwischen Konstruktion und Kalkulation

Die Diskussion der Tätigkeiten in den Konstruktionsphasen und der darin anfallenden Daten macht deutlich, daß im Mittelpunkt der Entwicklungstätigkeit eine funktional optimale technische Lösung steht. Gleichfalls werden Kostenbetrachtungen im Rahmen der Konstruktionsmethodik in den Phasen:[28]

Konzipieren - "technisch-wirtschaftliches Bewerten von Konzeptvarianten",

Entwerfen - "technisch-wirtschaftliches Bewerten von Entwürfen",

Ausarbeiten - "Überprüfen der Kosten für das Gesamtobjekt"

durchgeführt.

Für diese Bewertungen und Überprüfungen erfolgt meist eine Übergabe der Daten und Unterlagen an die Kalkulationsabteilung eines Unternehmens, wodurch Liegezeiten entstehen.

Einflußgrößen auf die dabei betrachteten Herstellkosten gehen aus der Abbildung 2.10 hervor.

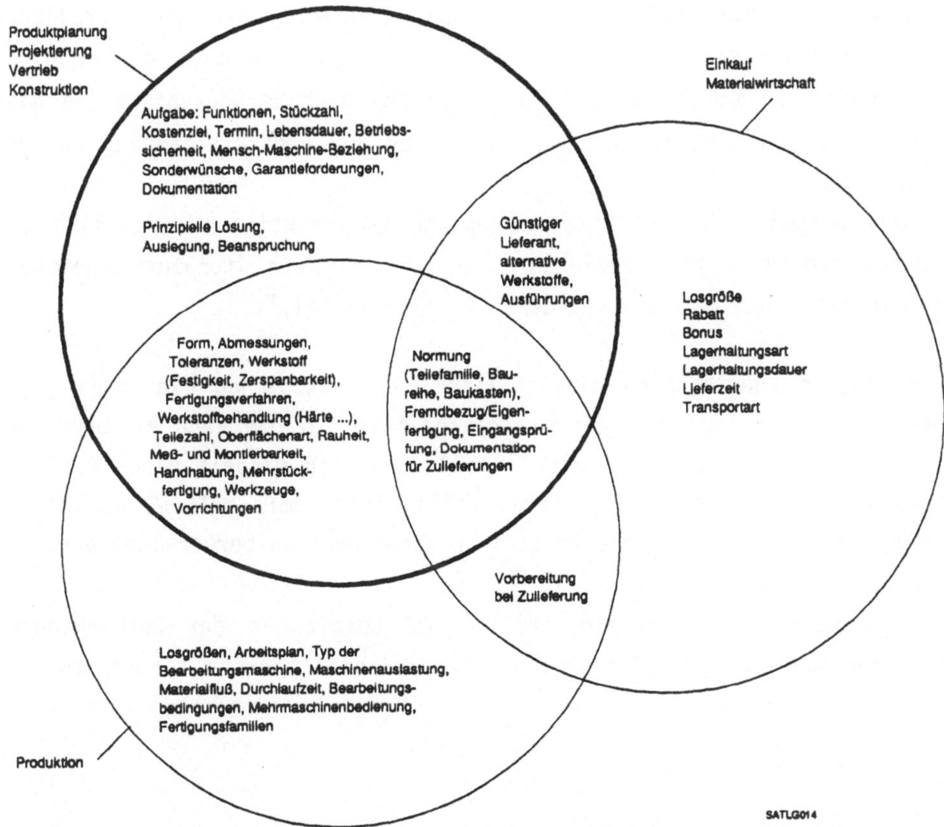

Abb. 2.10: Einflußgrößen auf die Herstellkosten[29]

---

28 Vgl. VDI (Hrsg.): VDI-Richtlinie 2222, Blatt 1, Konzipieren technischer Produkte, Düsseldorf 1977, S.3 f.

29 VDI (Hrsg.): VDI-Richtlinie 2235, Wirtschaftliche Entscheidungen beim Konstruieren, Methoden und Hilfen, Düsseldorf 1987, S. 10.

"Haupteinflußgrößen, d.h. solche die eine Schlüsselfunktion einnehmen und wieder andere beeinflussen, sind nach derzeitigem Wissen:

- Prinzipielle Lösung,
- Kompliziertheit, charakterisiert durch z.B. Teilezahl, Anzahl der Maße, Anzahl der Fertigungsoperationen, Genauigkeit,
- Baugröße, charakterisiert z.B. durch Abmessungen,
- Werkstoff,
- Stückzahl und
- Losgröße.

Diese haben alle ihrerseits großen Einfluß auf die zweckmäßigen Fertigungsverfahren und damit auf die Höhe von Fertigungs- und Materialkosten."[30]

Ferner beinhaltet die Kompliziertheit eines Produktes den grundsätzlichen Produktaufbau und wirkt sich somit auch auf die Montagekosten aus. Gleichfalls determinieren Kompliziertheit und Baugröße auch Verpackungskosten hinsichtlich Größe der Verpackungen und Maßnahmen zur Produktsicherung während des Transports.
Die Entscheidungen, die die Entwicklung und Konstruktion hinsichtlich der Fertigungsverfahren trifft, beziehen sich, wie in der Literatur angegeben, auf der optimalen Ausnutzung vorhandener Betriebsmittel.[31]

Ergänzend müssen Überlegungen hinsichtlich des zusätzlichen Einsatzes gleicher oder neuer Fertigungsverfahren angestellt werden. So kann es sein, daß beispielsweise ein bisher geschweißtes Teil zukünftig mittels eines geeigneten Lötverfahrens kostengünstiger herzustellen ist. Somit gilt es auch eventuell neu zu beschaffende Betriebsmittel in einem EVKS zu berücksichtigen.

Auch der Entfall einer Zusatzinvestition muß bereits in der Entwicklungs-/Konstruktionsphase ersichtlich werden. Ein Beispiel hierfür findet man bei

30 VDI (Hrsg.): VDI-Richtlinie 2235, Wirtschaftliche Entscheidungen beim Konstruieren, Methoden und Hilfen, Düsseldorf 1987, S. 11.

31 Vgl. Pahl, G.; Beitz, W.: Konstruktionslehre, Berlin-Heidelberg-New York 1977.
Vgl. Matousek, R.: Konstruktionslehre des allgemeinen Maschinenbaus, Berlin-Göttingen-Heidelberg 1957 (Reprint 1974).
Vgl. Niemann, G.: Maschinenelemente Bd.I, Berlin-Göttingen-Heidelberg 1963.
Vgl. Rögnitz, H.; Köhler, G.: Fertigungsgerechtes Gestalten im Maschinen- und Gerätebau, Stuttgart 1959.

Keßler[32]. Durch entsprechende Gestaltung eines Bauteils gelang es die Fertigungszeiten zu reduzieren, wodurch eine bestimmte Stückzahl von Bauteilen auf den vorhandenen Maschinen zu fertigen war. Damit wurde eine Investitionsminderung erreicht.

2.3 EDV-Einsatz in der Konstruktion

Im folgenden werden, ausgehend von den derzeit am Markt angebotenen Systemen für eine rechnergestützte Konstruktion, die Voraussetzungen diskutiert, um ein integriertes System zur entwicklungsbegleitenden Kalkulation zu erstellen.
Unter dem EDV-Einsatz in der Entwicklung und Konstruktion versteht man die rechnergestützte Konstruktion und Zeichnungserstellung - CAD (Computer Aided Design).[33]
Nach Spur und Krause[34] lassen sich unter CAD Problemlösungen im Rahmen produktionsbezogener Planungsvorgänge verschiedener Komplexität subsummieren, die in einem Zusammenhang mit dem Einsatz von elektronischen Datenverarbeitungsanlagen stehen.
Nees[35] definiert CAD als "...die computerunterstützte Struktur- und funktionsorientierte Beschreibung von Artefakten, also Designs oder Konstrukten".

CAD-Systeme unterstützen heute die Tätigkeiten in der Planungsphase und in der Konzipierungsphase nur sehr gering oder gar nicht. Somit findet hier eine Kalkulation nicht unbedingt am CAD-Terminal statt.

Von der Entwurfsphase an wird das CAD-System intensiv in Anspruch genommen. Dem Konstrukteur soll es möglich sein, alle kostenrelevanten Unterstützungen an seinem Arbeitsplatz zu erhalten. Dies bedeutet zunächst noch nicht, daß

---

32 Vgl. Keßler, M.: Konstruktionsberatung - ein Instrument zur Kosten- und Produktoptimierung, in: VDI (Hrsg.): Herstellkosten im Griff? Konstrukteure und Fertiger packen's gemeinsam, VDI-Berichte 651, Düsseldorf 1987, S.75-90, s. bes. S. 86-87.

33 Vgl. Knetsch, W.: Organisations und Qualifikationskonzepte bei CAD/CAM Einführung: Voraussetzung erfolgreicher Anwendung flexibler Automatisierungssysteme, Berlin 1987, S. 134;
vgl. auch: Grauer, H.: Rechnerunterstütztes Entwickeln, Konstruieren und Fertigen (CAD-CAM): Ein wesentliches Anwendungsgebiet von Funktions- und Datenverbunden in der Zukunft?, In: Karl, H. (Hrsg.): Datennetze: 1. Treffen 1978 des German Chapter of the ACM am 2. Juni 1978 in Wiesbaden, München-Wien 1979, S. 167-197, s. bes. S. 169.

34 Vgl. Spur, G.; Krause, F.-L.: Erläuterungen zum Begriff "Computer Aided Design", in: ZWF 71 (1976) Heft 5, S. 190-192, s. bes. S. 190.

35 Nees, G.: CAD als Universalnetz - Für und Wider, In: Händler, W. und Nees, G. (Hrsg.): Rechnergestützte Aktivitäten: CAD, Bibliographisches Institut, Mannheim-Wien-Zürich 1980, S. 147-176, s. bes. S. 153.

eine Kalkulation direkt im CAD-System erfolgen muß oder daß sonstige Kosteninformationen im CAD-System abgelegt sind.
Daten, mit deren Hilfe der Konstrukteur eine Konstruktion bearbeitet, müssen, sofern sie für die Kalkulation notwendig sind, auf Anstoß im CAD-System automatisch bereitgestellt und an den Kalkulationsalgorithmus übergeben werden. Die Tatsache, daß Unternehmen heute CAD-Systeme erst intensiv in der Entwurfsphase nutzen, soll keine Rolle spielen. Sofern die Möglichkeit besteht, aus dem CAD-System Daten in entsprechender Form zu übertragen, kann diese auch genutzt werden, wenn in einer früheren Phase CAD genutzt wird.

Um innerhalb eines EDV-orientierten Systems zur entwicklungsbegleitenden Vorkalkulation auf kostenrelevante Daten zugreifen zu können, muß zunächst geklärt werden, inwieweit die bestehenden Systeme dazu in der Lage sind, solche Daten vorzuhalten.

Für den Konstruktionsprozeß ist es wichtig, daß sowohl die erstellten Bilder und Zeichnungen, als auch die nichtgrafischen Aspekte in geeigneter Weise abgespeichert werden.

- **Bild- bzw. Objektspeicherung:**
  Zur sinnvollen Nutzung des erstellten Objektes sind die Bilder in Teilbilder zu zerlegen, die nicht unbedingt der geometrischen Objektstruktur entsprechen. Somit wird eine bestimmte Hierarchie von Teilbildern erreicht, die eine Manipulation einzelner Objektteile ohne Beeinträchtigung der übrigen Bilder sowie eine Darstellung mehrerer Teile gleichzeitig gewährleistet.
  Eine andere Möglichkeit sieht die Teilbilder selbst als zusätzliche grafische **Primitive** an, so daß zwei unabhängige Bildhierarchien (Teilbildhierarchie und Geometriehierarchie) entstehen, was eine Datenredundanz hervorruft. "Die wohl einfachste Möglichkeit ist eine Numerierung sämtlicher Teilbilder und Aufnahme dieser Teilbildnummer in die Datenstruktur der grafischen Primitive, so daß jedes Primitiv zu genau einem Teilbild gehört."[36]

- **Nicht-Grafikteilspeicherung:**
  Bei der Abspeicherung sind Daten wie Auswertungen, Berechnungen, Stücklisten etc. zu berücksichtigen.

36 Eine ausführliche Darstellung dieser Problematik findet man bei: Gorny, P.; Viereck, A.: Interaktive graphische Datenverarbeitung, Stuttgart 1984, S. 60-63.

Es wird die Möglichkeit einer Objektbemaßung sowie einer Kommentierung der konstruierten Grafik ermöglicht.
Speichertechnisch werden hierzu sowohl eigene Strukturlisten als auch Zuordnung von Bemaßungsprimitiven zu den jeweiligen Grafikelementen hergestellt.[37]

Entscheidend für einen schnellen Zugriff auf erforderliche Daten (das sind sowohl Objekte als auch Geometriedaten) ist eine geeignete Speicherungsstruktur, die die Logik der Datenstruktur auf entsprechenden Speichermedien gewährleistet.[38]
Hierzu zeigt Krause[39] die Entwicklungsstufen von rechnerinternen Darstellungen auf (vgl. Abbildung 2.11).

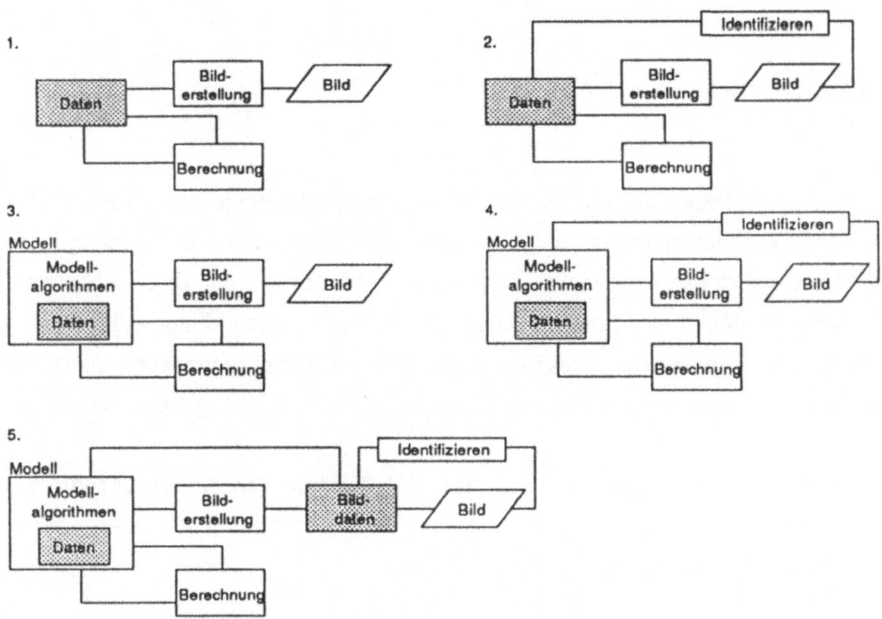

1.-5. entspricht einer aufsteigenden Reihenfolge

Abb. 2.11: Entwicklungsstufen von rechnerinternen Darstellungen[38]

---

37 Vgl. Gorny, P.; Viereck, A.: Interaktive graphische Datenverarbeitung, Stuttgart 1984, S. 64-65.

38 Vgl. Bernhardt, R., Bernhardt, W.: CAD/CAM-Anwendungsbeispiele aus der Praxis, Berlin-Offenbach 1984, S. 81-87.

39 Krause, F.-L.: Systeme der CAD-Technologie für Konstruktion und Arbeitsplanung, Hrsg.: G. Spur, München-Wien 1980, S. 48.

Dittrich[40] weist darauf hin, daß für den Konstruktionsprozeß der Einsatz von Datenbanksystemen durchaus hilfreich sein kann. Jedoch kann ein Datenbanksystem nur dann wirtschaftlich eingesetzt werden, wenn es für die Ingenieuranwendungen geeignete Datenmodelle gibt.

Nach Grabowski[41] übernimmt das Datenbanksystem die Funktionen Speicherung und Verwaltung von Modellen. Dem Benutzer werden ein Datenzugriff sowie eine qualitative oder quantitative Veränderung ermöglicht. Diese Veränderungen ergeben sich durch konstruktionsspezifische Arbeiten.

Solche Datenänderungen haben natürlich auch Auswirkungen auf die in nachgelagerten Bereichen eines Unternehmens anfallenden Kosten eines Objektes.

2.3.1 2D-CAD Systeme

CAD-Systeme mit zweidimensionaler Darstellung repräsentieren noch am ehesten die herkömmliche Zeichnungserstellung.[42] Aufgrund ihrer Darstellungsmöglichkeiten wird ein konstruiertes Objekt, wie in der Konstruktion am Zeichenbrett in mehreren verschiedenen Ansichten dargestellt (vgl. Abbildung 2.12). Reichen diese für eine eindeutige Darstellung eines zu konstruierenden Objektes nicht aus, so können noch beliebige Schnitte durch das Objekt gelegt werden.

Es besteht ferner die Möglichkeit, daß das CAD-System den Konstrukteur bei der Bemaßung unterstützt, da die jeweiligen Geometriedaten (Maßlinien, etc.) automatisch erzeugt werden können.[43]

---

40 Vgl. Dittrich, K. R. u.a.: Datenbankunterstützung für den Ingenieurwissenschaftlichen Entwurf. Eine Übersicht über den Stand der Entwicklung, in: Informatik Spektrum (Juni 1985) Bd. 8, Heft 3, Hpt.Hrsg.: W. Brauer, S. 113-125, s. bes. S. 119.

41 Vgl. Grabowski, H.; Maier, H.: Verwaltung von Methoden für interaktive Berechnung von Bauteilen in einem datenbankorientierten CAD-System, in: R. Wilhelm (Hrsg.): CAD-Fachgespräch, GI-10.Jahrestagung, Saarbrücken 30. September-2.Oktober 1980, in: W. Brauer (Hrsg.): Informatik-Fachberichte, Band 34, Berlin-Heidelberg-New York 1980, S. 119-133, s. bes. S. 120.

42 Vgl. Seifert, H. u.a.: Rechnerunterstütztes Konstruieren mit PROREN, Bd. II, Hrsg.: Institut für Konstruktionstechnik der Ruhr-Universität Bochum 1987, S. 330.

43 Vgl. Seifert, H. u.a.: Rechnerunterstütztes Konstruieren mit PROREN, Bd. I, Hrsg.: Institut für Konstruktionstechnik der Ruhr-Universität Bochum 1986, S. 179.

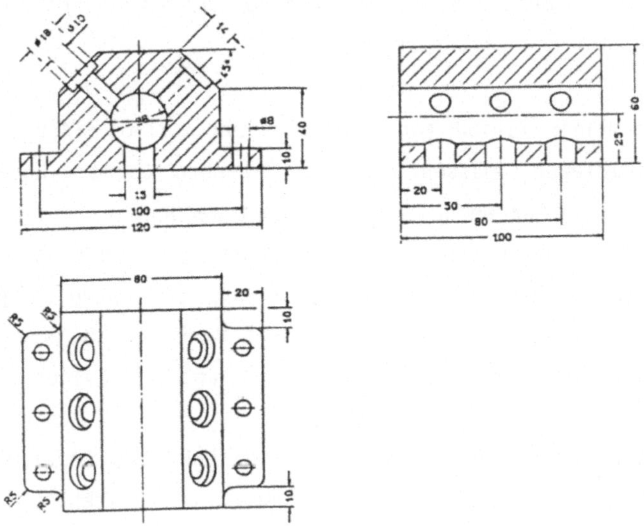

Abb. 2.12: Konstruktionszeichnung eines Hydraulikblocks[44]

Prinzipiell unterstützen die zweidimensionalen Verfahren die reine Zeichnungserstellung, die ausschließlich aus zweidimensionalen Elementen besteht. Es werden demnach lediglich Vektoren der x-y-Ebene dargestellt.[45]

Der Aufbau dieser zweidimensionalen Ansichten erfogt aus der sogenannten rechnerinternen Darstellung (RID), die je nach CAD-Softwareprodukt verschieden erfolgen kann.
Rechnerorientierte Modelle bzw. rechnerinterne Darstellungen[46] beschreiben in "... eindeutiger Weise einen bestimmten Bereich der objektiven Realität"[47].

Oder, wie es Krause[48] ausdrückt, "enthält die rechnerinterne Darstellung alle Objektdaten und alle Beziehungen zwischen Objektdaten, die für eine Verarbeitung erforderlich sind".

44 Seifert, H. u.a.: Rechnerunterstütztes Konstruieren mit PROREN, Bd. II, Hrsg.: Institut für Konstruktionstechnik der Ruhr-Universität Bochum 1987, S. 554.

45 Vgl. Bernhardt, R.: CAD/CAM, eine Herausforderung an Theorie und Praxis: Technik-Methode-Praxis, Sindelfingen 1985, S. 82-83.

46 Die Begriffe "rechnerinterne Darstellung" und "rechnerinternes Modell" entsprechen einander.
Vgl. hierzu: Schwaiger, L.: CAD-Begriffe, Hrsg.: SIS-Staedtler Informationssysteme GmbH, Berlin-Heidelberg-New York-Tokyo 1987, S. 208-209.

47 Kochan, D. u.a.: CAD/CAM-Schlüsseltechnologie als Intensivierungsfaktor, Berlin 1987, S. 39.

48 Krause, F.-L.: Systeme der CAD-Technologie für Konstruktion und Arbeitsplanung, Hrsg.: G. Spur, München-Wien 1980, S. 47.

So wird beispielsweise die Bauteilgeometrie in eine rechnerinterne digitale Darstellungsform der technischen Lösung umgewandelt.[49]

Zum Erstellen oder zur Manipulation einer Darstellung, also Einfügen, Löschen, Ändern, Umstrukturieren, müssen für die internen Darstellungen Berechnungen durch spezielle Softwaremodule durchgeführt werden.
Zur rechnerinternen Darstellung müssen die Daten "numerisch deskriptiv" gespeichert werden. Im Prinzip wird auf sogenannten Punktkoordinaten aufgebaut. Diese werden als Zahlennetz abgespeichert. Aus diesen Punkten läßt sich rechnerintern eine Linie erzeugen, die als RID verändert und manipuliert werden kann[50].
Dieser geometrischen Information (Punkt, Linie,...etc.) können Informationen zugeordnet werden, die weitergehenden Informationsgehalt beinhalten.

Rechnerinterne Darstellungen (RID) können:

- geometrische,
- technologische und
- problembezogene

Daten und Relationen enthalten.[51]

Allen Systemen gemeinsam ist jedoch die hauptsächliche Darstellung von geometrischen Elementen wie Punkten, Punktfolgen, Linien, Kreisen, Kurven, Splines[52], losgelöst von sonstigen Informationsgehalten der technischen Zeichnung. Das bedeutet eine bestimmte Darstellung auf dem Bildschirm, die das CAD-System aus der rechnerinternen Darstellung erzeugt, erhält erst durch den Wandlungsprozeß beim Betrachter funktional/technischen Charakter.

---

49 Vgl. Eigner; M., Maier, H.: Einführung und Anwendung von CAD-Systemen: Leitfäden für die Praxis, München-Wien 1982, S. 45.

50 Vgl. Reichl, M.: CAD erfolgreich einführen, Zürich 1985, S. 45-46.

51 Vgl. Krause, F.-L.: Systeme der CAD-Technologie für Konstruktion und Arbeitsplanung, Hrsg.: G. Spur, München-Wien 1980, S. 47.

52 Im ursprünglichen Sinn bezeichnen "Splines" Holz oder Metallstäbe, die durch eine Reihe von Stützstellen gebogen werden, damit die Stäbe einen bestimmten Kurvenverlauf erhalten.
Vgl. hierzu: Faux, I. D., Pratt, M.-J.: Computational Geometry for Design and Manufacture, Ellis Harwood Limited 1980, S, 63-67.
Splines, auch Freiformkurven genannt, beschreiben Konturen, die durch analytische Funktionen nicht zu definieren sind. Entsprechend der mathematischen Verfahren lassen sich beispielsweise kubische Splines, Bèzier-Kurven und B-Splines unterscheiden.
Vgl. hierzu auch: Eigner, M., Maier, H.: Einstieg in CAD: Lehrbuch für CAD-Anwender, München-Wien 1986, S. 184-186, s. bes. S. 184.

Zusätzliche Informationen werden über normierte mnemotechnische Symbole oder freien Text in die Zeichnung eingebracht (z.B. Bearbeitungshinweise für Wärmebehandlung, Oberflächenzeichen). Eine EDV-gestützte Interpretation und automatische Verwertung solcher Informationen ist derzeit nicht Standard.
Um innerhalb eines CAD-Systems Daten für eine Kalkulation bereitstellen zu können, muß es möglich sein, im CAD-System bestimmten geometrischen Elementen Attribute zuzuordnen. Dabei kann eine Komposition von zeichnerischen Grundelementen zu einer Einheit, sogenannte "Pattern", zusammengefaßt werden. Die dieser Einheit rechnerintern zugeordneten Attribute sind jederzeit abrufbar. Informationen unterschiedlichster Art können so einem Element zugeordnet werden, so auch kostenrelevante Informationen für bestimmte fertigungstechnisch wesentliche Elemente. Setzt der Konstrukteur ein Objekt aus solchen Elementen zusammen, werden damit auch die Kosteninformationen zusammengesetzt.

Weiterhin könnten auch identifizierende und klassifizierende Informationen zu unterschiedlichen Objekten abgespeichert werden. Somit könnten beispielsweise Kosten ähnlicher Einzelteile, Baugruppen und Produkte sich im direkten Zugriff des Konstrukteurs befinden.

2.3.2 Konsequenzen für die Vorkalkulation

Sofern die oben genannte Möglichkeit der Zuordnung von Kostendaten zu zeichnerischen Elementen mittels Attributen genutzt werden soll, sind dazu Grundelemente, sogenannte Teilkörper und Formelemente (vgl. Abbildung 2.13) zu definieren, aus denen ein Objekt zusammengesetzt werden kann. Eine Kostenzuordnung bezieht sich somit lediglich auf die Fertigungskosten von Einzelteilen, was einer Kostenkalkulation in der Entwurfsphase und vor allem während der Arbeit in der Ausarbeitungsphase dient.
Weitere Möglichkeiten, Kosteninformationen mit zeichnerischen/konstruktiven Tätigkeiten zu verbinden, gibt es nach derzeitigem Kenntnisstand im Rahmen von 2D CAD-Systemen nicht.

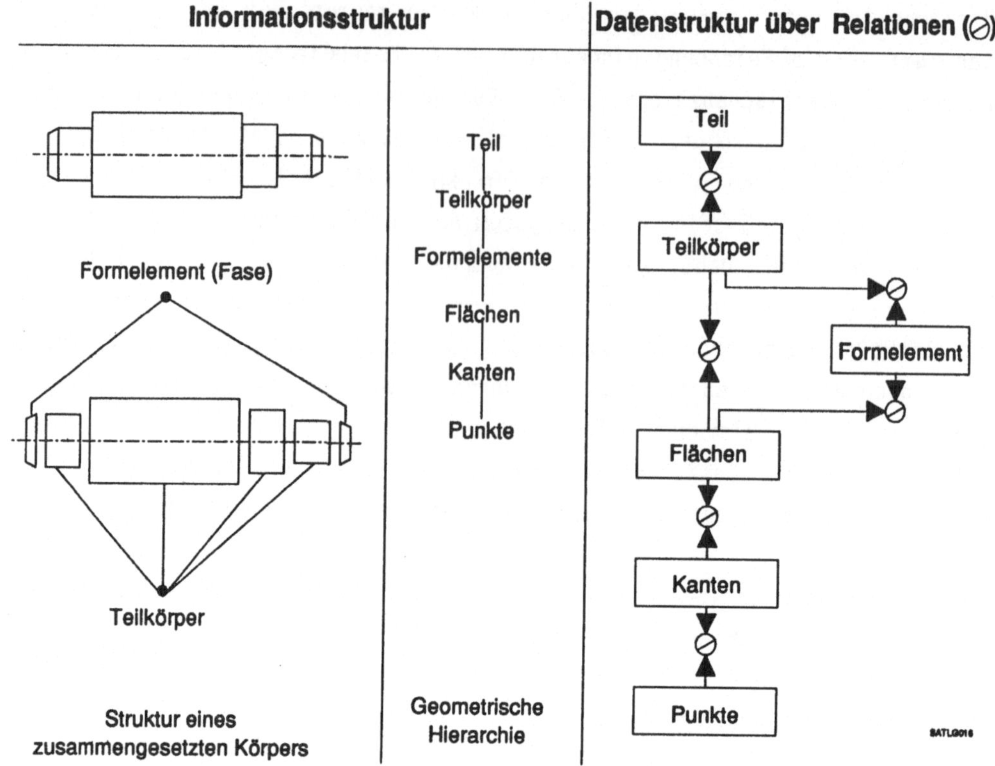

Abb. 2.13: Aufbau eines Objektes durch Teilkörper und Formelemente[53]

Die Denkweise bei der Arbeit am System ist geometrisch-technisch-funktional und eine automatische Umsetzung vom "Zeichnen einer Linie" in fertigungstechnische Informationen, die gleichzeitig kostenrelevant sind, ist nicht gegeben. Bei diesen Informationen handelt es sich beispielsweise um Schnittwerte, aus denen die Fertigungszeiten errechenbar sind. Daraus ergeben sich die Kosten, die für ein Teil eines Kostenträgers auf einem bestimmten Beriebsmittel anfallen.

Um Kosten aber bestimmten geometrischen Elementen zuzuordnen, bedarf es der genauen und umfangreichen Aufarbeitung aller möglichen einsetzbaren Formelemente, die auch fertigungstechnisch wichtig sind.

Ein hoher Standardisierungsgrad ist dann Bedingung. Ansonsten erhält man in Folge der vielfältigen Möglichkeiten, Formelemente zu definieren, einen sehr großen und unübersichtlichen Datenbestand.

Ein Problem besteht in der Pflege der Daten der Formelemente. Eine allgemeine Vorgehensweise für die Erstellung und Pflege solcher Informationen ist nur schwer ableitbar.

53 Vgl. Grabowski H.: Unveröffentlichtes Manuskript zur Vorlesung: Rechnerunterstütztes Konstruieren und Herstellen von Fertigungsunterlagen I, Karlsruhe 1980, V 17-7.

Für rotationssymmetrische Teile gelingt dies noch relativ einfach. Den Formelementen können Bearbeitungs- und Werkzeugparameter zugeordnet werden. Fertigungskosten sind daraus ableitbar, oder aber das Formelement erhält neben anderen auch einen Kostenparameter zugeordnet. Gleichermaßen würde man durch eine solche Vorgehensweise eine Standardisierung der zeichnerischen Elemente und somit letzlich der Fertigungstechnik erreichen. Umgekehrt sind die Formelemente auf die vorhandenen Werkzeuge abstimmbar. Zunächst muß der Konstrukteur diejenigen Elemente verwenden, für die auch die fertigungstechnischen Möglichkeiten vorhanden sind. Werden neue Elemente benötigt, muß gleichermaßen ein Kostensatz dafür angelegt und gegebenfalls ein Werkzeug dafür beschafft werden.

Ein solcher Kostensatz muß diejenigen Kosten enthalten, die bei Zuordung eines Formelementes zu einem Teil für dieses Teil auf einem bestimmten Betriebsmittel anfallen.

Für andere als rotationssymmetrische Bauteile stellt sich das Problem wesentlich schwieriger dar, da zum Teil auch gänzlich unterschiedliche Fertigungseinrichtungen für gleichartige Flächen oder Kanten zum Einsatz kommen können. Das geometrisch identische Blechteil kann einerseits ausgestanzt oder andererseits mittels Laserschneidtechnik gefertigt werden, wobei die unterschiedlichen Kostensätze für die beiden Fertigungsverfahren zu berücksichtigen sind.
Hierin drückt sich der starke Bezug zwischen der Konstruktionsarbeit und den darin festlegbaren Fertigungsarten aus. Es gibt bei der praktischen Systemauslegung von CAD/CAM-Systemen keine festen Grenzen zwischen rechnergestützter Konstruktion (CAD) und rechnergestützter Fertigung (CAM).[54]
Eine weitere Möglichkeit, während der Arbeit mit einem CAD-System Kosteninformationen bezüglich der konstruierten Objekte zu erhalten, bietet die Klassifizierung. Klassifizierungssysteme werden zum Zwecke der Konstruktion bereits eingesetzt, eine Integration in ein CAD-System existiert jedoch noch nicht.
Kreisfeld[55] benutzt die Clusteranalyse zur Produktklassenbildung.
Pacyna[56] verwendet ein eigens entwickeltes Objektbeschreibungssystem zur Kostenerklärung.

54 Vgl. Bednarz, K., u.a.: CAD/CAM und Qualifikation, Auswirkungen integrierter Computersysteme auf Arbeitsprozesse in Konstruktion und Fertigung, Frankfurt-New York 1984, S. 35.

55 Vgl. Kreisfeld, P.: Kostenbestimmung mit CAD-Systemen für Rotationsteile, in: G. Spur (Hrsg.): Forschungsberichte für die Praxis, Produktionstechnik Berlin, Bd. 41, München-Wien 1985, S. 81.

56 Vgl. Pacyna, H.: Klassifikation von Gußstücken, Düsseldorf 1977, S. 29-31.

Goetze[57] wählte anhand bestimmter Kriterien das werkstückbeschreibende Klassifizierungssystem von Opitz.

In einem solchen Klassifizierungssystem können dann Parameter für Fertigungsanforderungen abgelegt werden. Diese Parameter erhält der Entwickler je Produktklasse und Konstruktionsphase angeboten und kann sie dann als Attribute einer erstellten Konstruktionszeichnung zuordnen. Gleichzeitig wird dem Bearbeiter über diese Parameter angezeigt, welches die Haupteinflußgrößen eines Objektes auf die Kosten sind.
Dies bedeutet, daß entsprechend einem Dialog[58] das System den Benutzer bei der Kalkulation unterstüzten muß.
Hierbei wird zunächst die Objektklasse festgelegt. Dann erhält der Benutzer die unterschiedlichen kostenrelevanten Einflußgrößen angezeigt. Das führt gleichzeitig dazu, daß bereits auf die am stärksten kostenbeeinflußenden Gestaltzonen, Teile und Baugruppen geachtet werden kann.
Auch für diese Möglichkeit besteht die Forderung an ein CAD-System, Attribute zu verwalten.

2.3.3 3D-CAD Systeme

Wie im vorausgehenden Abschnitt dargestellt, wird bei der 2D-Darstellung das Niveau der üblichen Zeichnungserstellung nicht überschritten. Für bestimmte Konstruktionspläne (z.B. Schaltpläne) reicht eine solche Darstellung völlig aus. Die zweidimensionalen "Gegenstände" oder "Objekte" werden hier durch sogenannte Basiselemente abgebildet. Beispielsweise sind Linien durch je zwei Basiselemente "Endpunkt" und Vielecke durch eine Liste von Eckpunkten definiert.[59]

Reicht eine 2D-Geometrie nicht vollständig aus, wird andererseites keine 3D-Darstellung benötigt, kann man 2D um zusätzliche Parameter erweitern (z.B. Blechdicke) und erhält die sogenannte 2 1/2 D-Geometrie.[60]

---

57 Vgl. Goetze, H.: Kostenplanung technischer Systeme am Beispiel der Werkzeugmaschine, Diss., TU Berlin 1978, S. 67f.

58 Knetsch beschreibt einen Dialog zwischen Mensch und Maschine als einen "detaillierten" Dialog. Vgl. Knetsch, W.: Organisations- und Qualifikationskonzepte bei CAD/CAM-Einführung: Voraussetzung erfolgreicher Anwendung flexibler Automatisierungssysteme, Berlin 1987, S. 240.

59 Vgl. Diemer, W.R.: CAD kurz und bündig: Zeichnen und konstruieren mit dem PC, Würzburg 1986, S. 68-69.

60 Vgl. Diemer: CAD kurz und bündig: Zeichnen und konstruieren mit dem PC, Würzburg 1986, S. 69.

Bei dreidimensionaler Darstellungsweise kann man von einem werkstückorientierten CAD-System sprechen, d.h. Bauteile oder Baugruppen werden im rechnerinternen Modell in ihrer tatsächlichen räumlichen Ausdehnung dargestellt. Außerdem sind beliebige Projektionen entsprechend ihrer richtigen Länge möglich. Seifert[61] bezeichnet dies als den wesentlichen Unterschied zu den 2D-Systemen.

Ein dreidimensionaler geometrischer Modellierer kann ein geometrisches Objekt mit folgenden Modellen darstellen:[62]

- kantenorientiertes Modell (auch Draht- oder Skelettmodell),
- flächenorientiertes Modell,
- volumenorientiertes Modell.

Diese Modelle[63] (vgl. Abbildung 2.14) finden auch in der 3D-CAD-Technik Anwendung.

- **Das Drahtmodell:**
  Hier werden die gleichen Elemente wie bei der 2D-Darstellung eingesetzt. Die Elemente gehen jedoch über die Darstellung in der Ebene hinaus und liegen beliebig im Raum. Es lassen sich Körper- und Sichtkanten abbilden. Da das Kantenmodell für die zeichnerische Darstellung von Objekten genügt, wird es als besonders geeignet für Anwendungs- und Zusammenstellungsuntersuchungen bezeichnet.[64]
  Die Dimensionierung der Objekte erfolgt direkt an den Kanten. Informationen über Volumina oder über Flächen existieren nicht. Außerdem ist eine Schnittbildung oder Verdecktkantenausblendung nicht möglich.[65]
  Auch ist eine eindeutige Objektdarstellung für den Betrachter häufig nicht möglich.[66]

---

61 Vgl. Seifert, H. u.a.: Rechnerunterstütztes Konstruieren mit PROREN, Band II, Hrsg.: Institut für Konstruktionstechnik der Ruhr-Universität Bochum 1987, S. 330-331.

62 Vgl. Spur, G., Krause, F.-L.: CAD-Technik: Lehr- und Arbeitsbuch für die Rechnerunterstützung in Konstruktion und Arbeitsplanung, München-Wien 1984, S. 216.

63 Es wird hier der geometrisch analytische Ansatz (B-Rep - Boundary Representation) diskutiert. Der Mengentheoretische Ansatz (CSG - Constructive Solid Geometry) enthält keine fertigungstechnischen Informationen.

64 Vgl. Bernhardt, R., Bernhardt, W.: CAD/CAM-Anwendungsbeispiele aus der Praxis, Berlin-Offenbach 1984, S. 152.

65 Vgl. Eigner,M., Maier, H.: Einstieg in CAD: Lehrbuch für CAD-Anwender, München Wien 1986, S. 152.

66 Vgl. Spur, G., Krause, F.-L.: CAD-Technik: Lehr- und Arbeitsbuch für die Rechnerunterstützung in Konstruktion und Arbeitsplanung, München-Wien 1984, S. 217.

Grabowski[67] bezeichnet das Drahtmodell für Darstellung und Manipulation ebenfalls als unzweckmäßig.

Geometriemodelle	Beschreibungs-elemente	rechnerinterne Darstellung
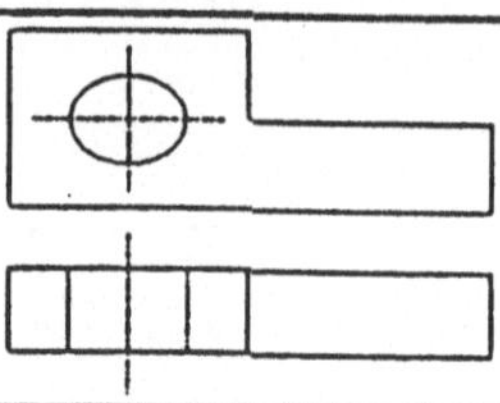 2D-Kanten-modell	als 2D Kontur mit 14 Konturelementen	14 Konturelemente 13 Punktelemente
2 1/2 D-Profilkörper	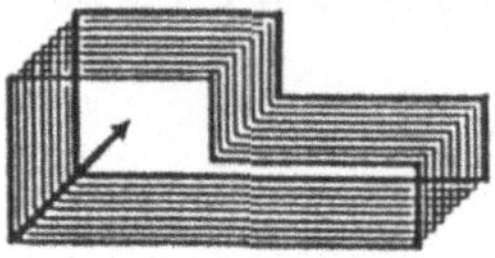 als Profilkörper aus 6 Konturelementen und Tiefenangabe	(1 Volumenelement) (8 Flächenelemente) 18 Konturelemente 12 Punktelemente
2 1/2 D-Drehkörper	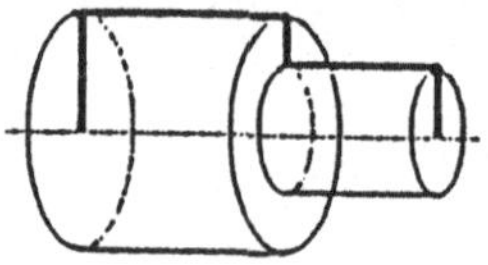 als Drehkörper aus 6 Konturelementen und Rotationswinkel	(1 Volumenelement) (5 Flächenelemente) 5 Konturelemente 6 Punktelemente
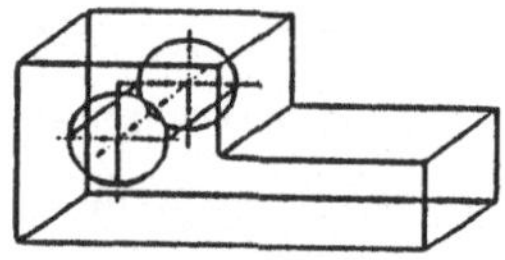 3D-Kanten-modell	als 3D Kontur mit 22 Konturelementen	22 Konturelemente 18 Punktelemente
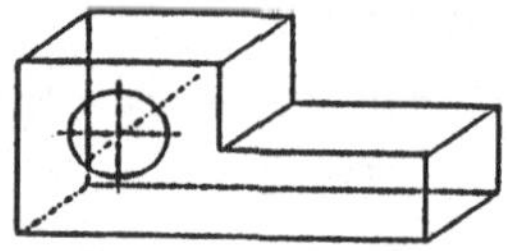 3D-Flächen-modell	geschlossene Oberfläche mit 8 Ebenen und 1 Zylindermantelfläche	9 Flächenelemente 20 Konturelemente 14 Punktelemente
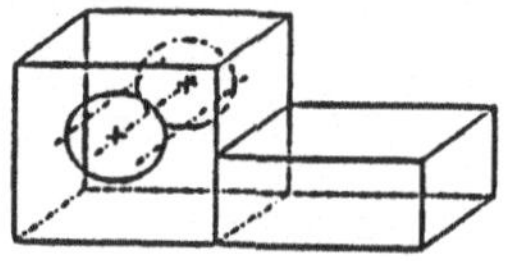 3D-Volumen-modell	Volumenkörper mit 2 Quadern und 1 Zylinder (subtrahiert)	unterschiedlich, je nach eingesetztem CAD-System

Abb. 2.14: CAD Geometriemodelle[68]

---

67 Vgl. Grabowski, H.: Unveröffentlichtes Manuskript zur Vorlesung: Rechnerunterstütztes Konstruieren und Herstellen von Fertigungsunterlagen I, Karlsruhe 1980, V 7-16.

68 Vgl. Kief, H.B.: NC-/CNC-Handbuch 189, Hrsg.: Kief, I., Michelstadt-Stockheim 1989, S. 502.

- **Das Flächenmodell:**
Flächen bilden nach Spur/Krause das "Kernstück" dieses Schemas. Die Grenzen der Flächen bilden sogenannte Konturen, die sich aus benachbarten, sich durchdringenden oder berührenden Flächen ergeben.[69]
Während bei Flächenmodellen die Ausblendung verdeckter Kanten ermöglicht wird, ist die Schraffur von Schnittstellen nicht ohne weiteres möglich.[70]
Die mathematischen Formulierungen für das Flächenmodell enthalten die einen Körper begrenzenden Flächen. Auf welcher Seite sich die Volumen befinden ist jedoch nicht definierbar. Der Operatorenvorrat entspricht der um Schnittbildung, Projektion und Abwicklung erweiterten 2D-Arbeitstechnik.[71]

- **Das Volumenmodell:**
Das Volumenmodell kann als das einzige vollständige Geometriemodell bezeichnet werden.[72]
Die Generierung des Werkstücks durch den Benutzer ist allerdings wesentlich weniger aufwendig als beim Flächenmodell. Als Elemente werden Standardkörper wie Quader, Zylinder, Kegel, etc. sowie Profilkörper und rotationssymmetrische Körper eingesetzt.[73]
Das Volumenmodell gewährleistet eine beliebige räumlich-geometrische Manipulation.

Seifert beschreibt die Anforderungen an ein 3D CAD-System folgendermaßen:[74]

"- Die Konstruktion gerade komplexer Bauteile erfordert eine dreidimensionale Arbeitsweise, um die Vorstellung des Konstrukteurs zu unterstützen.
- Die Erzeugung beliebiger Ansichten und Schnitte muß möglich sein, ebenso die automatische Ausblendung verdeckter Kanten.

---

69 Vgl. Spur, G., Krause, F.-L.: CAD-Technik: Lehr- und Arbeitsbuch für die Rechnerunterstützung in Konstruktion und Arbeitsplanung, München-Wien 1984, S. 217.

70 Vgl. Seifert; H. u.a.: Rechnerunterstütztes Konstruieren mit PROREN, Band II, Hrsg.: Institut für Konstruktionstechnik der Ruhr-Universität Bochum 1987, S. 334.

71 Vgl. Eigner,M., Maier, H.: Einstieg in CAD: Lehrbuch für CAD-Anwender, München-Wien 1986, S. 260.

72 Vgl. Eigner, M., Maier, H.: Einführung und Anwendung von CAD-Systemen: Leitfäden für die Praxis, München-Wien 1982, S. 169.

73 Vgl. Bernhardt, R., Bernhardt, W.: CAD/CAM-Anwendungsbeispiele aus der Praxis, Berlin-Offenbach 1984, S. 153.

74 Vgl. hierzu ausführlicher: Seifert; H.; u.a.: Rechnerunterstütztes Konstruieren mit PROREN, Band II, Bochum 1987, Hrsg. Institut für Konstruktionstechnik der Ruhr-Universität Bochum, S. 335.

- Es muß möglich sein, Kollisionsuntersuchungen vorzunehmen.
- Für geometrisch anspruchsvolle Konstruktionen werden Flächen höherer Ordnung benötigt."

Das Volumenmodell ist das wichtigste Modell, da ihm alle Daten, die ein Produkt definieren, zugeordnet werden können.

2.3.4 Konsequenzen für die Vorkalkulation

Für die direkte Verwendung von Kosteninformationen aus 3D-CAD Systemen für eine Kalkulation gilt grundsätzlich dasselbe wie für 2D-CAD Systeme. Bestimmten Basiselementen - bei 2D-Systemen sind dies die Teilkörper und Formelemente, bei 3D-Volumenmodellen sind dies die Grundkörper - sind definierte Kosteninformationen zuordenbar.

Eine solche Vorgehensweise eignet sich aber nur für die Konstruktionsphasen, in denen ein CAD-System heute hauptsächlich eingesetzt wird. Dies sind die Konstruktionsphasen Entwerfen und Ausarbeiten. Darüber hinaus muß das EVKS weitere Verfahren für die anderen Konstruktionsphasen bereitstellen.

Weiterhin ist die Frage zu stellen, ob die Kostenzuordnung zu einzelnen Grundelementen hinsichtlich der Erstellung solcher Kosteninformationen und vor allem deren Pflege durch den Nutzen gerechtfertigt ist.

Einer sinnvollen Verwertung von Kosteninformationen, die direkt den zeichnerischen Basiselementen zugeordnet sind, steht die auf der Ebene der Gundelemente vorkommende Vielfalt der möglichen Informationen gegenüber. Aus gleichen zeichnerischen Grundelementen lassen sich immer meherere (viele) Bauteilgeometrien kombinieren, die unterschiedlich gefertigt werden. Dies bedeutet, daß die Formelemente nur dann gerechtfertigt sind, wenn diese nach Produktspektren klassifiziert sind und die Formelemente innerhalb dieser Klassen standardisierten Bearbeitungen entsprechen. Nur dann ist es auch möglich, einen eindeutigen Kostensatz pro Basiselement zu hinterlegen. Die Aktualisierung der Kosteninformationen auf der angesprochenen Ebene bedeutet einen sehr hohen Pflegeaufwand.

Der Einsatz eines Klassifizierungssystems ist notwendig, da, wie bereits ausgeführt, ähnliche Komponenten auch ähnliche Kosten aufweisen. Letztendlich können über solche Systeme auch schon in frühen Konstruktionsphasen Arbeitspläne oder Stücklisten ähnlicher Komponenten gefunden werden und so ein Teil der Kosten des zu kalkulierenden Objektes mittels analytischer Verfahren ermittelt werden.

2.4 Kalkulation im Rahmen des Konstruktionsprozesses

2.4.1 Definition und Abgrenzung

Methoden, mit denen es möglich ist, Herstellkosten abzuschätzen, werden in der technischen Literatur als Hilfsmittel zur Kostenfrüherkennung bezeichnet.[75]
Man unterscheidet zum einen **quantitativ** betonte Hilfsmittel wie Kurzkalkulationsverfahren, Kostenfunktionen und Ähnlichkeitsbeziehungen, die zahlenmäßige Angaben hinsichtlich entstehender Herstellkosten liefern und deshalb auch im Konstruktionsprozeß in der Analyse eingesetzt werden.[76]
Zum anderen gibt es **qualitativ** betonte Hilfsmittel wie Regeln, Relativkosten, Gut-Schlechtbeispiele, die zur Kalkulation von Herstellkosten weniger geeignet sind und in der Synthese verwendet werden können.[77]

Eine weitere Untergliederung der quantitativen Verfahren gibt Scheer[78] an. Er teilt die Kalkulationsverfahren in pauschale und analytische Verfahren ein, wobei als pauschal die Verfahren bezeichnet werden, die "ohne die technischen Einzelheiten zu berücksichtigen, die Kosten für ein Teil oder einen Konstruktionsschritt ermitteln".
Bei analytischen Verfahren erfolgt eine Gliederung der Kosten anhand der geometrischen und fertigungstechnischen Detailinformationen.

75 Vgl. Ehrlenspiel, K; Kiewert, A.; Lindemann, U.: Kostenfrüherkennung im Konstruktionsprozeß, in: VDI-Bericht Nr. 347 (1979), S. 133-142.
Vgl. Ehrlenspiel, K., Kiewert, A., Lindemann, U.: Produktkosten senken - eine Aufgabe der Konstruktion, in: Konstruktion 30 (1978), Heft 4, S. 149-154, s. bes. S. 150.

76 Vgl. Ehrlenspiel, K., Kiewert, A., Lindemann, K.: Erarbeitung von Hilfsmitteln zum kostengünstigen Konstruieren - eine Aufgabe für die Konstruktionslehre, in VDI-Z 122 (1980) Nr. 17, S. 681-687.

77 Vgl. VDI-Richtlinie 2235, Wirtschaftliche Entscheidungen beim Konstruieren, Methoden und Hilfen, Düsseldorf 1987, s. S. 26 und S. 28.

78 Vgl. Scheer, A.-W.: Konstruktionsbegleitende Kalkulation in CIM-Systemen, Veröffentlichungen des Institut für Wirtschaftsinformatik, Heft 50, Saarbrücken 1985, S. 18-27, s. insbes. S. 20.

Es ergibt sich somit folgende Einteilung der Verfahren:

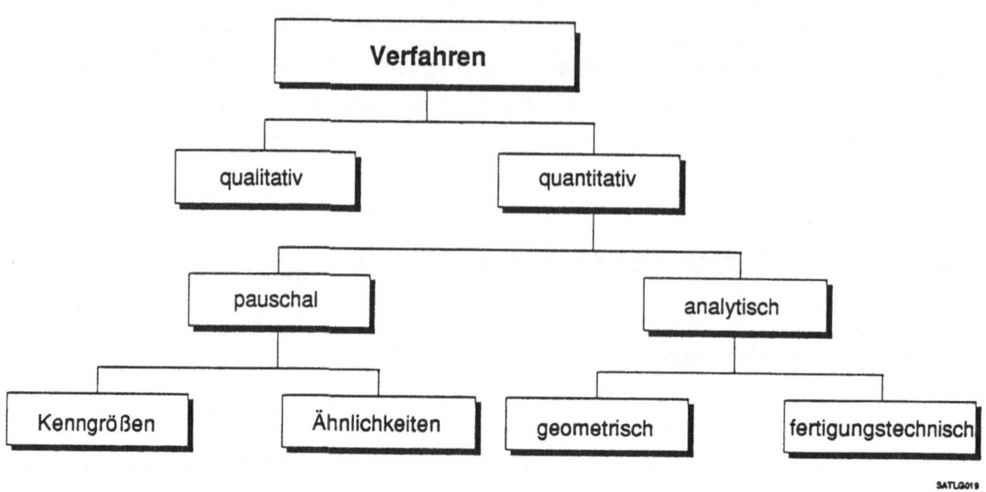

Abb. 2.15: Verfahren der entwicklungsbegleitenden Vorkalkulation

Als Grundlage für die Kostenermittlung mit Hilfe quantitativer Verfahren dienen die betriebswirtschaftlich relevanten Daten aus der Nachkalkulation. Hierfür sind Kostendaten mit Hilfe von statistischen Verfahren auszuwerten oder Kalkulationsunterlagen zu analysieren.
Gründet sich die Kurzkalkulation auf der Ermittlung von Zeiten, so sind Istzeiten aus Unterlagen der Arbeitsvorbereitung statistisch auszuwerten oder Fertigungsverfahren zu analysieren.

Hinsichtlich der Abgrenzung von Kurzkalkulationverfahren und Kostenfunktionen gibt es in der Literatur verschiedene Auffassungen. Die Übergänge sind zum Teil fließend.
Die VDI-Richtlinie 2235[79] definiert die Kurzkalkulation als ein einfaches Verfahren, das auf Kostenfunktionen beruht. Die Variablen der Kostenfunktion sind beim Konstruktionsprozeß unmittelbar zugänglich. Der eindeutige Zusammenhang zwischen Kosten als abhängige und Kosteneinflußgrößen als unabhängige Variablen wird als Kostenfunktion bezeichnet.

79 Vgl. VDI (Hrsg.): VDI-Richtlinie 2235, Wirtschaftliche Entscheidungen beim Konstruieren, Methoden und Hilfen, Düsseldorf 1987, S. 31.

Rieg[80] bezeichnet alle Methoden und Verfahren als Kurzkalkulationen, die im Vergleich zur üblichen Vorkalkulation auch früher oder zum selben Zeitpunkt und mit geringerem Arbeits- und Zeitaufwand durch quantitative Angaben eine Schätzung der entstehenden Herstellkosten eines Objektes liefern.

Ehrlenspiel, Lindemann und Kiewert[81] bezeichnen Verfahren zur Schätzung der voraussichtlichen Herstellkosten, die aus den genaueren Verfahren der Vorkalkulation oder direkt aus den Ist-Zeiten und Ist-Kosten der Nachkalkulation entwickelt werden, als Kurzkalkulationsverfahren oder Kostenfunktionen.

Fischer[82] definiert die Kurzkalkulation in Anlehnung an die VDI-Richtlinie 2235 als ein einfaches Verfahren, das auf Kostenfunktionen beruht. Die Variablen der Kostenfunktion sind beim Konstruktionsprozeß unmittelbar zugänglich. Den eindeutigen Zusammenhang zwischen Kosten als abhängige und Kosteneinflußgrößen als unabhängige Variablen bezeichnet er als Kostenfunktion. Darüberhinaus stellt er ein Ordnungsschema für Kurzkalkulationen auf. Dabei unterscheidet er Kurzkalkulationen nach der Differenziertheit der Kostenaussage, nach Art und Anzahl der Kosteneinflußgrößen und nach der Methode der Kostenermittlung.

Die Kostenfunktionen, die den Kalkulationen zugrunde liegen, werden nach der Vorgehensweise bei ihrer Ermittlung unterteilt. Unterschieden werden zum einen empirisch ermittelte Kostenfunktionen, die durch sinnvolle Annahmen, durch Probieren oder durch Anwendung der Statistik entstanden sind. Dazu gehören unter anderem auch Kostenfunktionen, die mathematisch bestimmt wurden mit Hilfe der Regressionsrechnung oder der Optimierungsrechnung (siehe Kapitel 2.4.5 und 2.4.6). Zum anderen gibt es auch eine theoretische Vorgehensweise zur Ermittlung der Kostenfunktion, bei der versucht wird, den Mechanismus der Kostenentstehung durch Modellbildung nachzuvollziehen. Ein Beispiel hierfür sind die von Pahl und Rieg[83] ermittelten Kostenfunktionen auf der Basis von Kostenwachstumsgesetzen.

Bei empirischer Vorgehensweise zur Erstellung einer Kostenfunktion werden nach der Zieldefinition die Daten erhoben, die vermutlich einen Einfluß auf die Kosten haben. Anschließend werden die Daten aufbereitet. Dabei können

---

80 Vgl. Rieg, F.P.: Kostenwachstumsgesetze für Baureihen, Diss., TH Darmstadt 1982, S. 3.

81 Ehrlenspiel, K; Kiewert, A.; Lindemann, U.: Kostenfrüherkennung im Konstruktionsprozeß, in: VDI-Bericht Nr. 347 (1979), S. 135.

82 Vgl. Fischer, D.: Kostenanalyse von Stirnzahnrädern, Diss., TU München 1983, S. 126-128.

83 Vgl. Pahl, G.; Rieg, F.: Kostenwachstumsgesetze für Baureihen, in: VDI-Bericht Nr. 457 (1982), S. 61-69.

Einflußgrößen, die die gleiche Kostenwirkung besitzen, zusammengefaßt werden. Danach wird die Methode für die mathematische Ableitung der Kostenfunktion, z.B. Regressionsanalyse oder Optimierungsrechnung, ausgewählt und angewendet. Im Anschuß daran erfolgt die Beurteilung und Anwendung der Ergebnisse.[84]

2.4.2 Quantitative Hilfsmittel zur Ermittlung von Herstellkosten

2.4.2.1 Kurzkalkulationsverfahren und Kostenfunktionen

Kilogramm-Kosten-Methode:
Hierbei handelt es sich um die Berechnung der Herstellkosten über den Materialanteil.[85] Das Verfahren basiert auf der Annahme, daß das Verhältnis der Materialkosten zu den gesamten Herstellkosten bei ähnlichen Maschinen mit etwa gleichen Fertigungsverfahren konstant bleibt. Das Verfahren ist jedoch nur dann sinnvoll, wenn wirkliche Ähnlichkeit und der Anteil der Materialkosten an den Herstellkosten ausreichend groß ist.
Es werden die prozentualen Kostenanteile der Materialkosten M und der Fertigungskosten F von den Herstellkosten einer Maschine festgestellt. Man nimmt an, daß bei konstruktiv nicht allzu großen Änderungen der Anteil der Materialkosten der Variante x ungefähr konstant bleibt ($m_x = m_o$). Aus den festzustellenden absoluten Materialkosten M_x dieser Variante lassen sich die Herstellkosten H_x ermitteln:[86]

$$H_x = \frac{M_x}{m_o} \qquad \text{(Gl. 2.1)}$$

84 Vgl. Eversheim, W.; Rothenbücher, J.: Kurzkalkulation von Spannvorrichtungen für die mechanische Fertigung, ZWF 80 (1985) 6, S. 268 und
vgl. Eversheim, W.; Minolla, W.; Fischer, W.: Angebotskalkulation mit Kostenfunktionen in der Einzel- und Kleinserienfertigung, Berlin 1977, S. 48-74.

85 Vgl. Lindemann, U.: Systemtechnische Betrachtung des Konstruktionsprozesses unter besonderer Berücksichtigung der Herstellkostenbeeinflussung beim Festlegen der Gestalt, VDI-Fortschritts-Berichte Reihe 1 Nr. 60, Düsseldorf 1980, S. 108.

86 Ehrlenspiel, K; Kiewert, A.; Lindemann, U.: Kostenfrüherkennung im Konstruktionsprozeß, in VDI-Bericht Nr. 347 (1979), S. 136.

wobei gilt: H_x Herstellkosten der Variante x

M_x absolute Materialkosten der Variante x

m_o prozentualer Kostenanteil der Materialkosten an den Herstellkosten für die Ausgangsvariante 0.

Gewichtskosten-Kalkulation:[87]

Hierbei werden die Herstellkosten HK_g pro Gewicht G für ähnliche Maschinen oder Maschinenteile festgestellt und in Abhängigkeit vom Gewicht G in einem Diagramm aufgetragen. Man stellte fest, daß die HK_g mit steigendem Gewicht G stark abfallen. Für konstruktiv gleichartige Maschinen können somit bei einem Gewicht G_x die neuen Herstellkosten HK_x berechnet werden.

$$HK_x = G_x \cdot HK_g \cdot (kg \cdot DM/kg = DM) \qquad (Gl.\ 2.2)$$

Abschätzung der Herstellkosten mit Bemessungsgleichungen:

Der Grundgedanke des Verfahrens besteht darin, Kostenfaktoren und technische Faktoren in ihrer gegenseitigen Abhängigkeit zu überschauen. Kesselring[88] machte auf dieses Verfahren aufmerksam und behandelte es unter dem Begriff "Bemessungslehre". Mit dem Verfahren können sowohl Material- als auch Fertigungskosten betrachtet werden. Der Nachteil des Verfahrens liegt in der sehr hohen Kompliziertheit der Bemessungsgleichungen.[89]

Kurzkalkulation nach Rauschenbach:[90]

Rauschenbach geht davon aus, daß bei Neukonstruktion meist mehrere Lösungsvarianten vorliegen. Um diese Lösungsvarianten wirtschaftlich zu bewerten, werden nur die Unterschiedskosten betrachtet. Der Vorteil liegt in einer Verringerung des Kalkulationsaufwands. Anschließend wird eine einfache Vorkalkulation mit standardisierten Tabellen für Kostensätze und technologische Daten durchgeführt.

Kurzkalkulation nach Lorenzen:[91]

Ausgehend von konstruktiven Größen beschreibt Lorenzen ein einfaches Verfahren zur Herstellkostenschätzung.

87 Ehrlenspiel, K; Kiewert, A.; Lindemann, U.: Kostenfrüherkennung im Konstruktionsprozeß, in VDI-Bericht Nr. 347 (1979), S. 136.

88 Vgl. Kesselring, F.: Sinnvolle Technik, in: Konstruktion 7 (1954) 5, S. 169 f.

89 Vgl. Rieg, F.P.: Kostenwachstumsgesetze für Baureihen, Diss., TH Darmstadt 1982, S. 4-5.

90 Vgl. Rauschenbach, T.: Kostenoptimierung konstruktiver Lösungen, VDI-Taschenbücher T 31, Düsseldorf 1978.

91 Vgl. Lorenzen, H.: Wirtschaftliche Produktgestaltung, in: VDMA (Hrsg.): Leistungssteigerung von Entwicklung und Forschung im Maschinenbau, Frankfurt 1976, S. 120-121.

Die Fertigungs- und Materialkosten für Bauteile werden aus Diagrammen ermittelt. Das Verfahren wird eingeschränkt durch standardisierte Kostenangaben. Der Nachteil liegt darin, daß für jedes betrachtete Element mindestens ein Diagramm notwendig ist. Die ständige Aktualisierung und der Aufwand für dieses Verfahren sind deshalb sehr hoch.

Kostenfunktion nach Eversheim/Minolla/Fischer:[92]
Es handelt sich um ein Schätzverfahren zur Ermittlung der Herstellkosten von ganzen Baugruppen, das eine mehrdimensionale Regressionsrechnung verwendet. Es werden Mehrspindelstöcke betrachtet. Dazu werden signifikante Einflußgrößen wie beispielsweise bestimmte geometrische Größen, Spindelanzahl, Leistung und Gewicht festgelegt. Anschließend werden bereits gefertigte Mehrspindelstöcke analysiert. Eine Regressionsrechnung liefert eine Gleichung, die als Kostenfunktion bezeichnet wird.
Daten, die in die Gleichung zur Kostenberechnung eingehen, sind hier geometrische Daten (Spindeldurchmesser, Spindelabstand, Kastenbreite, Kastenhöhe) sowie Mengenangaben (Spindelanzahl) und Gewicht.

2.4.2.2 Herstellkosten über Ähnlichkeitsbeziehungen

Eine Möglichkeit, die wirtschaftlichen Konsequenzen eines Entwurfs abzuschätzen, bieten Ähnlichkeitsbeziehungen. Eine detaillierte Kalkulation ist dazu nicht notwendig.

Ähnlichkeitsbeziehungen nach Ehrlenspiel/Kiewert/Lindemann:[93]
Es wird hier auf überbetriebliche Gesetzmäßigkeiten, insbesondere Ähnlichkeitsbeziehungen zwischen Kosten und konstruktiven Parametern zurückgegriffen. Das folgende Beispiel zeigt auf, wie die Kosten von der Stückzahl und der Baugröße abhängen können.
Bei einem Produkt entsteht die Stückzahl-Degression unter anderem durch die Aufteilung der Einmalkosten (z.B. Rüstkosten) auf die produzierte Stückzahl. Untersuchungen von Ehrlenspiel ergaben, daß die Rüstkosten näherungsweise mit $\lambda^{0,5}$ zunehmen (λ= Maßstabsfaktor). Desweiteren steigen die Fertigungskosten in erster Näherung proportional zur Oberfläche an und die Material-

92 Vgl. Eversheim, W.; Minolla, W.; Fischer, W.: Angebotskalkulation mit Kostenfunktionen in der Einzel- und Kleinserienfertigung, Berlin 1977.

93 Ehrlenspiel, K; Kiewert, A.; Lindemann, U.: Kostenfrüherkennung im Konstruktionsprozeß, in: VDI-Bericht Nr. 347 (1979).

kosten verlaufen proportional zum Teilevolumen (λ^3). Die Herstellkosten erhält man aus der Addition von Einmalkosten, Fertigungskosten und Materialkosten.

"Bildet man nun eine Kostenstruktur für Herstellkosten einer Baugröße i bei Einzelfertigung aus den Einmalkosten ek (Rüstkosten), den Fertigungskosten aus den Einzelkosten fke und den Materialkosten pro Stück mk, so kann man für die Herstellkosten einer Baugröße j mit der Stückzahl (Losgröße) n nach Ehrlenspiel den Ansatz in Abbildung 2.16 machen. Dies gilt nur dann, wenn eine vorhandene Konstruktion maßstäblich mit λ verändert wird, und keine Änderung des Fertigungsverfahrens eintritt."[94]

Die Gültigkeit des Verfahrens ist aus der Abbildung 2.16 ersichtlich. Innerhalb von Baureihen lassen sich die Kosten abschätzen und man kann die heuristische Tätigkeit des Konstrukteurs bei der Entwicklung von Baureihen unterstützten. Betriebswirtschaftliche Daten werden nicht berücksichtigt, so daß stückzahlabhängige Materialkosten nicht vorliegen dürfen. Auch ist ein Wechsel des Fertigungsverfahrens nicht möglich.

---

94 Ehrlenspiel, K; Kiewert, A.; Lindemann, U.: Kostenfrüherkennung im Konstruktionsprozeß, in: VDI-Bericht Nr. 347 (1979), S. 139-140.
Ehrlenspiel, K.; Kiewert, A.; Lindemann,U.: Erarbeitung von Hilfsmitteln zum kostengünstigen Konstruieren - eine Aufgabe der Konstruktionslehre, in: VDI-Z 122 (1980) Nr. 17 (Sept.), S. 681-687, s.bes. S. 683-684.

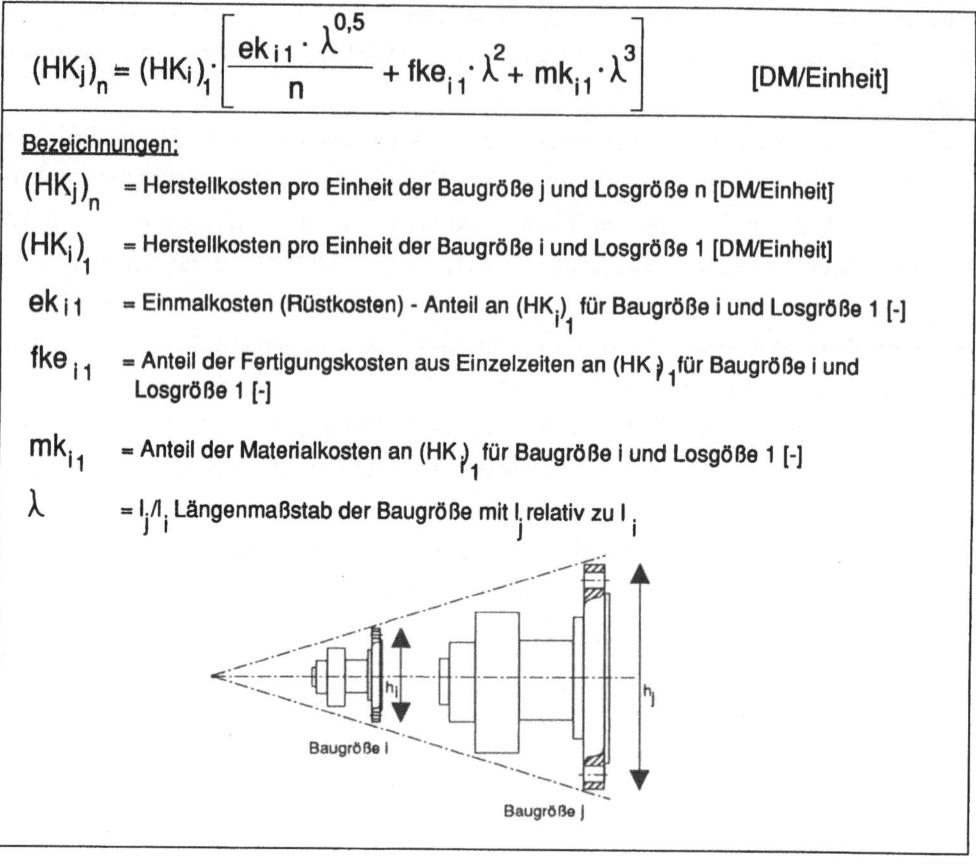

Abb. 2.16: Herstellkosten von Bauteilen und Maschinen in Abhängigkeit von Stückzahl (Losgröße) und Baugröße[95]

Ähnlichkeitsbeziehungen nach Pahl/Rieg:[96]

Ziel ist es, mit Hilfe von Ähnlichkeitsgesetzen die Herstellkosten von Folgeentwürfen zu schätzen. Man geht dabei von einem bezüglich der Kosten bekannten Entwurf aus und zeigt den Zusammenhang zu den in den Abmessungen variierenden Folgeentwürfen auf. Man unterscheidet zwischen Kosten, die:

- volumenabhängig,
- gewichtsabhängig,
- flächenabhängig,

95 Ehrlenspiel, K.; Kiewert, A.; Lindemann,U.: Erarbeitung von Hilfsmitteln zum kostengünstigen Konstruieren - eine Aufgabe der Konstruktionslehre, in: VDI-Z 122 (1980) Nr. 17 (Sept.), S. 684.

96 Pahl, G.; Rieg, F.: Kostenwachstumsgesetze für Baureihen, in: VDI-Bericht Nr. 457 (1982), S. 61-69.

- längenabhängig oder
- konstant

sind.

Mit dieser Einteilung wird die Kostenkalkulation für ähnliche Teile durch ein Polynom 3. Grades durchgeführt. Die Größenänderungen gegenüber dem Grundentwurf gehen dabei in die Gleichung 3. Grades ein.

Die Gleichung[97] lautet hierbei:

$$\varphi_H = a_3 \varphi_L^3 + a_2 \varphi_L^2 + a_1 \varphi_L^1 + \frac{a_0}{\varphi_Z} \quad \text{mit } \varphi_Z = \frac{Z_q}{Z_o} \qquad \text{(Gl. 2.3)}$$

Es gilt:

φ = Verhältnis Folgeentwurf/Grundentwurf

H = Herstellkosten

$$\varphi_H = \frac{H_{Folgeentwurf}}{H_{Grundentwurf}}$$

Z = Losgröße

$$\varphi_Z = \frac{\text{Losgröße des Folgeentwurfs}}{\text{Losgröße des Grundentwurfs}}$$

a_0 = Fixkosten

a_3, a_2, a_1 sind die Herstellkostenanteile, die entsprechend den Ähnlichkeitsbeziehungen mit φ^3_L, φ^2_L, φ^1_L wachsen.

Weiterhin gilt: $\sum a = 1$ und $0 < a_3, a_2, a_1, a_0 < 1$

97 Vgl. Pahl, G.; Rieg, F.: Kostenwachstumsgesetze für Baureihen, in: VDI-Bericht Nr. 457 (1982), S. 61-69.

2.4.3 Qualitative Hilfsmittel zur Abschätzung von Herstellkosten

Unter qualitativen Hilfsmitteln werden im folgenden solche Methoden verstanden, die zur Auswahl einer Lösung schon zu einem sehr frühen Zeitpunkt im Konstruktionsprozess, beispielsweise in der Konzept- und Entwurfsphase, einsetzbar sind.

Heuristische Regeln:
Diese Regeln erhöhen die Wahrscheinlichkeit guter Lösungen. Sie können den Zusammenhang zwischen zu erwartenden Kosten und dem bei der Konstruktion festgelegten Maschinenmerkmal angeben. Maschinenmerkmale sind beispielsweise Energieart, Fertigungsverfahren, Werkstoff.[98]

Kostenstrukturen:
Kostenstrukturen (vgl. Abb. 2.17) verdeutlichen den Aufbau der Kosten. Der Zweck dieser Kostenstrukturen liegt darin, die Schwerpunkte zur Kostenbeeinflussung aufzudecken. Kostenstrukturen können für unterschiedliche Objekte, Maschinen, Baugruppen, Funktionskomplexe, nach unterschiedlichen Anhaltspunkten erstellt werden. Gängige Untergliederungen erfolgen nach:[99]

- Material-/ Fertigungskosten,
- Material-/ Fertigungseinzelkosten/ Rüstkosten,
- Anteil der verschiedenen Fertigungsverfahren an Herstellkosten.

Für eine entwicklungsbegleitende Vorkalkulation interessant sind vor allem Kostenstrukturen, die zeigen, wie die Kosten von übergeordneten Entscheidungsebenen aus Kosten untergeordneter Größen entstehen.

Unter einer übergeordneten Entscheidungebene ist beispielsweise die Funktionsebene zu verstehen. Funktionen bearbeitet der Konstrukteur in der sehr frühen Konstruktionsphase "Konzipieren".

---

98 Vgl. Ehrlenspiel,K.: Genauigkeit, Gültigkeit, Gültigkeitsgrenzen, Aktualisierung der Erkenntnisse und Hilfsmittel zum kostengünstigen Konstruieren, in: Konstruktion 32 (1980) Nr. 12, S. 490.

99 Ehrlenspiel, K; Kiewert, A.; Lindemann, U.: Kostenfrüherkennung im Konstruktionsprozeß, in: VDI-Bericht Nr. 347 (1979), S. 63.
Vgl. Ehrlenspiel,K.: Genauigkeit, Gültigkeit, Gültigkeitsgrenzen, Aktualisierung der Erkenntnisse und Hilfsmittel zum kostengünstigen Konstruieren, in: Konstruktion 32 (1980) Nr. 12, S. 490.

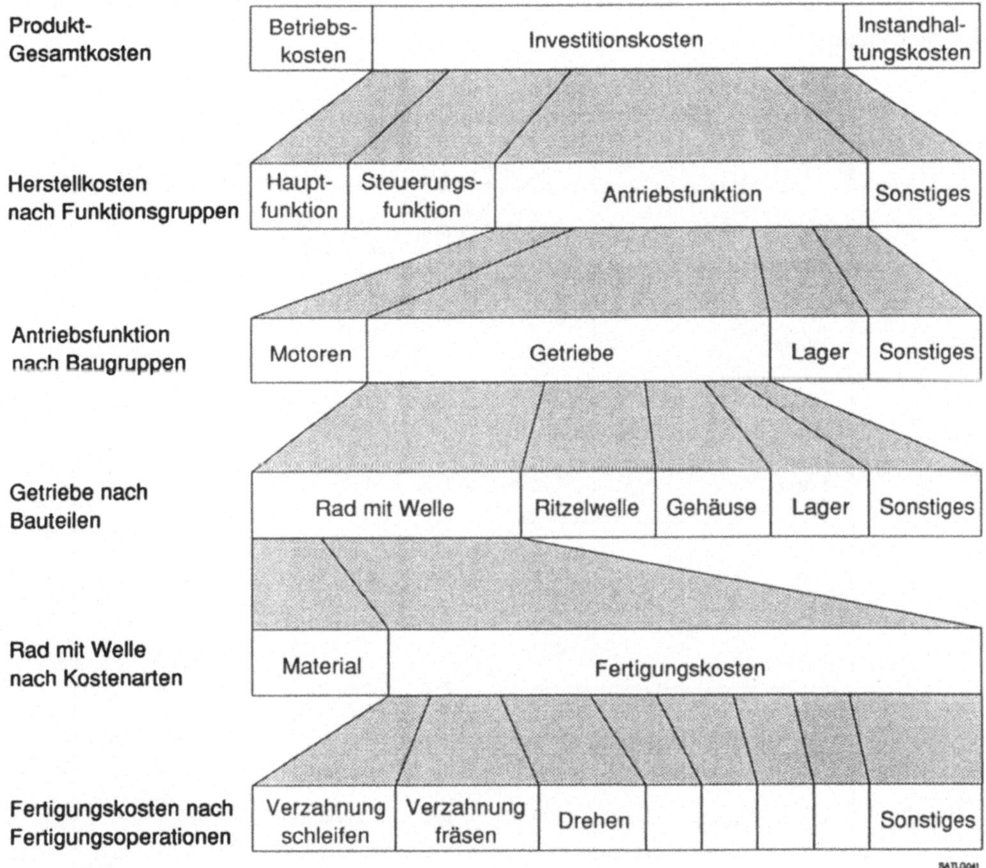

Abb. 2.17: Kostenstruktur (Beispiel: Werkzeugmaschine)[100]

Untergeordnete Größen stellen hierbei die Einzelteile Baugruppen oder Teile von Baugruppen dar, die zur Funktionserfüllung ganz oder teilweise beitragen. Das bedeutet, daß die Kosten, die für ein Teil entstehen, nicht notgedrungen vollständig einer Funktion zugeschlagen werden können.

100 Ehrlenspiel, K.: Kostengünstig Konstruieren, in: G. Pahl (Hrsg.): Konstruktionsbücher, Band 35, Berlin-Heidelberg-New York-Tokyo 1985, S. 261.

Welche Teile wiederum an der Erfüllung einer Funktion partizipieren, hängt von dem angewandten Funktionsprinzip ab.
Ein Beispiel für den Zusammenhang zwischen Funktionskosten und Bauteilkosten zeigt Abbildung 2.18.

Herstellkosten Bauteile	Bauteile	Anteil an Funktion	Funktion	Herstellkosten Funktionen
	Zahnräder	100 %	F 1 Drehmoment vergrößern	
	Wellen	50 %	F 2 Drehmoment leiten	
		50 %	F 3 Lagern	
	Lager	100 %		
	Gehäuse	60 %		
		40 %	F 4 Abdichten	
	Deckel, Dichtungen	100 %		
	Rohrleitungen	100 %	F 5 Schmieren	

Abb. 2.18: Beispielhafter Zusammenhang zwischen Bauteilkosten und Funktionskosten (Beispiel: Getriebe)

Relativkosten:

Relativkosten sind Bewertungszahlen mit denen das Kostenverhältnis alternativer Konstruktionslösungen dargestellt wird. Dies geschieht, indem man entweder die alternativen Lösungen miteinander ins Verhältnis setzt oder in Bezug zu einer Basiszahl bringt. Mit Hilfe von Kosteninformationen in Form von Relativkosten kann der Konstrukteur bereits während der Entwurfsphase im Konstruktionsprozeß tendenziell die unterschiedlichen Kosten verschiedener Lösungsalternativen erkennen.[101]

Eine Definition der Relativkosten sowie eine Beschreibung der Zielsetzung und der Vorgehensweise gibt auch eine Veröffentlichung des DIN.[102]
Eine Voraussetzung der Anwendung von Relativkosten liegt in der weitgehenden Identität zwischen Konstruktionsobjekt und den Relativkostenobjekten.[103] Darin liegt ein entscheidender Nachteil für eine exakte Kosteneinschätzung.

Grenzstückzahlen:
Sie geben dem Konstrukteur Auskunft darüber, bei welchen Stückzahlen (Losgrößen) eine bestimmte Form mit gegebenem Werkstoff zu den geringsten Fertigungskosten herzustellen ist und welche Verfahren und Maschinen hierfür erforderlich sind. Bei konkurrierenden Fertigungsverfahren können solche Grenzstückzahlen von großem Nutzen für die Auswahl eines Fertigungsverfahrens sein.[104]

2.4.4 Mathematisch-statistische Methoden

Wichtig bei der Erstellung von Kosteninformationen ist die Ermittlung der Kostenabhängigkeiten. Diese können mathematisch in Form von Kostenfunktionen dargestellt werden, die den Zusammenhang zwischen den Kosten und den sie beeinflussenden Größen wiedergeben.
Geeignete mathematische Verfahren hierfür sind die Regressionsrechnung und die Optimierungsrechnung.

---

101 Busch, W.: Relativkostenkataloge als Hilfsmittel zur Kostenfrüherkennung, in: VDI-Bericht Nr. 347 (1979), S. 143.
Vgl. Schuppar, H.: Rechnerunterstützte Erstellung und Aktualisierung von Relativkosten-Katalogen, Diss., TH Aachen 1977, S. 7.

102 Vgl. Beitz, W.; u.a.: Kosteninformationen zur Kostenfrüherkennung: Handbuch für Entwicklung, Konstruktion und Arbeitsvorbereitung, Sonderauflage für VDI-Gesellschaft Enwicklung Konstruktion Vertrieb (VDI-EKV) zur Tagung "Herstellkosten im Griff?" Neu-Ulm 1987, Hrsg.: DIN, Deutsches Institut für Normung e.V., Berlin-Köln 1987, S. 15, S. 32 f.

103 Vgl. Schuppar, H.: Rechnerunterstützte Erstellung und Aktualisierung von Relativkosten-Katalogen, Diss., TH Aachen 1977, S. 24.

104 Vgl. Lindemann, U.: Systemtechnische Betrachtung des Konstruktionsprozesses unter besonderer Berücksichtigung der Herstellkostenbeeinflussung beim Festlegen der Gestalt, in: VDI (Hrsg.): Fortschritts-Berichte Reihe 1, Nr. 60, Düsseldorf 1980, S. 103.

2.4.4.1 Regressionsverfahren

Die Regressionsrechnung ist ein mathematisches Verfahren[105], mit dem ein funktionaler Zusammenhang zwischen Einflußgrößen als unabhängige Variablen und Zielgrößen (z.B. Fertigungskosten oder Herstellkosten) als abhängige Variablen ermittelt werden kann.[106] Unter Einflußgrößen sind die Größen eines Objektes zu verstehen, die maßgeblich die Kosten beeinflussen und vom Entwickler/Konstrukteur beeinflußt werden können.
Bestimmte Voraussetzungen müssen allerdings erfüllt sein, bevor die Regressionsrechnung angewendet werden kann. Die Werte der Zielgrößen müssen normalverteilt sein und es ist eine Mindestzahl von Beobachtungen notwendig, um sichere Aussagen zu erhalten.[107] Außerdem ist die Klassenbildung eines der wichtigsten Probleme, da die Regressionsrechnung nur auf Gruppen von konstruktiv und fertigungstechnisch ähnlich gelagerten Produkten basieren darf.[108]

Man unterscheidet verschiedene Arten von Regressionsverfahren. Wird nur eine Einflußgröße berücksichtigt, so spricht man von einfacher Regression. Wirken mehrere Einflußgrößen auf eine Zielgröße ein, dann spricht man von multipler Regression. Je nach Art des Zusammenhangs zwischen Einflußgröße und Zielgröße wird zusätzlich lineare und nichtlineare Regression unterschieden. Eine weitere Unterscheidung ist nach der Art der Auswahlprozedur möglich.[109]
Eine Einteilung der Regressionsverfahren kann wie in Abbildung 2.19 gezeigt wiedergegeben werden.

Es gibt die Möglichkeit, nichtlineare Abhängigkeiten, die nur mit großem Aufwand lösbar sind und deshalb zur Vorbereitung eines integrierten Kalkulationssystems nicht in Frage kommen, durch geeignete Transformationen linear

105 Vgl. zu den statistischen Grundlagen Bleymüller, u.a.: Statistik für Wirtschaftswissenschaftler, 3. Aufl., München 1983, S.135-174;
vgl. auch Linder, A.: Statistische Methoden, 4., unveränderte Aufl., Basel 1964, S. 147-224 und S. 390-398;
vgl. auch Schaich, E.; u.a.: Statistik II für Volkswirte, Betriebswirte und Soziologen, 2., überarbeitete u. erweiterte Aufl., München 1982, S. 181-228.

106 Vgl. Borges, A., Bondroit, U., Paffenholz, B.: Entwicklung eines universell gültigen Regressionsmodells zur Ermittlung von Planzeitwerten für vorwiegend manuelle Arbeiten, Forschungsberichte des Landes Nordrhein-Westfalen Nr. 2216, Forschungsinstitut für Rationalisierung TH Aachen, 1984, S. 45.

107 Fischer, D.: Kostenanalyse von Stirnzahnrädern - Erarbeitung und Vergleich von Hilfsmitteln zur Kostenfrüherkennung, Diss., TU München 1983, S. 158.

108 Vgl. Widmer, H. U.: Kostenprognosen mit mathematisch-statistischen Methoden für Angebotskalkulation und Budget, Diss. ETH (Eidgenössisch Technische Hochschule) Zürich 1962, S. 38-48, s. bes. S. 45.

109 Vgl. Spur, G.; Goetze, H.: Prognoseentscheidungen anhand von Kostenfunktionen, in: ZWF 74 (1979) Nr.2, S. 67-74.

darzustellen. Deshalb wird weiterhin nur die lineare Regressionsrechnung[110] mit einer oder mehreren Einflußgrößen näher erläutert.

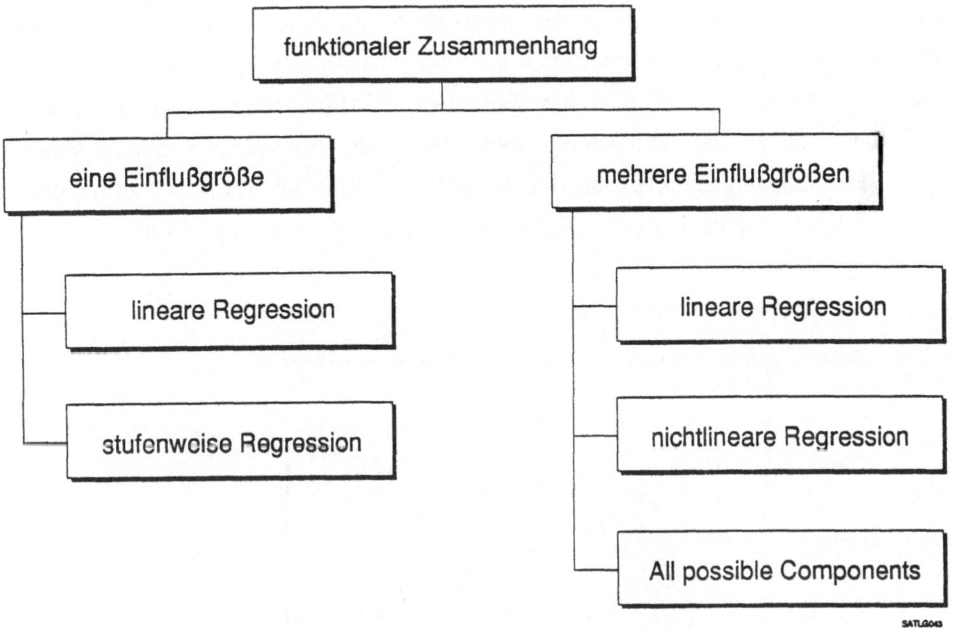

Abb. 2.19: Einteilung der Regressionsverfahren

Zwischen einer Zielgröße "Y" und einer bzw. mehreren Einflußgrößen "x"[111] wird der folgende Zusammenhang vermutet:

bei einer Einflußgröße: $Y = a + b\,x$ (Gl. 2.4)

bei mehreren Einflußgrößen: $Y = a + b_i . x_i \;, \; i = 1 \ldots n$ (Gl. 2.5)

wobei gilt: a = Regressionskonstante
b = Regressionskoeffizient

Wird dieser Ansatz verwendet, dann sind "a" und "b" bzw. "b_i" so zu bestimmen, daß der Fehler, der bei der Anwendung der Näherungsgleichung entsteht,

110 Detaillierte Ausführungen über die multiple Regression findet man bei: Cohen, J., Cohen, P.: Applied Multiple Regession/Correlation Analysis for the Behavorial Sciences, second edition, Lawrence Erlbaum Associates, Inc. Publishers 1983.

111 Vgl. Scheer, A.-W.: Absatzprognosen, Berlin-Heidelberg-New York-Tokyo, 1983, S.161.

möglichst gering wird. Dies wird mit Hilfe der Methode der kleinsten Fehlerquadrate gelöst.[112] Die gleiche Prämisse findet man bereits bei Widmer.[113]

Abbildung 2.20 zeigt das Prinzip der Regressionsanalyse. Die eingezeichnete Regressions- oder Ausgleichsgerade $Y = a + b \cdot x$ charakterisiert bei einer Einflußgröße die Abhängigkeiten zwischen X-Werten (Einflußgrößen) und den Y-Werten (Zielgröße) unter der Bedingung, daß die Summe der quadratischen Abweichungen der Beobachtungspunkte von der Gerade ein Minimum ist.[114] Entsprechend wird bei zwei Einflußgrößen eine Fläche in den Raum gelegt (vgl. Abb. 2.20).

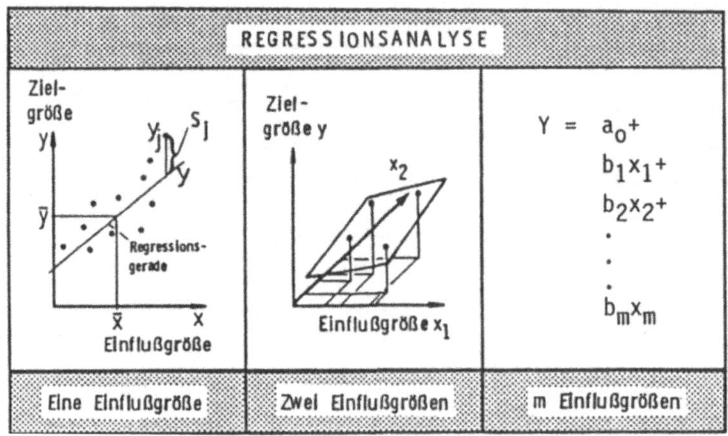

Abb. 2.20: Regressionsanalyse[115]

Als Beispiel für eine lineare Regression mit mehreren Einflußgrößen dient folgende Gleichung:

$$FK = a + b_1\, p_1 + b_2\, p_2 \dots \qquad \text{(Gl. 2.6)}$$

112 Vgl. auch Bleymüller, J., Gehlert, G., Gülicher, H.: Statistik für Wirtschaftswissenschaftler, 3. verbesserte Aufl., Verlag Franz Vahlen, München 1983, S. 135-174, s. bes. S.137.
Vgl. Scheer, A.-W.: Absatzprognosen, Berlin-Heidelberg, New York-Tokyo, 1983, S. 103.

113 Vgl. Widmer, H. U.: Kostenprognosen mit mathematisch-statistischen Methoden für Angebotskalkulation und Budget, Diss. ETH (Eidgenössisch Technische Hochschule) Zürich 1962, S. 38-48, s. bes. S. 38.

114 Vgl. Eversheim, W.; Minolla, W.; Fischer, W.: Angebotskalkulation mit Kostenfunktionen in der Einzel- und Kleinserienfertigung, Berlin 1977, S. 42-44.

115 Vgl. Beitz, W; u.a.: Kosteninformationen zur Kostenfrüherkennung, Handbuch für Entwicklung, Konstruktion und Arbeitsvorbereitung, Hrsg.: DIN Deutsches Institut für Normung e.V., Berlin-Köln 1987, S. 255.

wobei gilt:

Zielgröße Y	=	Fertigungskosten (FK)
Einflußgrößen x	=	Beschreibungsparameter (p)
a	=	Regressionskonstante
b_i	=	Regressionskoeffizienten, i = 1...n

Geht man von der Beispielgleichung aus, so müssen mit Hilfe der Regressionsrechnung die Werte für a und $b_1...b_n$ so bestimmt werden, daß die Summe der quadratischen Abweichungen zwischen den geschätzten Fertigungskosten $\widehat{FK}_i$ und beobachteten Werten FK_i minimiert wird.[116]

Um die Güte einer erzeugten Regressionsgleichung zu beurteilen, gibt es verschiedene Kriterien wie z.B. das Bestimmtheitsmaß "B" und die Standardabweichung "S".

Das **Bestimmtheitsmaß** ist ein Maßstab für die Genauigkeit der Anpassung der Schätzfunktion an die beobachteten Werte. Zur Berechnung des Bestimmtheitsmaßes werden die Abweichungen zwischen den beobachteten Werten der Zielgröße und deren Mittelwert in einen durch die Regressionsgleichung erklärbaren und einen durch die Regressionsgleichung nicht erklärbaren Teil zerlegt.
Das Bestimmtheitsmaß ist definiert als Quotient aus der Summe der Quadrate der erklärbaren Abweichungen und der Summe der Quadrate der nicht erklärten Abweichungen. Das Bestimmtheitsmaß kann Werte zwischen 0 und 1 annehmen. Ist B = 0 , dann sind die Ziel- und Einflußgrößen völlig unabhängig voneinander. Für B = 1 liegen alle Beobachtungspunkte auf der Geraden.

Für die hier angegebene Gleichung sieht das Bestimmtheitsmaß wie folgt aus:[117]

$$B^2 = \frac{\sum_{i=1}^{n} (\widehat{FK}_i - \overline{FK})^2}{\sum_{i=1}^{n} (Fk_i - \overline{FK})^2} \qquad \text{(Gl. 2.7)}$$

116 Vgl. Kreisfeld, P.: Kostenbestimmung mit CAD-Systemen für Rotationsteile, in: G. Spur (Hrsg.): Forschungsberichte für die Praxis, Produktionstechnik-Berlin, Bd. 41, München-Wien 1985, S. 12-13.

117 Vgl. Scheer, A.-W.: Absatzprognosen, Berlin-Heidelberg, New York-Tokyo, 1983, S. 166.

$\widehat{FK}_i$ = beobachtete Fertigungskosten
FK_i = geschätzte Fertigungskosten
$\overline{Fk}$ = Mittelwert Fertigungskosten

Die **Standardabweichung** "σ" der Differenzen zwischen beobachteten und mit der Regressionsgleichung errechneten Zielgrößen ist ein Maß für den zu erwartenden Fehler.

$$\sigma = xi - x^2 .pi \qquad \text{(Gl. 2.8)}$$

Die meisten der beschriebenen Kosteninformationssysteme verwenden die Regressionsrechnung, um die Zusammenhänge zwischen den Kosten und den Kosteneinflußgrößen aufzuzeigen. Gleichfalls findet die Regressionsrechnung in der Betriebswirtschaftslehre bei der Ermittlung der Bezugsgrößen Anwendung, so daß dieses statisches Verfahren auch für ein EVKS genutzt wird.

2.4.4.2 Optimierungsverfahren

Unter der Optimierungsrechnung versteht man die Variation einer Funktion (oder eines Gleichungssystems) $Y = f(x_1, x_2, \ldots, x_n)$ durch Variation der Parameter $x_1, \ldots, x_n$ mit dem Ziel, den Funktionswert Y, also das Optimierungsziel, zu steuern.[118]

Die Optimierungsverfahren lassen sich danach unterscheiden, welche Strategie zur Parameterveränderung angewendet wird (vgl. Abbildung 2.21).

118 Vgl. Baumann, G.: Ein Kosteninformationssystem für die Gestaltungsphase im Betriebsmittelbau, Diss., TU München 1982, S. 45.

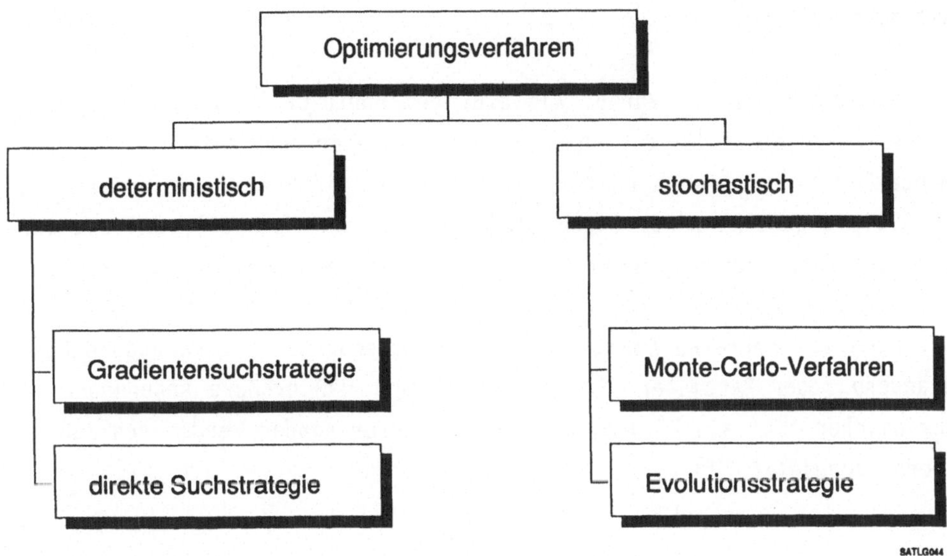

Abb. 2.21: Einteilung der Optimierungsverfahren

Deterministische Verfahren:

Bei den deterministischen Verfahren wird die Änderung der Parameter fest vorgegeben. Man unterteilt die deterministischen Verfahren in die Gradientensuchstrategie und in die direkte Suchstrategie:[119]

- **Gradientensuchstrategie:**
  Durch die Anwendung des Gradientenverfahrens ergibt sich eine deterministische Vorschrift. Bei dem Gradientenverfahren folgt man der Richtung des Gradienten solange, bis sich der Funktionswert verschlechtert. Der Nachteil des Gradientenverfahrens liegt in seinem schlechten Konvergenzverhalten. Allgemein versteht man unter Konvergenzverhalten die Schnelligkeit einer Optimierungsstrategie, das Optimum zu finden.

- **direkte Suchstrategie:**
  Bei dieser Art von deterministischen Verfahren werden keine Gradienten angewendet, sondern ein numerischer Vektor zur Veränderung der Parameter vorgegeben. Zu dem bekanntesten Verfahren gehört das Box-Jenkins-Verfahren.

119 Vgl. Scheer, A.-W.: Absatzprognosen, Berlin-Heidelberg-New York-Tokyo, 1983, S. 157-159.

Stochastische Verfahren:

Bei den stochastischen Verfahren, wie z.B. dem Monte-Carlo-Verfahren und der Evolutionsstrategie erfolgt die Änderung der Parameter nach Zufallszahlen.
Beim Monte-Carlo-Verfahren wird für die Parameter ein Bereich definiert, der rein zufällig abgesucht wird. Diese Strategie hat den Nachteil, daß sie (zufallsbedingt) sehr rechenintensiv ist. Den gleichen Nachteil besitzt auch die Evolutionsstrategie.
"Hierbei wird von mehreren Startpunkten, den sogenannten Eltern ausgegangen. Die Veränderung der Parameter wird so festgelegt, daß größere Änderungen unwahrscheinlicher sind als kleine. Die besten dieser Kinder werden schließlich als Eltern eingesetzt."[120]

2.5 Kosteninformationssysteme

In den einzelnen Konstruktionsphasen werden vom Konstrukteur entsprechend der Erzeugnisstruktur von Produkten die Objekte in unterschiedlichen Detaillierungsgraden bearbeitet. So handelt es sich in der Planungsphase um das Produkt, z.B. eine Maschine, die dann in Baugruppen und Einzelteile aufgebrochen wird.
In der letzten Konstruktionsphase, dem Detaillieren, entscheidet der Konstrukteur über die konkrete Gestalt und somit auch über das Fertigungsverfahren für ein Einzelteil.
Lediglich beim Übergang von der ganzheitlichen Denkweise auf Maschinenebene zu den untergeordneten Baugruppen und Einzelteilen entsprechen die Konstruktionsobjekte nicht mehr den Komponenten der Erzeugnisstruktur. Es handelt sich hierbei um die Funktionskomplexe, die eine baugruppen- und einzelteilübergreifende Denkweise verlangen.
Eine Einteilung der in den letzten Jahren in der Literatur beschriebenen Systeme, die sich mit der Bereitstellung von Kosteninformationen beschäftigen, kann entsprechend der behandelten Konstruktionsobjekte

- Maschine,
- Funktionskomplex,

120 Baumann, G.: Ein Kosteninformationssystem für die Gestaltungsphase im Betriebsmittelbau, Diss., TU München 1982, S. 48.

- Baugruppe,
- Einzelteil,

vorgenommen werden. Ebenso liegt dann die Konstruktionsphase fest, in der das System zum Einsatz kommt. Die folgende Untersuchung orientiert sich an der vorgegebenen Hierarchie.

2.5.1 Kosteninformationssystem RELKT

Beitz und Klasmeier[121] entwickelten das Kosteninformationssystem RELKT für die Kostenfrüherkennung für Baugrupppen. Das System arbeitet sachmerkmalorientiert und ermöglicht eine Kostenkalkulation für unterschiedliche technische Objekte.
Um eine Kostenfunktion zu erstellen, wählte man je nach Komplexitätsgrad der Objekte zwei verschiedene Ansätze. Bei weniger komplexen Baugruppen, wie z.B. Druckbehältern, wird der Fertigungsablauf analysiert und weitere Daten aus Unterlagen des Einkaufs (Preislisten) ermittelt und damit ein Kostenmodell gebildet. Fertigungstechnische und geometrische Größen und der Werkstoff dienen als Beschreibungsgrößen.

Bei der Analyse von komplexeren Baugruppen werden zunächst die möglichen Einflußparameter gesammelt, von Überschneidungen bereinigt und dann zu Gruppen zusammengefaßt.
Mit Hilfe der einfachen Regression werden die Kostenparameter aus den bereinigten Daten herausgefiltert und die Abhängigkeit der Kosten mittels der multiplen Regressionsrechnung ermittelt.
Die Ergebnisse werden vornehmlich in Form von Relativkosten dargestellt; eine Darstellung von Absolutkosten ist ebenfalls möglich.

121 Vgl. Beitz, W.; Klasmeier, U.: Kostenfrüherkennung bei komplexen Schweißgruppen, in: VDI-Berichte 457 (1982), S. 115-127.
Vgl. Beitz, u.a.: Kostenfrüherkennung bei Baugruppen, in: Kosteninformationssystem, Forschungsbericht KfK-PFT 48, Kernforschungszentrum Karlsruhe (1983), S. 235-289.

2.5.2 Kosteninformationssystem REKOST

Die den Baugruppen in ansteigender Reihenfolge folgende Ebene innerhalb der Hierarchie konstruktiver Gebilde ist die Funktionskomplexebene. Unter Funktionskomplexen versteht man Einzelteile und Abschnitte von Einzelteilen, die gemeinsam eine Funktion erfüllen. Basis für die Kalkulation der Kosten von Funktionskomplexen im System REKOST ist die Ermittlung aller notwendigen Bearbeitungs- und Montageoperationen.

Das von Radermacher entwickelte System REKOST für Funktionskomplexe baut auf der Ermittlung von Fertigungszeiten auf. Hierzu greift das System auf Hauptzeitformeln und Schnittwertdateien zu. Somit können Fertigungszeiten unterschiedlicher Fertigungsverfahren ermittelt werden. Auf der Basis von Geometriedaten und von bestimmten Fertigungsanforderungen wird dem zu kalkulierenden Objekt mittels Entscheidungstabellen das entsprechend in Frage kommende Fertigungsverfahren zugeordnet. Grundlage der Kalkulation sind die benötigten Bearbeitungszeiten, die mit den Kostensätzen der einzelnen Kostenstellen multipliziert werden.

Mittels Berechnungsmoduln werden die verschiedenen Einzelteile bzw. Einzelteilabschnitte kalkuliert. Über speziell erstellte Funktionskomplexstücklisten, die Hinweise auf die entsprechende Arbeitsplaninformation enthalten, erfolgt der Aufruf von Formeln und Kostendaten. Nach Abspeicherung der Kosten der berechneten Funktionskomplexe erhält man relative Kostenaussagen, indem man die Ergebnisse verschiedener berechneten Alternativen auf einen Basiswert bezieht. Für die Übertragbarkeit auf unterschiedliche Unternehmungen wurde eine Trennung von betriebsspezifischen und überbetrieblichen Dateien vorgenommen. Aufwendige mathematische Verfahren kommen nicht zum Einsatz.[122]

2.5.3 Ermittlung der Herstellkosten von Gußteilen

Das von Pacyna[123] entwickelte Verfahren ermittelt die Herstellkosten von Gußteilen differenziert nach Modellkosten und Gußstückkosten.

---

122 Vgl. Radermacher,W.: Entwicklung eines Kosteninformationssystems für den Konstruktionsbereich, Diss., TH Aachen (1982).
Vgl. Radermacher W.: Relativkosten von Funktionskomplexen, in: VDI-Bericht Nr. 457 (1982), S. 83-90.

123 Vgl. Pacyna, H.: Die Kosten vor dem Gießen berechnet, in: VDI-Nachrichten 34 (1980), H. 6, S. 16.

Der Autor geht davon aus, daß sich der Einfluß der konstruktiven Gestaltung auf die Fertigungszeiten und Herstellkosten von Gußstücken zahlenmäßig erfassen läßt. Voraussetzung ist jedoch eine systematische Beschreibung von Größe, Gestalt, Werkstoff und gießtechnischen Anforderungen durch eindeutige Kennzahlen.
Dies wird durch ein Objektbeschreibungssystem erreicht, das die Beschreibungsgrößen für die Bestimmung der Herstellkosten in einen verfahrensneutralen und in einen gießereitechnischen Teil unterteilt. In dieser Gußstückklassifikation werden außer dem Werkstoffvolumen drei verfahrensneutrale Gestaltmerkmale verwendet.[124] Das zur Kalkulation herangezogene Datenfeld umfaßt alle notwendigen Einflußgrößen für die Bestimmung der Fertigungszeiten und Kosten.

2.5.4 Kosteninformationssystem "Guß"

Für die Kostenprognose von Gußteilen wurden weitere Untersuchungen von Ehrlenspiel[125] im Rahmen des vom Bundesinnenministerium für Forschung und Technologie geförderten Programms "Kosteninformationssystem" durchgeführt. Der Schwerpunkt lag auf der Erarbeitung von Formeln zur Zeit- und Kostenermittlung. Als Zielgrößen wurden Vorgabezeiten gewählt und als Einflußgrößen wurden kostenrelevante gestalt- und gießereitechnische Merkmale in Anlehnung an Pacyna verwendet.[126] Grundlage der Kalkulation sind standardisierte Arbeitspläne. Aus den ermittelten und abgespeicherten Fertigungszeiten entstehen im nächsten Schritt in Verbindung mit den Kostensätzen die Kosten.

2.5.5 Kostenanalyse von Stirnzahnrädern

Ziel der Untersuchungen von Ehrlenspiel und Fischer[127] war die Entwicklung von Hilfsmitteln zum kostengünstigen Konstruieren. Dabei wurden produkt-

---

124 Vgl. Pacyna, H.: Klassifikation von Gußstücken, Düsseldorf 1977, S. 29-31.

125 Vgl. Ehrlenspiel, K.; Rutz, A.: Drei Beispiele zur rechnerunterstützten Kostenberechnung in Konstruktion und Arbeitsvorbereitung, in VDI-Bericht Nr.492 (1983), S. 92-93.

126 Vgl. Ehrlenspiel,K.; Hillebrand, A.; Rutz, A.: Kostenvergleichssystem Gußteile, in: Kosteninformationssystem KfK-PFT 48, Karlsruhe, Kernforschungszentrum (1983), S. 79-84.

127 Vgl. Fischer, D.: Kostenanalyse von Stirnzahnrädern - Erarbeitung und Vergleich von Hilfsmitteln zur Kostenfrüherkennung, Diss., TU München 1983.

spezifische und produktneutrale Erkenntnisse abgeleitet. Aus der Analyse geht hervor, daß aufgrund von Kostenunterschieden zwischen den Betrieben spezifische auf ein Unternehmen abgestimmte Kosteninformationen abzuleiten sind. Die Darstellung der Kosteninformationen erfolgt in Form von Relativkostenangaben und Kalkulationsformeln für die Herstellkostenermittlung.

2.5.6 Kostenermittlung von rotationssymetrischen Teilen

Spur und Goetze[128] entwickelten ein Programmsystem zur Ermittlung der Fertigungskosten von rotationssymetrischen Teilen. Die Autoren gingen davon aus, daß die Gestalt eines Bauteils für die Fertigungskosten verantwortlich ist und deshalb ein gestaltbeschreibendes Klassifizierungssystem zur Kostenklassifizierung benutzt werden kann. Ähnlich den Arbeiten von Pacyna wird die Klassifizierung als Hilfsmittel verwendet.
Im vorliegenden Fall kommt das erweiterte Klassifizierungssystem von Opitz[129] zum Einsatz, um die Einflußgrößen zu erfassen. Dabei werden zuerst die Einzelteile nach der Ausprägung ihrer kostenrelevanten Merkmale klassifiziert. Der Zusammenhang zwischen den klassifizierenden Merkmalen und den Kosten wird durch die Kostenfunktion dargestellt. Die Geometrie und die Fertigungsanforderungen werden als Beschreibungskriterien verwendet.

Weiterhin erfolgt eine Zusammenfassung von gestaltähnlichen Werkstücken zu Kostenfamilien, da davon ausgegangen wird, daß solche Teile auch ein ähnliches Kostenverhalten zeigen. Somit ist eine Erstellung von Kostenfunktionen für jeweils eine Teilefamilie möglich, da mit Zugehörigkeit zu einer Teilefamilie auch eine kostenbezogene Gruppierung vorgenommen wird.[130]

2.5.7 Kostenwachstumsgesetze

Teile aus Baureihen, Baukästen oder Variantenkonstruktionen zeigen, was die Form und Abmessungen betrifft, Ähnlichkeiten auf. Gleich oder ähnlich ist meist auch die Fertigung und die Montage. Daraus ergibt sich die Möglichkeit,

128 Vgl. Spur, G.; Goetze, H.: Prognoseentscheidungen anhand von Kostenfunktionen, in ZWF 74 (1979), Heft 2, S. 67-74.
Vgl. Spur, G.; Goetze, H.: Kosten und Produktgliederung in der Werkzeugmaschinenindustrie, in: ZWF 73 (1978), Heft 6, S. 299-304.

129 Opitz, H.: Werkstückbeschreibendes Klassifizierungssystem, Essen1966.

130 Vgl. Goetze, H.: Kostenplanung technischer Systeme am Beispiel der Werkzeugmaschine, Diss., TU Berlin 1978.

von einem kostenmäßig bekannten Teil (Grundentwurf) auf die Herstellkosten eines anderen Teils (Folgeentwurf) mit Hilfe von Ähnlichkeitsgesetzen zu schließen.[131]
Nach Fischer[132] sind physikalische Gebilde einander ähnlich, wenn das Verhältnis mindestens einer physikalischen Größe bei den Gebilden gleich ist.
Man spricht von Halbähnlichkeit, wenn sich nur ein Teil der Abmessungen ändert.
Geometrische Ähnlichkeit liegt dann vor, wenn bei physikalischen Gebilden alle Längen um einen gemeinsamen Maßstabsfaktor vergrößert oder verkleinert werden.

Pahl und Rieg[133] leiten nun von einem kostenmäßig bekannten Entwurf ausgehend Kostenwachstumsgesetze für Baureihen ab. Dabei wurden auch die **Haupt- und Nebenzeiten** bzw. die Zeiten je Einheit und Rüstzeiten berücksichtigt. Dies wird an geometrisch ähnlichen und halbähnlichen Beispielen gezeigt. Es ist also möglich, bei ähnlichen Bauteilen mit Hilfe von Ähnlichkeitsbetrachtungen Kostenwachstumsgesetze aufzustellen. Aus diesen Kostenwachstumsgesetzen versucht man die Kostenstruktur in Abhängigkeit von geometrischen Größen, die der Konstrukteur beeinflußt, zu erkennen und kostenmindernde Maßnahmen abzuleiten.
Kennzeichnend ist, daß von einer konventionellen Kalkulation eines bekannten Gliedes der Baureihe ausgegangen wird. Dieses Glied kann eine Baugruppe, Bauteil oder ein Funktionselement sein. Dadurch wird das Ziel erreicht, daß das Verfahren überbetrieblich anwendbar ist und sich die vom Konstrukteur beeinflußbaren Größen in allgemeingültige Kostenwachstumsgesetze einbringen lassen. Die Ergebnisse selbst sind betriebsspezifisch.[134]
Die Anwendung der ermittelten Formeln kann auch ohne EDV-Unterstützung erfolgen. Aufwendige mathematische Verfahren kommen nicht zum Einsatz.
Da nur die Größenänderung als Parameter eingeht, bleibt der Einsatz auf ähnliche Kalkulationsobjekte beschränkt.

---

131 Vgl. Pahl, G.; Beelich, K.H.: Ermittlung von Herstellkosten für ähnliche Bauteile, in VDI-Bericht Nr. 347 (1979), S. 155-164.

132 Vgl.Fischer, D.: Kostenanalyse von Stirnzahnrädern, Diss., TU München 1983, S. 129.

133 Vgl. Pahl, G.; Rieg, F.: Kostenwachstumsgesetze nach Ähnlichkeitsbeziehungen für Baureihen, in: VDI-Bericht Nr.347 (1979), S. 61-69.

134 Vgl. Rieg, F.P.: Kostenwachstumsgesetze für Baureihen, Diss., TH Darmstadt 1982, S.171.
Vgl. Pahl, G.; Rieg, F.P.: Kostenwachstumgesetze nach Ähnlichkeitsbeziehungen für Baureihen, in: VDI-Bericht 457 (1982), S. 61-69.

2.5.8 Integration von Kosteninformationen in CAD-Systeme

Bei keinem der bisher beschriebenen Kosteninformationsysteme ist eine Anbindung oder Integration eines CAD-Systems möglich, um Kosteninformationen bereitzustellen. Zunehmend finden aber CAD-Systeme Verbreitung im Konstruktionsbereich, um dort vor allem in den Konstruktionsphasen Entwerfen und Ausarbeiten die Arbeit des Konstrukteurs zu unterstützen.

Im folgenden werden erste Ansätze beschrieben, die Kosteninformationen in ein CAD-System einbinden.

Die Ansätze von Spur[135], Eversheim[136], Tuffentsammer[137] gründen auf rechnergestützen Arbeitsplanungssystemen, die nach dem Varianten- oder Generierungsprinzip arbeiten. Sie errechnen die Vorgabezeiten, die mit Hilfe von Verrechnungssätzen zu Vorkalkulationswerten umgerechnet werden.
Die für die Arbeitsplanung notwendigen detaillierten Kenntnisse von fertigungsspezifischen Daten sind in der Konstruktion nicht vorhanden. Auch soll durch eine entwicklungsbegleitende Kalkulation ein Instrumentarium geschaffen werden, das möglichst frühzeitig die entstehenden Kosten aufzeigt. Die Verbindung der fertigungstechnischen Gegebenheiten des Arbeitsplanungssystems zu den in der Konstruktion festgelegten Größen ist nicht gegeben.

2.5.8.1 Kosteninformationssystem für die Gestaltungsphase

Mit dem von Baumann[138] entwickelten System werden Kosteninformationen über abgespante Einzelteile erstellt. Es wird hier eine kurze Darstellung wiedergegeben.
Das Kosteninformationssystem geht detailliert auf die im Betriebsmittelbau verwendeten Fertigungsverfahren ein. Hier setzt das System auf der Ebene der Fertigungszeiten an.

---

135 Spur, G.; Anger, H.-M.; Kunzendorf, W.; Stuckmann, G.: CAPSY - A dialogue system for Coputer Aided Manufacturing Process Planing, Manchester, 19. MTDR-Konferenz 1978.

136 Eversheim, W.; Fuchs, H.: Automatische Arbeitsplan- und NC-Lochstreifenerstellung für Blechteile, in: Industrie Anzeiger 99 (1977), S. 1393-1396.

137 Tuffentsammer, K.; Wolf, M.: Vorgabezeitermittlung und Arbeitsplanerstellung im Dialog mit einem Rechner, in: TZ 71 (1977), Heft 7, S. 49-52.

138 Baumann, G.: Ein Kosteninformationssystem für die Gestaltungsphase im Betriebsmittelbau, Diss., TU München 1982.

Eingangsgrößen zur Erstellung von Kosteninformationen sind die Angabe der eingesetzten Verfahren und die dabei angefallene Zeit. Bei den zur Kalkulation eingesetzten Gleichungen handelt es sich um Formeln zur Berechnung von Fertigungszeiten.
Der von Baumann implementierte Algorithmus erzeugt Varianten eines Rotationsteils, das in einem 2D-CAD-System abgelegt ist. Hierbei werden die Elemente variiert, aus denen sich das Werkstück zusammensetzt. Der Benutzer kann menügeführt über Veränderungen am Bauteil entscheiden, wobei die möglichen Einsparungen angezeigt werden. Die Kostenberechnung beschränkt sich auf rotationssymetrische Teile. Der Ansatz beruht auf der aktiven Kostennachrechnung. Hierbei sollen vom Kosteninformationssystem selbst Vorschläge zur Kostenreduzierung geliefert werden. Dies geschieht anhand einer Sammlung von Vorschlägen, die am konkreten Objekt durchgerechnet werden.[139]
Auch bei Baumann sind umfangreiche fertigungstechnische Angaben erforderlich, so daß auch hier die Anwendung der Kostenformeln mit Einschränkungen, ähnlich wie bei den Arbeitsplanungssystemen, zu sehen ist.

2.5.8.2 Kostenbestimmung für Rotationsteile

Das System KOINF von Kreisfeld ermöglicht eine CAD-Anbindung zur Bereitstellung von Kosteninformationen auf der Basis eines Kopplungsprogramms zwischen Kalkulationssystem und CAD-System.
Im Erstellungsteil werden über die Datenschnittstelle die Objektparameter durch das Kopplungsprogramm abgefragt und somit die Eingangsinformationen zur Kostenanalyse zur Verfügung gestellt.[140]
Mit dem System können die Fertigungskosten von abgespanten Rotationsteilen ermittelt werden. Für die Kalkulationen wird vorausgesetzt, daß Objektdaten von Konstruktionen aus der rechnerinteren Darstellung des CAD-Systems abrufbar sind. Ebenso müssen die in der Fertigung entstandenen Kosten rechnerunterstützt zur Verfügung stehen.[141]
Hierzu werden spezielle Dateien eingerichtet, auf die das Kalkulationssystem KOINF zugreift.

---

139 Vgl. Baumann, G.: Ein Kosteninformationssystem für die Gestaltungsphase im Betriebsmittelbau, Diss., TU München 1982, S. 123-131.

140 Vgl. Kreisfeld, P.: Kostenbestimmung mit CAD-Systemen für Rotationsteile, in: G. Spur (Hrsg.): Forschungsberichte für die Praxis, Produktionstechnik Berlin, Bd. 41, München-Wien 1985, S. 114.

141 Vgl. Kreisfeld, P.: Kostenbestimmung mit CAD-Systemen für Rotationsteile, in: G. Spur (Hrsg.): Forschungsberichte für die Praxis, Produktionstechnik Berlin, Bd. 41, München-Wien 1985, S. 54.

Die Vorgehensweise zum Aufbau von Kosteninformationen ist wie folgt: Zunächst ermittelt man die für die Kosteninformationen relevanten Objektdaten. Im Anschluß daran erfolgt die Zuordnung von Kostendaten aus dem Fertigungsbereich. In der statistischen Analyse fließen dann die Objekt- und Kostendaten zusammen.

Zur Ermittlung der für die Kosteninformationen relevanten Objektdaten wird ein Objektbeschreibungssystem entwickelt. Dabei müssen die Beschreibungsparameter sowohl im Informationsbereich des Konstrukteurs liegen und von ihm beeinflußbar sein als auch einen Einfluß auf die Kosten ausüben.

Als Hauptbeschreibungsmerkmal wurde in dem Objektbeschreibungssystem die Gestalt ausgewählt. Desweiteren wurden als mögliche Einflußgrößen noch die Fertigungsanforderungen und die Zerspanbarkeit des Werkstoffes hinzugenommen.[142]

Für eine kosteninformationsgerechte Kalkulation legt der Autor die Kostenstellen- und Kostenartenrechnung zugrunde. Die durch den Konstrukteur beeinflußbaren Kosten sollen hierdurch ermittelt werden.

Eine Gliederung erfolgt nach Art der verbrauchten Kostengüter, nach Art der betrieblichen Funktionen und nach dem Verhalten bei Ausbringungsänderung. Das Ergebnis der Betriebsabrechnung dient dazu, die Verrechnungssätze der einzelnen Kostenplätze[143], der weitergehenden Untergliederung der Kostenstellen, zu ermitteln. Damit erfolgt eine Zuordnung der Kosten zu den Werkstücken.[144]

2.5.9 Bewertung der Kosteninformationssysteme

Die in der Literatur gefundenen Kosteninformationssysteme behandeln alle ein bestimmtes Konstruktionsobjekt, das einer ganz bestimmten Konstruktionsphase zugeordnet werden kann. Die Untersuchungen, vor allem die aus neuerer Zeit, stellen die betrieblich und überbetrieblich einsetzbaren Vorgehensweisen und Hilfsmittel dar. Ausgehend von Systemen, die aufgrund einfacher mathematischer Zusammenhänge ohne die elektronische Datenverarbeitung auskommen, benötigen weitere Systeme unterschiedliche Rechner, von Taschenrechnern bis hin zu EDV-Anlagen. Dabei reicht der Einsatz von der Datenaufbereitung, mit Grup-

142 Vgl. Kreisfeld, P.: Kostenbestimmung mit CAD-Systemen für Rotationsteile, in: G. Spur (Hrsg.): Forschungsberichte für die Praxis, Produktionstechnik Berlin, Bd. 41, München-Wien 1985, S. 55-79.

143 Ein Kostenplatz entspricht einem Arbeitsplatz.

144 Vgl. Kreisfeld, P.: Kostenbestimmung mit CAD-Systemen für Rotationsteile, in: G. Spur (Hrsg.): Forschungsberichte für die Praxis, Produktionstechnik Berlin, Bd. 41, München-Wien 1985, S. 80-92.

penbildung und Festlegung des Kosteneinflusses, bis zur Erarbeitung von Kalkulationsformeln und der Aufbereitung von Hilfmitteln zum kostengünstigen Konstruieren.

Die Abbildung 2.22 zeigt eine Zusammenstellung von Methoden und Hilfsmitteln, die zur Kostenfrüherkennung für spezifische Konstruktionsobjekte in der Literatur angegeben wird.
Eine weitere Arbeit[145] zum Themenkomplex der entwicklungsbegleitenden Vorkalkulation stellt den Aufbau einer Methodenbank vor. Diese Methodenbank beinhaltet statistische Verfahren, die zur Aufbereitung von Daten für die entwicklungsbegleitende Vorkalkulation eingesetzt werden können.

145 Pickel, H.: Kostenmodelle als Hilfsmittel zum kostengünstigen Konstruieren, in K. Ehrlenspiel (Hrsg.): Konstruktionstechnik, München-Wien 1988.

	Komplexität der Konstruktionsobjekte								
Ansätze von Kosteninformationssystemen über / Methoden und Hilfsmittel von	Funktionskomplexe	Baugruppen		Einzelteile					
	Radermacher	Beitz/ Klasmeier	Pahl/ Rieg	Pacyna	Ehrlenspiel	Ehrlenspiel/ Fischer	Spur/ Goetze	Baumann	Kreisfeld
Methoden									
- zur Ermittlung von Kosten									
Zuschlagskalkulation	ja	ja	ja	ja	ja	ja	ja	ja	ja
Platzkostenrechnung	ja	nein	ja	nein	ja	ja	ja	nein	ja
Berechnung über Ähnlichkeitsbeziehungen	*nein*	*nein*	*ja*	*nein*	*nein*	*ja*	*nein*	*nein*	*nein*
- Verfahren zum Aufbau von Kosteninfos									
Regressionsverfahren	nein	ja	ja	ja	ja	ja	ja	nein	ja
Optimierungsverfahren	nein	nein	nein	nein	nein	nein	ja	ja	nein
andere Verfahren	ja	nein	ja	nein	nein	ja	nein	nein	nein
- Methoden der Bereitstellung									
Absolutkosten	ja	ja	ja	ja	ja	ja	ja	ja	ja
Relativkosten	ja	ja	nein	nein	ja	ja	nein	nein	nein
Dialogprogramme	ja	ja	ja	nein	ja	nein	ja	ja	ja
graphische Darstellung	ja	ja	nein	ja	ja	ja	ja	ja	ja
(Kurz-) Kalkulationsformeln	nein	ja	ja	ja	ja	ja	nein	ja	nein
Kostenkataloge	ja	ja	nein	nein	ja	nein	nein	nein	nein
Regeln zum kostengünstigen Konstruieren	nein	nein	nein	nein	nein	ja	nein	nein	nein
CAD-Anbindung bei der Erstellung	nein	nein	nein	nein	nein	nein	nein	nein	ja
CAD-Anbindung bei der Bereitstellung	nein	nein	nein	nein	nein	nein	nein	nein	ja
Hilfsmittel									
Kostenrechnung	ja	ja	ja	ja	ja	ja	ja	ja	ja
EDV	ja	ja	ja	ja	ja	ja	ja	ja	ja
Kostenwachstumsgesetze	nein	nein	ja	nein	nein	ja	nein	nein	nein
Entscheidungstabellen	ja	nein	nein	nein	nein	nein	nein	nein	nein
Klassifizierung: statisch	nein	nein	nein	nein	nein	nein	ja	nein	ja
Klassifizierung: dynamisch (Cluster)	nein	nein	nein	nein	nein	nein	nein	nein	ja

SATL

Abb. 2.22: Tabellarische Übersicht über Ansätze, Methoden und Hilfsmittel zur Kostenfrüherkennung

3. Betriebswirtschaftlichen Grundlagen

In diesem Kapitel soll der Frage nachgegangen werden, inwiefern Verfahren der Betriebswirtschaftslehre eine entwicklungsbegleitende Vorkalkulation unterstützen können. Gleichfalls ist dann ein entsprechendes Kostenrechnungssystem auszuwählen.

3.1 Ausprägungen der Kostenrechnung

Das betriebliche Rechnungswesen gliedert sich in die beiden Hauptgebiete Finanzbuchhaltung und Kostenrechnung.
Die Hauptaufgabe der Finanzbuchhaltung besteht in der Erfassung aller Geschäftsvorfälle[146] mit Hilfe von Belegen und in der Weiterverrechnung der Geschäftsvorfälle der doppelten Buchführung.
Die Aufgabe der Kostenrechnung ist es, das Betriebsgeschehen innerhalb der Unternehmung, insbesondere während des betrieblichen Kombinationsprozesses, rechnerisch zu verfolgen und zu kontrollieren. Michel und Torspeken teilen die Aufgaben der Kostenrechnung in vier wesentliche Punkte auf:[147]

- Bestimmung der Selbstkosten, um Angebotskalkulation und Preisbildung durchzuführen.
- Sichtbarmachung und Aufdeckung von Unwirtschaftlichkeiten durch eine Kontrolle des Betriebsgeschehens.
- Ermittlung des Fabrikate- und Betriebsergebnisses sowie Vornahme einer Bestandsbewertung.
- Bereitstellen der Unterlagen, die der Unterstützung unternehmerischer Planungs- und Entscheidungsfunktionen, vor allem auf den Gebieten der Investitions-, Produktions- und Absatzpolitik, dienen.

Kilger[148] definiert neben der Kostenarten-, der Kostenstellen-, und der Kostenträgerstückrechnung als neuere Teilgebiete der Kostenrechnung die Kosten-

---

146 Vgl. Zimmermann, W.: Betriebliches Rechnungswesen: Aufwands- und Ertragsrechnung, Kosten- und Leistungsrechnung, Wirtschaftlichkeits- und Investitionsrechung, 2. überarbeitete Aufl., München-Wien 1985, S. 1.

147 Vgl. Michel, R., Torspeken, H.-D.: Neuere Formen der Kostenrechnung, 2. überarbeitete und erweiterte Auflage, München-Wien 1986, S. 20.

148 Vgl. Kilger, W.: Flexible Plankostenrechnung und Deckungsbeitragsrechnug, 9., verbesserte Auflage, Wiesbaden 1988, S.21f.

kontrolle, die kurzfristige Erfolgsrechnung (Kostenträgerzeitrechnung) und die dispositiven Aufgaben der Kostenrechnung.[149]
Die dispositiven Aufgaben der Kostenrechnung bestehen darin, alle Kostendaten zur Verfügung zu stellen, die für Entscheidungen beim Aufbau der betrieblichen Planung erforderlich sind.

Kilger verweist auf die Fortschritte in der EDV und hebt deren Bedeutung hervor und spricht von für die Entscheidung "relevanten Kosten" und kommt so zur entscheidungsorientierten Kostenrechnung.[150]
Daraus ableitbar ist die Unterstützung von Verfahren der Kostenrechnung für Entscheidungen, die im Entwicklungs- und Konstruktionsbereich zu treffen sind. Dies wird in den folgenden Abschnitten diskutiert.

Die Gliederung des betrieblichen Rechnungswesens zeigt die Abbildung 3.1.
Als Mitbegründer der neuheitlichen Kostenrechnung gilt allgemein Schmalenbach[151].

Die Kostenrechnung entstand um die Jahrhundertwende als selbständiges Teilgebiet des betrieblichen Rechnungswesens. Seither wurden unterschiedliche Formen oder Systeme der Kostenrechnung entwickelt.

Istkostenrechnung:
Istkosten sind als die während einer Abrechnungsperiode effektiv angefallenen Kosten definiert.
Unter einer Istkostenrechnung, der ältesten Form der Kostenrechnung, versteht man eine Kostenrechnung, in der nur die in der Kostenartenrechnung erfaßten Istkosten (= Ist-Faktorverbrauchsmengen * Ist-Faktorpreis) verrechnet werden. Die Kosten werden nach dem Kostenüberwälzungsprinzip ohne Abspaltung von Kostenabweichungen auf die produzierten Produkteinheiten der gleichen Abrechnungsperiode weiterverrechnet. Die Hauptzielsetzung der Istkostenrechnung ist die Nachkalkulation, bzw. die Nachberechnung der angefallenen Kosten.[152] Die Istkostenrechnung ist als veraltetes Verfahren der Kostenrechnung anzusehen, da sie rechnerisch schwerfällig ist und die kostenrechnerischen Aufgaben nur unzureichend erfüllt.

149 Vgl. Kosiol, E.: Kostenrechnung, Wiesbaden 1964, S. 15.
150 Vgl. Kilger, W.: Schmalenbachs Beitrag zur Kostenrechnung, in: ZfBF (1973) S. 523f.
151 Schmalenbach, E.: Kostenrechnung und Preispolitik, 8. Aufl., bearbeitet von E. Bauer, Köln-Opladen 1963.
152 Vgl. Koch, J.: Kosten- und Leistungsrechnung, 3., völlig überarbeitete und erweiterte Auflage, München-Wien 1987, S. 190.

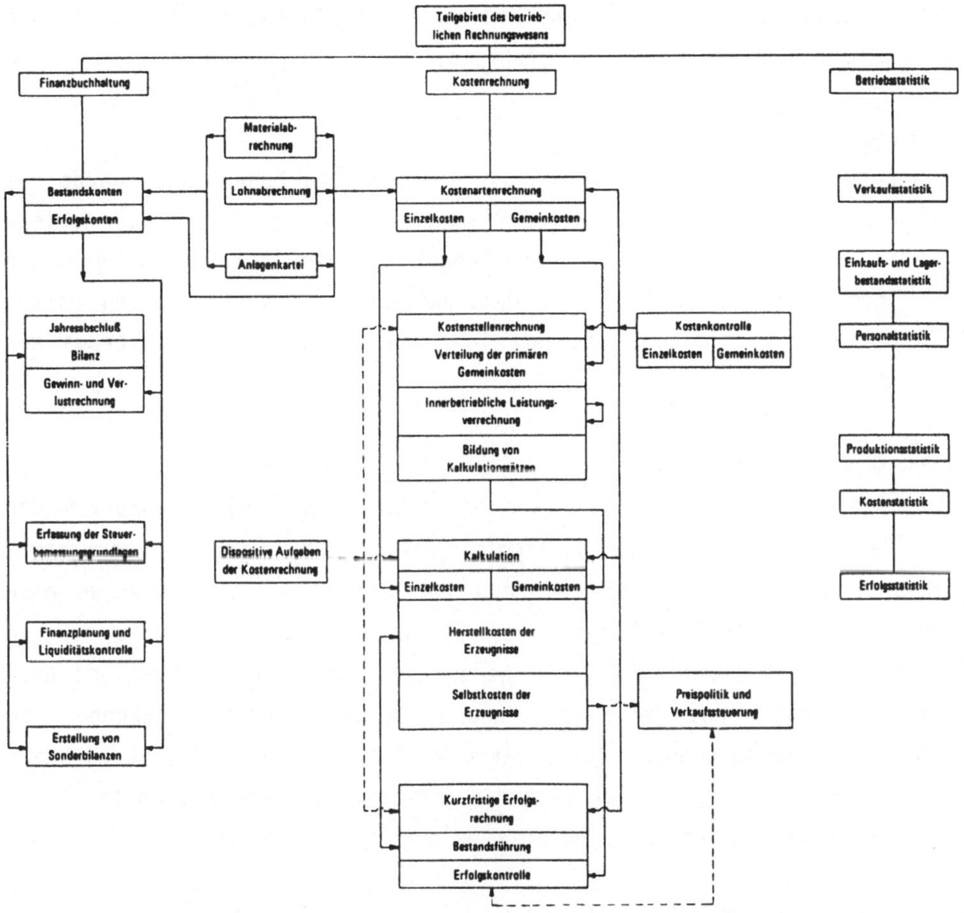

Abb. 3.1: Gliederung des betrieblichen Rechnungswesens[153]

Normalkostenrechnung:

Die Istkostenrechnung wurde zur Normalkostenrechnung weiterentwickelt. Normalkosten sind Durchschnittswerte, die aus vergleichbaren Istkosten vergangener Abrechnungsperioden[154] gebildet wurden. Die Normalkosten können als statistische Mittelwerte gebildet werden, d. h. den Durchschnittswerten liegt die gleiche Kostenstruktur zugrunde wie den Istkosten. Alternativ dazu können sie als aktualisierte Mittelwerte gebildet werden, d. h. die Istkosten werden vor der Durchschnittsbildung an Veränderungen der Kostenstruktur, z. B. Preisschwankungen, angepaßt. Die Normalkostenrechnung vereinfacht die lau-

153 Kilger, W.: Einführung in die Kostenrechnung, 2., durchgesehene Aufl., Wiesbaden 1980, S. 12.

154 Vgl. Handwörterbuch des Rechnungswesens, Hrsg.: E. Kosiol, 2., völlig neu gestaltete Auflage, Stuttgart 1981, Spalte 1120.

fende Abrechnung. Eine Kontrolle der Kostenwirtschaftlichkeit ist jedoch wie bei der Istkostenrechnung nicht durchführbar.[155]

Plankostenrechnung:
Um die Nachteile der Ist- und Normalkostenrechnung zu beseitigen, wurde die Plankostenrechnung entwickelt. Eine Plankostenrechnung ist eine Kostenrechung, bei der die Einzelkosten, unabhängig von den Istkosten vergangener Perioden, nach Produktarten und die Gemeinkosten nach Kostenstellen differenziert für eine bestimmte Planungsperiode, meist ein Jahr, im voraus geplant werden.

Starre Plankostenrechnung:
Eine Plankostenrechnung wird als starr bezeichnet, wenn die Plankosten der Kostenstellen jeweils für eine bestimmte, als Jahresdurchschnitt erwartete Planbeschäftigung vorgegeben und während der einzelnen Abrechnungsperioden nicht an Beschäftigungsschwankungen angepaßt werden. Der Vorteil der starren Plankostenrechnung besteht darin, daß weder eine Auflösung in fixe und proportionale Plankosten noch eine Anpassung an Beschäftigungsschwankungen erforderlich ist. Die Abrechnung ist relativ einfach. Jedoch ist eine wirksame Kostenkontrolle nicht möglich, da sich die Istkosten und die Plankosten nicht auf die gleiche Beschäftigung beziehen.

Flexible Plankostenrechnung:
Als Voraussetzung hierzu ist eine Unterteilung der Plankosten in fixe und proportionale Bestandteile erforderlich.
Bei der flexiblen Plankostenrechnung werden die Plankosten der Kostenstellen zwar für eine bestimmte, als Jahresdurchschnitt erwartete Planbeschäftigung vorgegeben, während der einzelnen Abrechnungsperioden aber an die jeweils realisierten Istbeschäftigungen angepaßt. In jeder Abrechnungsperiode werden dann die Plankosten in die Sollkosten der Istbeschäftigung umgerechnet.

$$\text{Sollkosten} = \text{fixe Plankosten} + \text{prop.Plankosten} * \frac{\text{Istbeschäftigung}}{\text{Planbeschäftigung}} \qquad \text{(Gl. 3.1)}$$

Die Sollkosten können mit den zugehörigen Istkosten verglichen und die Differenzen als Verbrauchsabweichungen ausgewiesen werden. Im Gegensatz zur star-

[155] Vgl. Haberstock, L.: Kostenrechnung II, Grenzplankostenrechung, 6., durchgesehene Aufl., Hamburg 1984, S. 9.

ren Plankostenrechnung ist eine wirksame, nach Kostenarten und Kostenstellen differenzierte Kostenkontrolle möglich.

Die flexible Plankostenrechnung auf Vollkostenbasis nutzt die Aufteilung in fixe und proportionale Kosten nur für die Kostenkontrolle. Die Kalkulation erfolgt mit Vollkostensätzen.
Die auf Vollkosten basierenden Verfahren der Kostenrechnung führen häufig zu Fehlentscheidungen, da bei allen kurzfristigen Entscheidungen auf der Basis unveränderter Kapazitäten stets nur die proportionalen Kosten relevant sind.

Vollkostenrechnung:
In der Vollkostenrechnung werden die gesamten Kostenstellengemeinkosten durch die notwendigerweise willkürliche Schlüsselung auf die einzelnen Kostenträger verrechnet. Hierbei wird das Kostenverursacherprinzip verletzt und damit die Kostenstruktur der Kostenstellen verfälscht wiedergegeben. Eine Trennung zwischen den variablen und fixen Kostenstellengemeinkosten erfolgt nicht. Die fixen Kostenstellengemeinkosten als Bereitschaftskosten sind von der Ausbringungsmenge unabhängig. Sie bilden die Voraussetzung für die Leistungserstellung.[156]

Die Fixkostenproportionalisierung und die Gemeinkostenschlüsselung bei der Ermittlung von Stückkosten nach dem Vollkostenprinzip liefert der Höhe nach und der Zusammensetzung nach Ergebnisse, die nicht dem eigentlichen Kostenanfall entsprechen.

Die Probleme der Vollkostenrechnung führten zur Entwicklung der Teilkostenrechnungssysteme. Diese versuchen den Kostenträgern Kosten nur insofern zuzuordnen, als dies nach dem Verursachungsgedanken möglich ist.[157]

Grenzplankostenrechnung:
Die Grenzplankostenrechnung ist eine flexible Plankostenrechnung, bei der die Trennung in fixe und proportionale Plankosten auch in der innerbetrieblichen

---

156 Vgl. Heinen, E.: Industriebetriebslehre,8. Aufl., Wiesbaden 1985, S. 940 f, insbes. S. 952 und S.984 f.

157 Vgl. Heinen, E.: Industriebetriebslehre,8. Aufl., Wiesbaden 1985, S. 940 f, insbes. S. 952.
Verursachungsprinzip: Jeder Kostenträger ist mit den Kosten zu belasten, die kausal verursacht werden. Das Verursachungsprinzip ist allein theoretisch einwandfrei.
Durchschnittsprinzip: Nur wenn keine kausale Beziehung zwischen Kosten und Kostenträgern feststellbar ist, kann man das Durchschnittsprinzip als Hilfsmethode das statt nach der Verursachung nach den durchschnittlich zuzuordnenden Kosten fragt, verwendet werden.

Leistungsverrechnung, der Kalkulation und der kurzfristigen Erfolgsrechnung beibehalten wird.[158]

Die Grenzkostenrechnung hat zum Ziel, die Fehler der Vollkostenrechnung zu vermeiden, indem auf die rechnerische Proportionalisierung der Fixkosten verzichtet wird. Für die Bildung der innerbetrieblichen Leistungsverrechnungssätze sowie für die Ermittlung der Kalkulationssätze werden also nur die proportionalen Kosten berücksichtigt.[159]

Die Grenzplankostenrechnung ist als entscheidungsorientierte Form der Kostenrechnung konzipiert, da sie für alle Entscheidungsprobleme, die auf der Basis unveränderter Kapazitäten zu lösen sind, die richtigen Kostendaten, d. h. nur die proportionalen Kosten, zur Verfügung stellt. So sind z. B. bei kurzfristigen Verfahrenswahlentscheidungen der Produktionsvollzugsplanung allein die proportionalen Kostensätze der Fertigungsstellen relevant. Nur mit Hilfe der Grenzplankostenrechnung können die absoluten Preisuntergrenzen und die proportionalen Selbstkosten für betriebliche Aufträge und Erzeugnisse bestimmt werden.
Da der Entwickler/Konstrukteur beim Produktentwurf lediglich die variablen Kosten beinflussen kann, bildet die Grenzplankostenrechnung für die Entscheidungen in diesem Bereich eine Grundlage.

Die Grenzplankostenrechnung ermöglicht die kurzfristige Planung und Kontrolle des Periodenerfolgs mit Hilfe von Deckungsbeiträgen. Deckungsbeiträge sind die Überschüsse der Erlöse über den proportionalen Selbstkosten. Die Verkaufssteuerung aufgrund der Deckungsbeiträge ist ein weiteres Ziel der Grenzplankostenrechnung.

Die Grenzplankostenrechnung ist zur Zeit das fortschrittlichste Verfahren der Kostenrechnung.[160]

Sie ist theoretisch nur dann richtig, wenn lineare Gesamtkostenverläufe vorliegen. In der Praxis ist diese Voraussetzung mit genügender Genauigkeit erfüllt, wenn man die Kostenstellengemeinkosten verschiedenen Bezugsgrößen, beispielsweise Maschinen-, Fertigungs- und Rüststunden, zuordnet, denen ein

---

158 Vgl. Kilger, W.: Betriebliches Rechungswesen, in: H. Jacob (Hrsg.): Allgemeine Betriebswirtschaftslehre, München 1981, S. 925-929.

159 Vgl. Eilenberger, G.: Betriebliches Rechnungswesen: Einführung in Grundlagen - Jahresabschluß Kosten- und Leistungsrechnung, 2., ergänzte Aufl., München-Wien 1985, S. 271.

160 Vgl. Kilger, W.: Einführung in die Kostenrechnung, 2., durchgesehene Aufl., Wiesbaden 1980, S. 57-68.

linearer Kostenverlauf entspricht. Die Grenzplankostenrechnung verrechnet nur die proportionalen Kostenstellenkosten mit von Beschäftigungsschwankungen unabhängigen Kostensätzen auf die Kostenträger. Die fixen Kostenstellenkosten werden "en bloc" in der Erfolgsrechnung abgerechnet und werden daher als Fixkostenblock bezeichnet.[161]
Die Systeme der Kostenrechnung zeigt Abbildung 3.2.

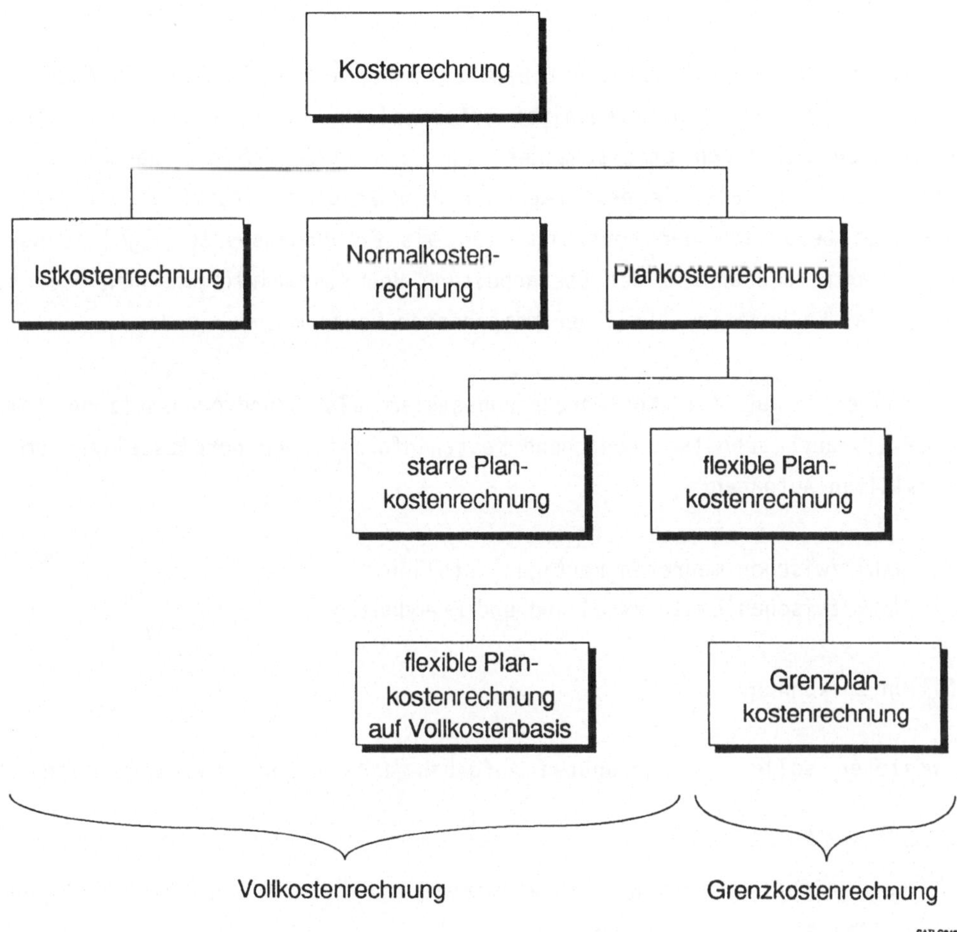

Abb. 3.2: Ausprägungen der Kostenrechnung

161 Vgl. Kilger, W.: Flexible Plankostenrechnung und Deckungsbeitragsrechnug, 9., verbesserte Auflage, Wiesbaden 1981, S. 69 f.

3.2 Konsequenzen für die Kalkulation

In erster Linie werden im Produktentwicklungsprozeß die variablen Kosten eines Objektes beeinflußt. Die Betrachtung von proportionalen Kosten eines Kostenträgers und die verursachungsgerechte Verrechnung von Kosten innerhalb der flexiblen Plankostenrechnung können somit eine Entscheidungsgrundlage für den Entwicklungsbereich bieten.

In Betrieben mit Auftrags- und Einzelfertigung ist eine laufende Nachkalkulation der produzierten Erzeugnisse erforderlich, da sich jeder Auftrag von den übrigen Aufträgen unterscheidet. Für ein EVKS ist die Nachkalkulation insofern wichtig, als die erst nach der Produktion der Aufträge vorliegenden Ergebnisse bezüglich der Herstellkosten als Erfahrungswerte abgelegt werden müssen. Somit dienen sie der Überarbeitung von Kosteninformationen oder können bei der Kalkulation ähnlicher Komponenten herangezogen werden.

Nach Kilger[162] muß ein Kostenrechnungssystem als Grundvoraussetzung sowohl stück- als auch arbeitsgangbezogene Kosteninformationen bereitstellen, um die dispositiven Aufgaben:

- Wahl zwischen mehreren Fertigungsstellen,
- Wahl zwischen Eigenerstellung und Fremdbezug,

erfüllen zu können.

Im weiteren sollen die genannten Aufgaben dahingehend erweitert sein, daß auch:

- noch nicht vorhandene Betriebsmittel mit in die Wahl der Fertigungsmittel einbezogen werden können, und
- die Wahl zwischen mehreren Konstruktionsalternativen ermöglicht wird.

162 Vgl. Kilger, W.: Flexible Plankostenrechnung und Deckungsbeitragsrechnug, 9., verbesserte Auflage, Wiesbaden 1981, S. 59-62.

3.3 Auswahl eines Kostenrechnungssystems

Zur Auswahl eines Kostenrechnungssystems, das in der entwicklungsbegleitenden Vorkalkulation Verwendung finden soll, müssen neben der bereits in Kapitel 3.1 angesprochenen Grenzplankostenrechnung weitere Systeme der Teilkostenrechnung, die sich in den letzten Jahren entwickelten, betrachtet werden (siehe Abb. 3.3).

Teilkostenrechnung	
- Grenzplankostenrechnung	nach W. Kilger
- Betriebsplankostenrechnung	nach G. Laßmann
- Einzelkosten- uns Deckungsbeitragsrechnung	nach P. Riebel

Abb. 3.3: Systeme der Teilkostenrechnung

Einzelkosten- und Deckungsbeitragsrechnung:
Die Einzelkosten- und Deckungsbeitragsrechnung ist als umfassendes Instrument zur Darstellung, Planung und Kontrolle des Unternehmensgeschehens im Zeitablauf konzipiert, wobei Elemente der Investitionsrechnung übernommen werden. Die Einzahlungen und Auszahlungen sowohl langfristig als auch kurzfristig wirksamer Entscheidungen werden erfaßt. Durch Hierarchien von Entscheidungsobjekten wird das Entscheidungsgefüge im Unternehmen abgebildet. Den Kern dieser Art der Kostenrechnung bilden:[163]

- eine Grundrechnung der Kosten,
- eine Grundrechnung der Erlöse,
- eine Reihe von Auswertungsrechnungen, die sich an die Grundrechnungen anschließen.

Riebel definiert Einzelkosten als Auszahlungen. Somit entstehen keine Kosten, wenn keine Auszahlungen ausgelöst werden. Die Zurechnung von Auszahlungen auf Kostengüter, von Einzahlungen auf Leistungsgüter und von Einzahlungen und Auszahlungen auf Bezugsobjekte erfolgt nach dem "Identitätsprinzip". Hiernach

163 Vgl. Riebel, P.: Einzelkosten- und Deckungsbeitragsrechnung, Wiesbaden 1985, S. 284 f.
Vgl. Heinen, E.: Industriebetriebslehre, 8. Aufl., Wiesbaden 1983, S.1011.

werden Einzahlungen und Auszahlungen, die durch eine Entscheidung für ein Bezugsobjekt ausgelöst werden, diesem Bezugsobjekt zugeordnet.

Betriebsplankostenrechnug:
Die Betriebsplankostenrechnung ergänzt und modifiziert die Grenzplankostenrechnung in einigen Teilbereichen. Die gezielte Alternativplanung mittels eines umfassenden Gleichungssystems bei Kosten- oder Erfolgsveränderungsrechnungen ist ihr Schwerpunkt. Mengenrechnung und Bewertungsrechnung werden getrennt durchgeführt. Der zentrale Zweck ist die periodenbezogene Erfolgsermittlung.[164]

Da das entwicklungsbegleitende Vorkalkulationssystem für alle Betriebstypen einsetzbar, aber vor allem auch im Bereich der Kleinserien- und Einzelfertigung gültig sein soll, wird die **Grenzplankostenrechnung** als Basissystem verwendet.
Sie kann sowohl in der Großserienfertigung, Kleinserienfertigung als auch in der Einzelfertigung eingesetzt werden.[165]
Zu beachten ist aber, daß die reine Grenzplankostenrechnung nicht alle Informationen liefern kann, die ein Unternehmen benötigt.[166] Es hat sich daher das Verfahren der Doppel- oder Parallelkalkulation durchgesetzt, bei dem nebeneinander "Gesamtkosten" und "Proportionalkosten" ermittelt werden können.
Für die Anwendbarkeit einer Kostenplanung ist es entscheidend, Bezugsgrößen für die Aktivitäten der Kostenstellen zu finden. Für standardisierte Teile, Baugruppen oder Produkte entstehen Plankalkulationen, die während der laufenden Periode nicht geändert werden.
Die **Einzelkosten- und Deckungsbeitragsrechnung** liefert ebenfalls stückbezogene und arbeitsgangbezogene Kosteninformationen.[167] Auch kann sie für

164 Vgl. Laßmann, G.: Betriebsmodelle, in: Chmielewicz K. (Hrsg.): Entwicklungslinien der Kosten- und Erlösrechung, Komm. Rechungswesen im Verb. der Hochschullehrer für Betriebswirtschaft e.V., Stuttgart 1983, S. 90-101, insbes, S. 90.93,94,101.

165 Vgl. Kilger, W.: Flexible Plankostenrechnung und Deckungsbeitragsrechnung, 9., verbesserte Auflage, Wiesbaden 1981, S. 319, S. 324 f, S. 605, S. 653.

166 Es handelt sich dabei um Informationen für:
- öffentliche Aufträge nach LSP (Leitsätze für Preisermittlung),
- Betriebsvergleiche und Berichterstattungen (insbesondere in Konzernbetrieben),
- Verrechnungspreisbildung in Beteiligungs-Konzernen,
- Erfolgsverantwortung bei Divisions- und Sparten-Organisation,
- Bewertung der Halb- und Fertigfabrikate in der Handels- und Steuerbilanz,
- Preispolitik.

Vgl. Kilger, W.: Flexible Plankostenrechnung und Deckungsbeitragsrechnug, 9., verbesserte Auflage, Wiesbaden 1981, S. 607,
sowie Plaut, H.G.: Entwicklungsformen der Plankostenrechung, Schriften zur Unternehmensführung, Bd. 22 (1976), S. 20.

167 Vgl. Riebel, P.: Einzelkosten- und Deckungsbeitragsrechnung, Wiesbaden 1985, S. 287.

eine Doppel- oder Parallelkalkulation zu einer Vollkostenrechnung ergänzt werden.[168] Somit ist die Einzelkosten- und Deckungsbeitragsrechnung auch für eine entwicklungsbegleitende Vorkalkulation einsetzbar. Sie bietet sowohl für kurzfristige als auch für langfristige Planungen ein geschlossenes Kostenrechnungssystem. Die Entwicklung dieses Systems der Kostenrechnung erfolgte insbesondere für die Kuppelproduktion[169]. Erfahrungen über den Einsatz in Unternehmungen des Maschinenbaus liegen nicht vor.

Im Gegensatz dazu wurde die **Grenzplankostenrechnung** in den letzten Jahren mit Erfolg in vielen Unternehmen des Maschinenbaus eingeführt. Somit bildet dieses Kostenrechnungssystem die Basis für ein entwicklungsbegleitendes Vorkalkulationssystem.

Für die **Betriebsplankostenrechung** erscheinen die stückbezogenen Kosten für Planungsaufgaben weniger geeignet als betriebsbezogene Kosteneinflußgrößenfunktionen.[170] Stück- und arbeitsgangbezogene Kosten sind aber eine Voraussetzung für die entwicklungsbegleitende Vorkalkulation, so daß der Einsatz der Grenzplankostenrechnung unterstrichen wird.
Nach Kilger kann die Betriebsplankostenrechnung jedoch für die Grenzplankostenrechung Ergänzungen zur Verfahrenswahl und Verkaufssteuerung (bei gegebenen Verkaufspreisen) liefern, vor allem dann, wenn es bei mehreren Engpässen im Unternehmen um Entscheidungen geht.[171] Für eine Produktpalette können, je nach Verkaufsplanungsalternativen, Simulationen für Kapazitäts- und Erfolgsrechnungen erstellt werden.

Zur weiteren Vertiefung der Art und Weise, wie die Kostenrechnung in ein entwicklungsbegleitendes Vorkalkulationssystem (EVKS) eingebunden werden kann und als Grundlage für die in Kapitel 4 dargestellte Datenstruktur, werden die Teilgebiete der Kostenrechnung diskutiert.

168 Krämer, G.; Bartz, G.: Zur Konzeption einer "zweckneutralen" Grundrechnung, Zeitschrift für Betriebswirtschaft 55 (1985) H. 11, S. 1120-1138.

169 Technologisch verbundene Produktion - es entstehen simultan mehrere gleichartige Güter (Kuppelprodukte).

170 Laßmann, G.: Betriebsmodelle, in: K. Chmielewicz (Hrsg.): Entwicklungslinien der Kosten- und Erlösrechung, Komm. Rechungswesen im Verb. der Hochschullehrer für Betriebswirtschaft e.V., Poeschel Verlag, Stuttgart 1983, S. 117.

171 Kilger, W.: Flexible Plankostenrechnung und Deckungsbeitragsrechnug, 9., verbesserte Auflage, Wiesbaden 1981, S. 739.

3.3.1 Kostenartenrechnung

"Die Kostenartenrechnung hat die Aufgabe, die während einer Abrechnungsperiode angefallenen Istkosten belegmäßig zu erfassen und anzugeben, wie die einzelnen Kostenartenbeträge im System der Kostenrechnung weiterzuverrechnen sind". Voraussetzung hierfür ist eine zweckentsprechende Kostenarteneinteilung. Die Bildung der Kostenarten sollte sich anhand der eingesetzten Produktionsfaktoren orientieren.[172]
Ähnlich Kilger definieren Hummel/Männel die Aufgabe der Kostenartenrechnung als die Erfassung und Gruppierung sämtlicher Verbrauchs- und Kostenarten einer Abrechnungsperiode.[173]
Wöhe definiert die Aufgabe der Kostenartenrechnung als eine systematische Erfassung aller Kosten, welche bei der Entstehung oder Verwertung der Kostenträger (Leistungen) anfallen.[174]
Sie bildet sie die Grundlage für sowohl Kostenstellen- als auch Kostenträgerrechnung.[175]
Der Kostenartenrechnung sind als Hilfsrechnungen die Materialabrechnung, die Lohnabrechnung und die Anlagenkartei vorgeschaltet.

Die Materialabrechnung hat folgende Aufgaben zu erfüllen:[176]

- Erfassung der mengenmäßigen Materialbewegungen,
- Ermittlung und Kontrolle der mengenmäßigen Materialbestände,
- Bewertung der Materialverbrauchsmengen,
- Bewertung der Materialbestände,
- Weiterverrechnung und Kontrolle der Materialkosten.

Für die Erfassung der Materialverbrauchsmengen und Materialbestände gibt es das Verfahren der Materialverbrauchsmengenerfassung ohne Bestandsführung, das Inventurverfahren, das Rückrechnungs- oder retrograde Verfahren oder das beste und zuverlässigste Verfahren mit Hilfe von Materialentnahmebelegen.[177]

---

172 Kilger, W.: Einführung in die Kostenrechnung, 2., durchgesehene Aufl., Wiesbaden 1980, S. 69.

173 Vgl. Hummel, S., Männel, W.: Kostenrechnung 1: Grundlagen, Aufbau und Anwendung, Wiesbaden 1978, S. 27.

174 Vgl. Wöhe, G.: Einführung in die allgemeine Betriebswirtschaftslehre, 16., überarbeitete Aufl., München 1986, S. 1141.

175 Vgl. Heinen, E.: Informationswirtschaft, in: E. Heinen (Hrsg.): Industriebetriebslehre, Entscheidungen im Industriebetrieb, 8., durchgesehene und verbesserte Auflage, Wiesbaden 1985, S. 893-1063, s. bes. S. 933.

176 Vgl. Kilger, W.: Einführung in die Kostenrechnung, 2., durchgesehene Aufl., Wiesbaden 1980, S. 78.

177 Vgl. Kilger, W.: Einführung in die Kostenrechnung, 2., durchgesehene Aufl., Wiesbaden 1980, S. 79-81; sowie Preißler, P.R.; u.a.: Grundlagen der Kosten- und Leistungsrechnung, München 1979, S. 87-91; und Schweitzer, M.; Hettich, G.O.: Küpper, H.-U.: Systeme der Kostenrechnung, München 1975, S. 118-119.

Die Bewertung der Verbrauchsmengen und Bestände erfolgt je nach Ausprägung der Kostenrechnung mit Hilfe des Istpreis-, Normalpreis- oder Planpreisverfahrens. Wie die erfaßten und bewerteten Materialverbrauchsmengen im System der Kostenrechnung weiterverrechnet werden, hängt auch davon ab, ob eine Ist-, Normal- oder Plankostenrechnung angewendet wird. In der Plankostenrechnung werden die geplanten Einzelmaterialverbrauchsmengen, die mit Planpreisen bewertet werden, den Kostenträgern direkt zugerechnet.[178]

Die Erfassung und Kontierung der Personalkosten ist Aufgabe der Lohnabrechnung. Zur Ermittlung der Bruttolöhne werden die effektiv geleisteten Arbeitsstunden mit Hilfe von Lohnscheinen oder BDE-Systemen erfaßt.[179] Bei Arbeiten im Akkordlohn werden auch die bearbeiteten Stückzahlen erfaßt.[180]
In der Plankostenrechnung können die Fertigungslöhne über die Kostenstellen abgerechnet werden, falls die Bezugsgrößen der Kostenstellen Fertigungszeiten sind oder sich zu diesen proportional verhalten. Diese Abrechnungsweise hat den Vorteil, daß sich die Fertigungslöhne in den Soll-Ist-Kostenvergleich der Kostenstellenrechnung einbeziehen lassen.

Als Grundlage für die Erfassung der Betriebsmittelkosten dient die Anlagenkartei. Betriebsmittelkosten sind die unmittelbar durch den Einsatz von Gebäuden, Maschinen, Einrichtungsgegenständen usw. verursachten Abschreibungen, Zinsen, Reparatur- und Instandhaltungskosten.[181]
Zur Ermittlung der Abschreibung können unterschiedliche Verfahren wie lineare, degressive und beschäftigungsabhängige Abschreibung angewendet werden.

Typisches Verfahren für die Plankostenrechnung ist die positionsweise Erfassung und Verrechnung der kalkulatorischen Zinsen. Man geht von vornherein von den einzelnen in den Kostenstellen gebundenen Vermögenspositionen aus. Kleinere Reparatur- und Instandhaltungskosten (meist kleiner 500 DM) werden sofort den empfangenden Kostenstellen belastet. Die Kosten für größere Reparaturen und Instandhaltungsarbeiten werden zunächst auf 'Werkauftragsnummern'

---

178 Vgl. Kilger, W.: Einführung in die Kostenrechnung, 2., durchgesehene Aufl., Wiesbaden 1980, S. 82-95; sowie Rasche, W.: Kostenrechnung und Kalkulation, Stuttgart-Berlin-Mainz 1980, S. 150.

179 Auf die Notwendigkeit von Lohnscheinen weist bereits Schmalenbach hin. Vgl. Schmalenbach, E.: Kostenrechnung und Preispolitik, 8., erweiterte und verbesserte Auflage, Köln-Opladen 1963, S. 316-319.

180 Vgl. Heinen, E.: Informationswirtschaft, in: E. Heinen (Hrsg.): Industriebetriebslehre, Entscheidungen im Industriebetrieb, 8., durchgesehene und verbesserte Auflage, Wiesbaden 1985, S. 956-957.

181 Vgl. Heinen, E.: Informationswirtschaft, in: E. Heinen (Hrsg.): Industriebetriebslehre, Entscheidungen im Industriebetrieb, 8., durchgesehene und verbesserte Auflage, Wiesbaden 1985, S. 957.

verrechnet. Die auftragsweise Abrechnung findet man in allen Systemen der Kostenrechnung.

Für die folgenden Kostenarten gibt es keine vorgelagerten Hilfsrechnungen. Die belegmäßige Erfassung und Kontierung erfolgt entweder in der Betriebsabrechnung oder der Finanzbuchhaltung.[182]
Dies sind Werkzeugkosten, Kosten für Ausschuß und Nacharbeit, Kosten für fremdbezogene Energie, Kostensteuern, Gebühren, Beiträge, Versicherungen, Mieten, Postgebühren, Büromaterial und kalkulatorische Kostenarten.
Werkzeugkosten werden mit Hilfe von Werkzeugausgabescheinen erfaßt und verursachungsgemäß den Fertigungskostenstellen belastet.
Ausschußmengen und Nacharbeit können in der Kalkulation durch prozentuale Zuschläge berücksichtigt werden oder werden belegmäßig auf sogenannten Ausschußbelegen erfaßt. Die Weiterverrechnung kann sowohl über die Kostenstellen als auch über Sondereinzelkosten der Fertigung erfolgen.
Wird fremdbezogene Energie in allen Kostenstellen verbraucht, so werden die Kosten der speziellen Energieverteilungsstelle belastet und über die innerbetriebliche Leistungsverrechnung als sekundäre Kostenart auf die energieverbrauchenden Stellen weiterverrechnet.
Kostensteuern werden in der Finanzbuchhaltung erfaßt und in der Kostenstellenrechnung denjenigen Kostenstellen zugerechnet, denen sich die betreffenden Steuerbemessungsgrundlagen zurechnen lassen.
Gebühren, Beiträge und Versicherungen werden meist Sammelkostenstellen des Verwaltungsbereiches belastet oder, sofern möglich, den verursachenden Kostenstellen zugerechnet.
Zu den kalkulatorischen Kostenarten gehören kalkulatorische Zinsen auf das Umlaufvermögen, kalkulatorischer Unternehmerlohn, kalkulatorische Wagnisse, kalkulatorische Mieten, kalkulatorische Abschreibungen und kalkulatorische Kosten.[183]
Die kalkulatorischen Wagnisse werden in der Betriebsabrechnung erfaßt und in der Kalkulation meist als Sondereinzelkosten der Fertigung verrechnet.
Der kalkulatorische Unternehmerlohn wird denjenigen Leitungs- und Verwaltungskostenstellen belastet, in denen der Inhaber oder Gesellschafter tätig ist.

182 So schreibt Kosiol: "Eine Abrechnung mit den Mitteln der Kostenrechnung ist überhaupt nicht möglich". Vgl. Kosiol, E.: Kosten- und Leistungsrechnung: Grundlagen, Verfahren, Anwendungen, Berlin-New York 1979, S. 178. Er verweist auf eine Verrechnung auf dem Wege der Kalkulation; dadurch wird häufig eine Zuschlagskalkulation erforderlich. Vgl. Kosiol, E.: Kosten- und Leistungsrechnung: Grundlagen, Verfahren, Anwendungen, Berlin-New York 1979, S. 179.

183 Vgl. Ebert, G.: Kosten- und Leistungsrechnung, Wiesbaden 1978, S. 45-56.

Zur Ermittlung der kalkulatorischen Zinsen auf das Umlaufvermögen werden die durchschnittlichen Istbestände an Roh-, Hilfs- und Betriebsstoffen, Halb- und Fertigfabrikaten, Debitorenbeständen und liquiden Mitteln monatlich erfaßt und mit dem kalkulatorischen Zinssatz multipliziert. Die kalkulatorischen Zinsen werden dann den entsprechenden Lagerkostenstellen oder den Leitungskostenstellen des Fertigungsbereichs zugerechnet.[184]

3.3.2 Kostenstellenrechnung

Die Kostenstellenrechnung hat folgende Aufgaben:[185]

- Verteilung der nach Kostenarten differenzierten Gemeinkosten nach dem Verursachungsprinzip auf die betrieblichen Kostenstellen,
- Durchführung der innerbetrieblichen Leistungsverrechnung,
- Bildung von Kalkulationssätzen zur Weiterverrechnung der Gemeinkosten auf die Kostenträger,
- Prüfung der im Betriebsabrechnungsbogen erfaßten Kosten auf Wirtschaftlichkeit im Soll-Ist-Kostenvergleich.

Unter Kostenstellen versteht man betriebliche Teilbereiche, die kostenrechnerisch als selbständige Kontierungseinheiten abgerechnet werden. Man unterscheidet Hauptkostenstellen (Kosten werden unmittelbar in Kostenträgerkalkulation übernommen) und Hilfskostenstellen (Kosten werden in der innerbetrieblichen Leistungsverrechnung über anderen Kostenstellen verrechnet). Hummel und Männel erwähnen in diesem Zusammenhang auch die Nebenkostenstellen.[186]
Die Einteilung eines Betriebes in Kostenstellen sollte mit großer Sorgfalt nach den Grundsätzen zur Bildung von Kostenstellen erfolgen, da die Genauigkeit der Kalkulation und der Kostenkontrolle entscheidend davon abhängt.[187]

---

184 Vgl. Kilger, W.: Einführung in die Kostenrechnung, 2., durchgesehene Aufl., Wiesbaden 1980, S.143-153.

185 Vgl. Hummel, S., Männel, W.: Kostenrechnung 1: Grundlagen, Aufbau und Anwendung, Wiesbaden 1978, S. 100 f.

186 Hier erscheinen nichtgeplante Produkte, wie z.B. Abfallgüter und minderwertige Kuppelprodukte; vgl. Hummel, S., Männel, W.: Kostenrechnung 1: Grundlagen, Aufbau und Anwendung, Wiesbaden 1978, S. 102.
Nach Preißler sind Nebenkostentellen, im Gegensatz zu Hilfskostentellen, den Hauptkostenstellen gleichrangig. Vgl. Preißler, P.R.; u.a.: Grundlagen der Kosten- und Leistungsrechnung, München 1979, S. 1233.

187 Vgl. Kilger, W.: Einführung in die Kostenrechnung, 2., durchgesehene Aufl., Wiesbaden 1980, S.154-163.

Gleichzeitig mit der Kostenstelleneinteilung werden für alle Kostenstellen Bezugsgrößen (vgl. Abbildung 3.4) der Kostenverursachung festgelegt. Bezugsgrößen sind Maßgrößen der Kostenverursachung und sollten sich proportional zu den beschäftigungsabhängigen Kosten der Kostenstelle verhalten.

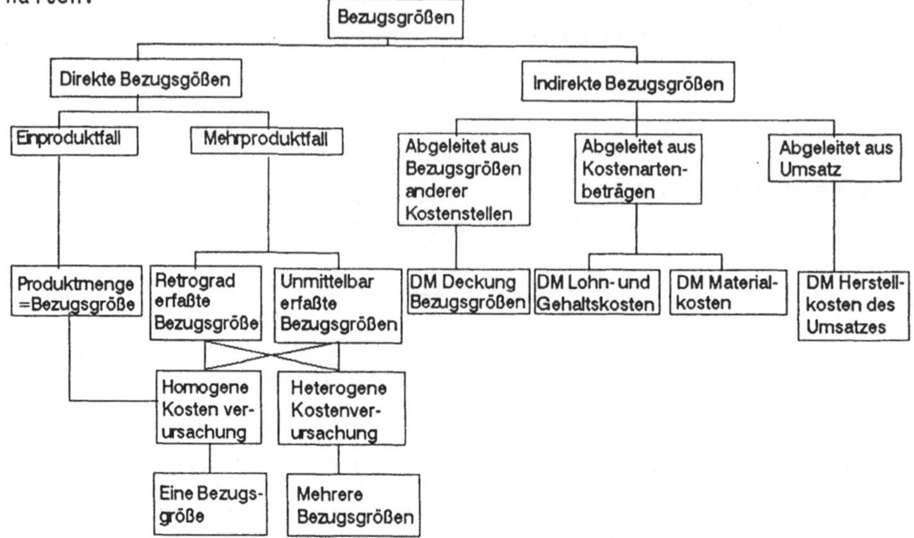

Abb. 3.4: Einteilung der Bezugsgrößen[188]

Die statistischen Verfahren der Bezugsgrößenwahl werten die Kostenbestimmungsfaktoren mit Hilfe der Istkosten z.B. durch Regressionsanalysen aus. Jedoch ist nur eine unvollständige Kostenbereinigung von Unwirtschaftlichkeiten möglich.

Die analytischen Verfahren führen eine sorgfältige technisch- kostenwirtschaftliche Einflußgrößenanalyse durch. Diese Verfahren sind unabhängig von den Istkosten der Vergangenheit und weisen große Flexibilität in bezug auf die Berücksichtigung kostenbestimmender Einflußgrößen auf.[189]

Können in einer Kostenstelle die Leistungen quantifiziert werden (meist Fertigungskostenstellen), verwendet man direkte Bezugsgrößen, die unmittelbar aus den bearbeiteten Produktmengen abgeleitet werden. Im Falle homogener Kostenverursachung gelingt es, für eine Kostenstelle nur eine Bezugsgröße zu finden, zu der sich alle beschäftigungsabhängigen Kosten proportional verhalten (z.B. produzierte Stückzahl, Fertigungsstunden oder Durchsatzgewicht). Bei heterogener Kostenverursachung sind für eine Kostenstelle

188 Vgl. Kilger, W.: Einführung in die Kostenrechnung, 2., durchgesehene Aufl., Wiesbaden 1980, S. 165.

189 Vgl. Kilger, W.: Einführung in die Kostenrechnung, 2., durchgesehene Aufl., Wiesbaden 1980, S.163-169.
Vgl. auch Rasche, W.: Kostenrechnung und Kalkulation, Stuttgart-Berlin-Köln-Mainz 1980, S. 151.

mehrere Bezugsgrößen erforderlich, die sich nicht proportional zueinander verhalten.[190]

Werden die Bezugsgrößen B durch Aufschreibungen oder Messungen während des Produktionsprozesses erfaßt, so bezeichnet man sie als 'unmittelbar erfaßte Bezugsgrößen'. 'Retrograd erfaßte Bezugsgrößen' werden ermittelt durch die Multiplikation der erstellten Leistungseinheiten x_j pro Produktart j mit den Bezugsgrößen pro Mengeneinheit b_j.[191]

$$B = \sum_{j=1}^{n} b_j \, x_j \qquad \text{(Gl. 3.2)}$$

Man unterscheidet produktbedingte Heterogenität der Kostenverursachung, d. h. wegen unterschiedlicher Produkt- oder Leistungseigenschaften werden differenzierte Bezugsgrößen erforderlich (z.B. Fertigungszeit pro Produktgruppen) und verfahrensbedingte Heterogenität, d.h. es müssen mehrere nach Aktivitäten des Produktionsvollzuges differenzierte Bezugsgrößen verwendet werden. Beispielsweise "müssen in Fertigungskostenstellen mit Mehrstellenarbeit nebeneinander die Bezugsgrößen 'Fertigungsstunden der Arbeiter' und 'Maschinenstunden' verwendet werden, sofern die Bedienungsrelationen in Abhängigkeit vom Produktionsprogramm geändert werden"[192].

Können in einer Kostenstelle die Leistungen nicht quantifiziert werden, d.h. es besteht keine unmittelbare Beziehung zum Leistungsvolumen und damit zur Kostenverursachung, müssen indirekte Bezugsgrößen ermittelt werden.

Es gibt drei verschiedene Gruppen indirekter Bezugsgrößen:[193]

Erstens können indirekte Bezugsgrößen retrograd aus den Bezugsgrößen anderer Kostenstellen abgeleitet werden.[194]

Die zweite Gruppe wird aus geplanten Kostenartenbeträgen (z.B. Material- oder Lohnkosten) abgeleitet.

Bei der dritten Gruppe indirekter Bezugsgrößen handelt es sich um die aus dem Umsatz abgeleiteten Herstellkosten der verkauften Erzeugnisse. Die Verwendung

---

190 Ähnlich bei Hochstrasser, A.: Kosten- und Investitionsrechnung für Betrieb und Marketing, München-Wien 1974, S. 45-47; und bei Vormbaum, H.: Grundlagen des betrieblichen Rechnungswesens, Stuttgart-Berlin-Köln-Mainz 1977, S. 179 f.

191 Vgl. Kilger, W.: Einführung in die Kostenrechnung, 2., durchgesehene Aufl., Wiesbaden 1980, S. 165. Vgl. hierzu auch Kube, V.: Leistungserfassung im Industriebetrieb, in: H. Jacob (Hrsg.): Moderne Kostenrechnung, Wiesbaden 1978, S. 63-106, s. bes. S. 72-73.

192 Kilger, W.: Flexible Plankostenrechnung und Deckungsbeitragsrechnung, 9., verbesserte Aufl., Wiesbaden 1988, S. 332.

193 Vgl. Kilger, W.: Einführung in die Kostenrechnung, 2., durchgesehene Aufl., Wiesbaden 1980, S. 167-168.

194 Vgl. Wöhe, G.: Einführung in die allgemeine Betriebswirtschaftslehre, 16., überarbeitete Aufl., München 1986, S. 1161.

indirekter Bezugsgrößen ist als Notlösung anzusehen und sollte auf das unvermeidliche Mindestmaß beschränkt bleiben.[195]
Das Ablaufschema zur Bezugsgrößenwahl zeigt die Abbildung 3.5.

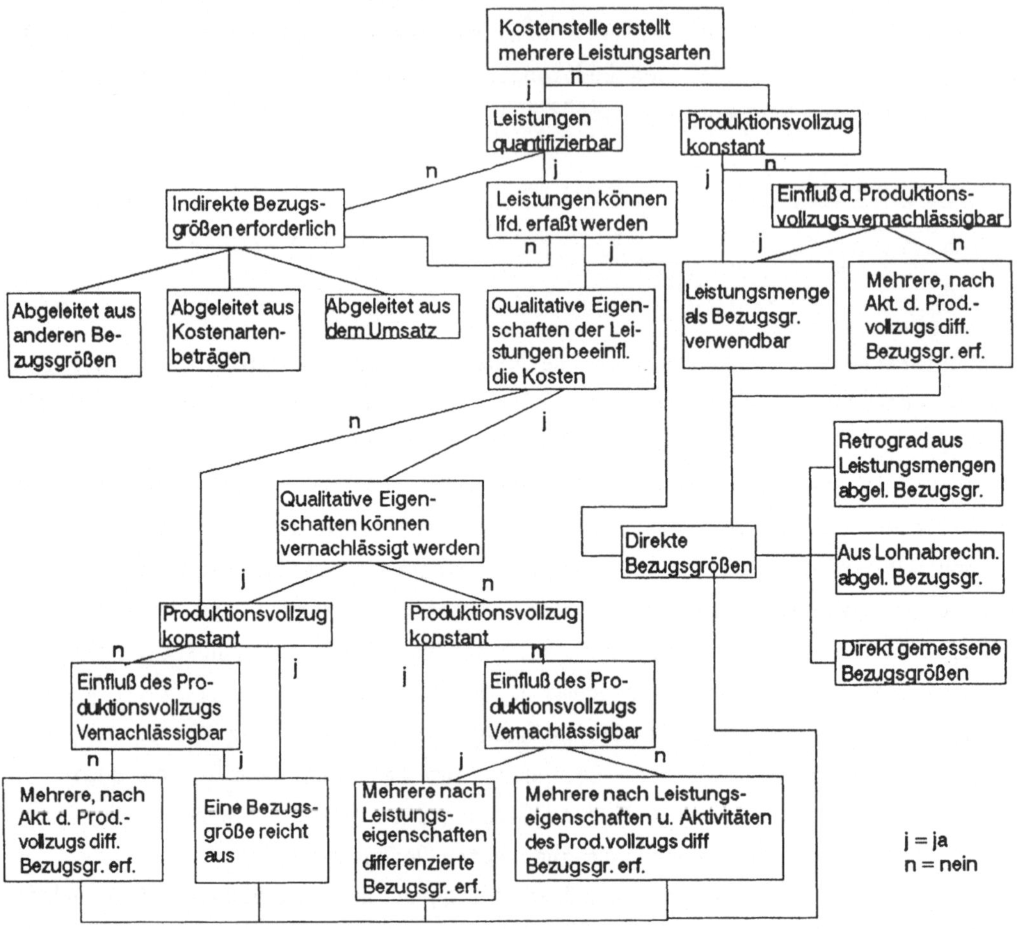

Abb. 3.5: Ablaufschema zur Bezugsgrößenwahl[196]

Die Bezugsgrößen der Kostenrechnung werden pro Kostenstelle definiert und geben an, welche Kostenbestimmungsfaktoren produkt- oder verfahrensbedingt die Hauptmaßgrößen der Kostenverursachung dieser Kostenstelle sind.

"Die betriebswirtschaftlich sinnvolle Gliederung der Betriebs- und Kostenstellen und die Wahl der richtigen Bezugsgrößen ist für die Aussagekraft des

195 Vgl. Kilger, W.: Flexible Plankostenrechnung und Deckungsbeitragsrechnung, 9., verbesserte Aufl., Wiesbaden 1988, S. 345.

196 Kilger, W.: Flexible Plankostenrechnung und Deckungsbeitragsrechnung, 9., verbesserte Aufl., Wiesbaden 1988, S.326.

Rechnungswesens von essentieller Bedeutung. Hier gemachte Fehler sind nicht mehr zu beheben".[197]

3.3.3 Kostenstellenrechnung in der Plankostenrechnung

Die Grundlage der Kostenstellenrechnung in der Plankostenrechnung bildet die nach Kostenarten und Kostenstellen gegliederte Kostenplanung.
Zu den vorbereitenden Maßnahmen der Kostenplanung zählt die Kostenstelleneinteilung und die Bezugsgrößenwahl. Darauf folgt die Festlegung der Planbezugsgrößen. Darunter versteht man diejenigen monatlichen Durchschnittsbezugsgrößen, die bei der Kostenplanung in einer Kostenstelle zugrunde gelegt werden sollen. Die Planbezugsgrößen haben die Dimension 'Bezugsgrößeneinheiten pro Monat'. Die Bestimmung der Planbezugsgrößen wird auch als Beschäftigungsplanung bezeichnet, weil sie angeben, wie die Kostenstellen 'beschäftigt' werden sollen.[198]

Es gibt drei Verfahren zur Festlegung der Planbezugsgrößen:[199]

- Bei der Kapazitätsplanung werden die realisierbaren Kapazitäten unabhängig von der erwarteten Beschäftigung als Planbezugsgrößen festgelegt.
- Bei den Verfahren der Absatzplanung werden die Planbezugsgrößen unmittelbar aus den geplanten Absatzmengen abgeleitet.
- Bei der Engpaßplanung werden die Planbezugsgrößen der Kostenstellen mit dem Gesamtsystem der betrieblichen Teilpläne abgestimmt, d. h. Planungsengpässe (z. B. Absatzmengen, Kapazitäten, Arbeitskräfte oder Rohstoffe) limitieren die realisierbaren Bezugsgrößenmengen.

Anschließend erfolgt die Durchführung der Kostenplanung (vgl. Abbildung 3.6), die die Mengenplanung, die Preisplanung und die planmäßige Kostenauflösung umfaßt. Die Plankosten aller Kostenstellen werden in einer planmäßigen Kostenauflösung in fixe und proportionale Teilbeträge aufgespalten. Fixe Kosten

197 Plaut, H.G.: Grenzplankosten- und Deckungsbeitragsrechnung als modernes Kostenrechnungssystem. Kostenrechnungspraxis, Heft 2 (1984), S. 68.

198 Vgl. Kilger, W.: Flexible Plankostenrechnung und Deckungsbeitragsrechnung, 9., verbesserte Aufl., Wiesbaden 1988, S.345.

199 Vgl. Kilger, W.: Einführung in die Kostenrechnung, 2., durchgesehene Aufl., Wiesbaden 1980, S.200-201.

sind diejenigen Kosten, die auch dann noch anfallen, wenn die Beschäftigung auf Null sinkt, aber die Bereitschaft zur Realisierung der Planbeschäftigung beibehalten werden soll.

Durch die Mengenplanung werden für jede Kostenart und Kostenstelle diejenigen Verbrauchsmengen oder Arbeitszeiten, losgelöst von den Istverbrauchsmengen der Vergangenheit, festgestellt, die zur Realisierung der Planbezugsgröße bei wirtschaftlichem Handeln erforderlich sind.
Die Preisplanung legt die Planpreise für Roh-, Hilfs- und Betriebsstoffe, Fremdleistungen und die erwarteten Lohnsätze der Arbeitskräfte fest.
Analog zur Preisplanung werden die geplanten Verrechnungssätze für innerbetriebliche Leistungen ermittelt. Da diese aus den Plankosten der sekundären Kostenstellen gebildet werden, müssen die Sekundärstellen zuerst abgerechnet werden.
In der Grenzplankostenrechnung wird das Verfahren der Grenzkostenbewertung zur innerbetrieblichen Leistungsverrechnung angewendet. In die Verrechnungssätze werden nur proportionale Kosten einbezogen.
Abgeschlossen wird die Kostenplanung mit der Bildung der Plankalkulationssätze.

In einer Plankostenrechnung auf Vollkostenbasis werden die gesamten Plankosten, in der Grenzplankostenrechnung nur die proportionalen Plankosten der Hauptkostenstellen durch die zugehörigen Planbezugsgrößen dividiert.[200]

Der Betriebsabrechnungsbogen dient in der Plankostenrechnung nicht nur zur Erfassung und Weiterverrechnung der auf den Kostenstellen angefallenen Istkosten, sondern zugleich zur Durchführung des Soll-Ist-Kostenvergleichs. Im Betriebsabrechnungsbogen werden jeder Kostenstelle die Istkosten, die Sollkosten und die Verbrauchsabweichungen zugeordnet. Die Differenzen aus Soll- und Istkosten bilden die Verbrauchsabweichungen, die gesondert zur Kostenkontrolle analysiert werden müssen.[201]

200 Vgl. Kilger, W.: Einführung in die Kostenrechnung, 2., durchgesehene Aufl., Wiesbaden 1980, S. 202.

201 Vgl. Kilger, W.: Einführung in die Kostenrechnung, 2., durchgesehene Aufl., Wiesbaden 1980, S. 200-257.

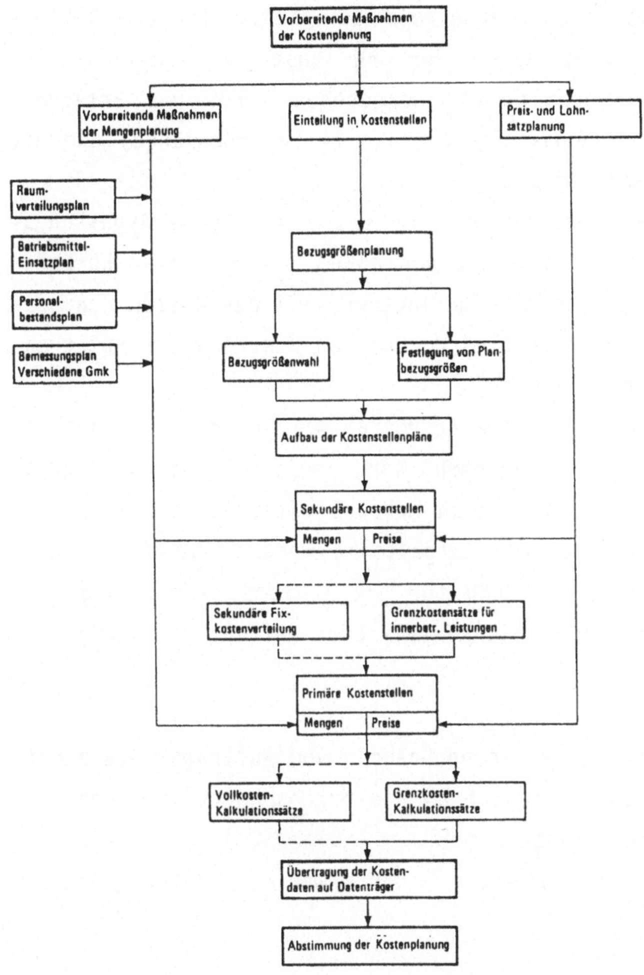

Abb. 3.6: Organisatorischer Ablauf der Kostenplanung[202]

3.3.4 Problem der Fristigkeit der Kostenplanung

Ein besonderes Problem für Einzel- und Auftragsfertiger liegt in der Festlegung des Fristigkeitsgrades der Kostenplanung. Die Höhe der entscheidungsrelevanten Grenzkosten wird wesentlich von der Fristigkeit der Kostenplanung beeinflußt.

202 Vgl. Kilger, W.: Flexible Plankostenrechnung und Deckungsbeitragsrechnung, 9. verbesserte Aufl., Wiesbaden 1988, S. 318.

Der Fristigkeitsgrad wird als Entscheidungsfeld definiert, das den Kostenstellen in bezug auf die Anpassung personeller und sonstiger Potentialfaktoren an Beschäftigungsschwankungen als Soll vorgegeben wird. Das Entscheidungsfeld legt den vorgegebenen Anpassungszeitraum (= Periodenlänge) und die realisierbaren Anpassungsmaßnahmen fest.
"Mit zunehmendem Anpassungszeitraum erhöht sich die realisierte Anpassungsflexibilität und umgekehrt. In Abhängigkeit von einem längeren oder kürzeren Anpassungsspielraum ist ein größerer oder geringerer Teil der Kosten den proportionalen Kosten zuzuordnen. Hierdurch wird zugleich die Höhe der entscheidungsrelevanten Grenzkosten beeinflußt."[203]
Müssen häufig Entscheidungen über Aufträge getroffen werden, die sich auf unterschiedlich lange Planungsperioden beziehen, sind mehrere Fristigkeitsgrade nebeneinander erforderlich, d. h. es sollten mehrere alternative Kostenpläne mit unterschiedlichen Fristigkeitsgraden aufgestellt werden. Da dies sowohl für den Aufbau der Kostenplanung als auch für die laufende Abrechnung sehr aufwendig ist, werden für Unternehmen mit Einzel- oder Auftragsfertigung zwei Strategien vorgeschlagen:[204]

- Der Fristigkeitsgrad kann zum einen unabhängig vom Auftragsbestand entweder für eine Periode oder angepaßt an die durchschnittliche Bearbeitungszeit der Aufträge festgelegt werden.
- Der Fristigkeitsgrad kann zum anderen an den erwarteten Auftragsbestand angepaßt werden.

In Perioden mit schlechtem Auftragsbestand würde man demnach niedrigere Grenzkosten festlegen als in Jahren mit guter Beschäftigung. Da dies die Vergleichbarkeit der Kalkulationsergebnisse beeinflußt, ist die zweite Strategie für das im folgenden vorgeschlagene Kosteninformationssystem nicht geeignet.

Die Fristigkeit der Kostenplanung kann von der Unternehmensleitung frei gewählt werden[205] und sollte prinzipiell möglichst hoch gewählt werden, um der Tendenz entgegenzuwirken, einen großen Teil der Kosten als fix zu planen.

203 Kilger, W.: Flexible Plankostenrechnung und Deckungsbeitragsrechnung, 9. verbesserte Aufl., Wiesbaden 1988, S. 110.

204 Vgl. Kilger, W.: Flexible Plankostenrechnung und Deckungsbeitragsrechnung, 9. verbesserte Aufl., Wiesbaden 1988, S. 364-365.

205 Vgl. Kilger, W.: Flexible Plankostenrechnung und Deckungsbeitragsrechnung, 9. verbesserte Aufl., Wiesbaden 1988, S. 110.

3.3.5 Kalkulation

Die Kalkulation oder Kostenträgerstückrechnung hat die Aufgabe, die Herstell- und Selbstkosten pro Erzeugniseinheit oder Auftrag zu bestimmen.

3.3.5.1 Kalkulationsarten

Man unterscheidet als Kalkulationsarten die Vor-, Nach- und Plankalkulationen.[208]

Vorkalkulationen werden für bestimmte Aufträge oder Einzelerzeugnisse vor der Auftragserteilung und vor Beginn der Produktion erstellt. Es handelt sich um Selbstkostenberechnungen mit Hilfe geplanter oder geschätzter Kostendaten, die meist aufgrund von Kundenanfragen als Grundlage für Preisverhandlungen erstellt werden.

Nachkalkulationen werden für bestimmte Aufträge oder Einzelerzeugnisse nach Abschluß der Produktion oder nach Auslieferung durchgeführt und dienen der stückbezogenen Kosten- und Erfolgskontrolle.

Bei **Plankalkulationen** werden für eine bestimmte Planungsperiode im voraus geplante Herstell- und Selbstkosten pro Erzeugniseinheit ermittelt. Voraussetzung ist die Durchführung einer Plankostenrechnung. Die Kostendaten der Plankalkulation basieren auf der nach Kostenarten und Kostenstellen differenzierten Kostenplanung. Die Plankalkulation ist nur in Unternehmen mit standardisierten Produktarten möglich, da vor Beginn der Planungsperiode alle kalkulationsrelevanten Daten feststellbar und für die gesamte Planungsperiode gültig sein müssen. Die Kalkulationsergebnisse werden während der laufenden Planungsperiode nicht mehr geändert, d. h. sie sind periodenbezogene Durchschnittskalkulationen.

---

208 Vgl. Kilger, W.: Einführung in die Kostenrechnung, 2., durchgesehene Aufl., Wiesbaden 1980, S. 289-298.

3.3.5.2 Kalkulationsverfahren

Die hier beschriebenen Verfahren der Kalkulation bilden die Grundlage für ein entwicklungsbegleitendes Vorkalkulationssystem (EVKS), das in den Kapiteln 4 und 5 erarbeitet wird.

In der Literatur werden verschiedene Kalkulationsverfahren unterschieden:[207]

- Divisionskalkulation,
- Äquivalenzziffernkalkulation,
- Zuschlagskalkulation,
- Bezugsgrößenkalkulation,
- Kalkulationsverfahren für Kuppelerzeugnisse.

Die Kalkulationsverfahren sind unabhängig von der Kalkulationsart und dem System der Kostenrechnung. Sie bestimmen nur den rechnerischen Aufbau der Kalkulation, nicht aber den Inhalt der zu kalkulierenden Kosten. Die Kalkulationsverfahren werden aber wesentlich vom Differenzierungsgrad des Produktionsprogramms, vom Produktaufbau und vom Produktionsverfahren beeinflußt.[208]
Die Divisionskalkulation gilt nur für Einproduktunternehmen und einteilige Erzeugnisse.
Die Äquivalenzziffernkalkulation beschränkt sich auf Unternehmen, die eine geringe Anzahl artähnlicher Produkte herstellen (Sortenproduktion).
Die Lohnzuschlagskalkulation eignet sich nur bei lohnintensiver Fertigung.[209]
Die Bezugsgrößenkalkulation ist universell und unabhängig von der Art und der Zusammensetzung des Produktionsprogramms anwendbar und enthält die übrigen Kalkulationsverfahren als Spezialfälle.[210] Deshalb ist die Bezugsgrößenkalkulation besonders für Einzel- und Auftragsfertiger, für die ständig wechselnde Produktionsprogramme charakteristisch sind, geeignet und wird in dem vorgeschlagenen EVKS angewendet.
In der Plankalkulation wird ebenfalls grundsätzlich die Bezugsgrößenkalkulation angewendet.

---

207 Vgl. Kilger, W.: Einführung in die Kostenrechnung, 2., durchgesehene Aufl., Wiesbaden 1980, S. 305-389.
Vgl. Loos, D.: Betriebsabrechnung und Kalkulation, Herne-Berlin 1976, S. 68-76.

208 Vgl. Kilger, W.: Einführung in die Kostenrechnung, 2., durchgesehene Aufl., Wiesbaden 1980, S. 305.

209 Vgl. Kilger, W.: Einführung in die Kostenrechnung, 2., durchgesehene Aufl., Wiesbaden 1980, S. 305-323.

210 Vgl. Kilger, W.: Flexible Plankostenrechnung und Deckungsbeitragsrechnung, 9. verbesserte Aufl., Wiesbaden 1988, S. 609.

Bei unverbundener Produktion und einteiligen Stückgütern (bzw. homogenen Fließgütern) werden die proportionalen Planherstellkosten pro Erzeugniseinheit mit Hilfe der Bezugsgrößenkalkulation wie folgt ermittelt:[211]

$$k_{h_\mu} = \sum_{\mu=1}^{z} m_{v_\mu} \, q_\mu \left(1 + \frac{d_M}{100} \right) + \sum_{i=1}^{m} \sum_{\beta=1}^{s} b_{i\beta} \, d_{i\beta_\mu} + e_F \quad \text{(Gl. 3.3)}$$

μ	=	Index der Einzelmaterialart
i	=	Index der Fertigungsstelle
β	=	Index der Bezugsgrößenart
k_{h_μ}	=	Herstellkosten pro Erzeugniseinheit
m	=	Einzelmaterialmenge pro Erzeugniseinheit
q	=	Preis für Einzelmaterial
d_M	=	Materialgemeinkostenverrechnungssatz in Prozent der Einzelmaterialkosten
b	=	Bezugsgrößeneinheiten pro Erzeugniseinheit
d	=	proportionaler Verrechnungs- oder Kostensatz pro Bezugsgrößeneinheit
e_F	=	Sondereinzelkosten der Fertigung für Erzeugniseinheit

Liegen die Herstellkosten pro Erzeugniseinheit vor, so lassen sich die proportionalen Selbstkosten wie folgt bestimmen:[212]

$$k_\mu = k_{h_\mu} \left(1 + \frac{d_{Vw_\mu}}{100} + \frac{d_{Vt_\mu}}{100} \right) + l_\mu \frac{o_\mu}{100} + e_{VP_\mu} + e_{FR_\mu} \quad \text{(Gl. 3.4)}$$

k_μ	=	proportionale Selbstkosten pro Erzeugniseinheit
d_{Vw_μ}	=	Verwaltungskostenverrechnungssatz in Prozent der Herstellkosten

211 Vgl. Kilger, W.: Flexible Plankostenrechnung und Deckungsbeitragsrechnung, 9. verbesserte Aufl., Wiesbaden 1988, S. 610.

212 Vgl. Kilger, W.: Flexible Plankostenrechnung und Deckungsbeitragsrechnung, 9. verbesserte Aufl., Wiesbaden 1988, S. 612.

$d_{Vt\mu}$ = Vertriebskostenverrechnungssatz in Prozent der Herstellkosten

l = Verkaufspreis pro Erzeugniseinheit

o_{μ} = Provisionssatz in Prozent vom Umsatz

$e_{Vp\mu}$ = Sondereinzelkosten für Verpackungsmaterial pro Erzeugniseinheit

$e_{Fr\mu}$ = Sondereinzelkosten für Frachten pro Erzeugniseinheit

$k_{h\mu}$ = proportionale Herstellkosten pro Produkteinheit

Die Bezugsgrößenkalkulation wird auch als Maschinenstundensatzrechnung[213] bezeichnet, falls im Fertigungsbereich ausschließlich Zeitbezugsgrößen verwendet werden.[214] Die Größe $b_{i\beta}$ (bei homogener Kostenverursachung entfällt der zweite Summenausdruck) gibt die Fertigungszeit pro Erzeugniseinheit μ, Kostenstelle i und Bezugsgrößenart ß an; $d_{i\beta}$ kennzeichnet die Verrechnungs- oder Kalkulationssätze pro Kostenstelle i und Bezugsgrößenart ß, die bei Anwendung der Plankostenrechnung dem Kostenplan (siehe Abbildung 3.7) entnommen werden können.

Bei der Plankalkulation werden alle benötigten Daten im voraus geplant.

Bei der Grenzplankostenrechnung werden nur jeweils die proportionalen Planverrechnungs- bzw. Plankalkulationssätze zur Ermittlung der Herstellkosten herangezogen.

Bei zweistufiger, mehrteiliger Produktion werden zuerst die Herstellkosten der Einzelteile kalkuliert, wie dies in der vorigen Gleichung angegeben ist. Danach werden für die Bau- und Teilegruppen Zwischenkalkulationen aufgestellt:[215]

$$k_h = \sum_{\mu=1}^{u} p_{\gamma\alpha} k_{h\gamma} + \sum_{\delta=1}^{r} p_{\delta\alpha} q_{\delta} \left(1 + \frac{d_M}{100}\right) + t_{Mo\alpha} d_{Mo\alpha} + e_F \qquad \text{(Gl. 3.5)}$$

213 Vgl. VDI (Hrsg.): VDI-Richtlinie 3258, Blatt 1, Kostenrechnung mit Maschinenstundensätzen, Begriffe, Bezeichnungen, Zusammenhänge, Düsseldorf 1962, S. 1-4; vgl. auch VDI (Hrsg.): VDI-Richtlinie 3258, Blatt 2, Kostenrechnung mit Maschinenstundensätzen, Erläuterungen und Beispiele, Düsseldorf 1962, S. 1-4.

214 Die Ausführungen von Kilger und die des VDI gleichen sich, wobei Kilger wesentlich detailliertere Angaben macht.

215 Vgl. Kilger, W.: Einführung in die Kostenrechnung, 2., durchgesehene Aufl., Wiesbaden 1980, S. 345-347.

Kostenplan Zeitraum	Kostenstellen-Bezeichnung: Fertigungsstelle A					Ko. St. Nr. 501 Bez. Gr. Nr.		Blatt
Planbezugsgröße je ∅ Monat	4 500 Fertigungsstunden			∅ Schichtzahl		Ko. St. Leiter Stellvertreter		
Kostenarten		Relativzahl	ME	Menge	DM/ME	Plankosten (DM/Monat)		
Nr.	Bezeichnung und Unterteilung					Gesamt	Proportional	Fix
4301	Fertigungslöhne		Std	4500	13,60	61 200	61 200	-
4309	Zusatzlöhne für Akkordarbeiter		Std	4500	0,29	1 305	1 305	-
4310	Hilfslohn					3 363	2 913	450
	Einrichter		Std	115	14,70	1 691		
	Reinigung, Transport in der Kostenstelle		Std	160	10,45	1 672		
4910	Kalk. Personalnebenkosten für Arbeiter		DM	65868	0,745	49 072	48 737	335
4100	Werkzeuge und Geräte		Std	4500	0,36	1 620	1 620	-
4110	Hilfs- und Betriebsstoffe		Std	4500	0,12	540	510	30
4510	Reparatur- und Instandhaltungskosten					2 550	1 922	628
	Reparaturwerkstatt		Std	48	25,00	1 200		
	Material					750		
	Fremdleistungen					600		
4801	Kalk. Abschreibungen					7 863	4 441	3 422
	14 Maschinen (TW = 1 232 000 DM) (3 422 Fix + 5 134 x 0,865)							
4810	Kalk. Zinsen auf Anlagevermögen					2 426		2 426
	14 Maschinen (RW = 485 300)		100DM	4853	0,50			
4940	Kalk. Raumkosten		m^2	300	10,35	3 105	-	3 105
4951	Kalk. Stromkosten (140 kW)		kWh	25125	0,094	2 362	2 362	-
4960	Kalk. Transportkosten		Std	4500	0,70	3 150	3 150	-
4970	Kalk. Leitungskosten		Std	4500	0,92	4 140	4 140	-
4999	Kalk. sekundäre Fixkosten					27 265	-	27 265

Geplant		Geprüft		Abgelocht		Plankostensumme		169 961	132 300	37 661
								37,77	29,40	
Name	Datum	Name	Datum	Datum	Datum	Ko. St. Leiter einverstanden	Datum	Kalkulationssätze		

Abb. 3.7: Kostenplan einer Fertigungskostenstelle[216]

Aus den Zwischenkalkulationen der Baugruppen lassen sich die Herstellkosten des Endproduktes wie folgt angeben:

$$k_{hj} = \sum_{\alpha=1}^{w} p_{\alpha j}\, k_{h\alpha} + \sum_{\mu=1}^{u} p_{\mu j}\, k_{h\mu} + \sum_{\nu=1}^{r} p_{\ j}\, q \left(1 + \frac{d_M}{100}\right) + t_{Moj}\, d_{Moj} + e_{Fj} \qquad \text{(Gl. 3.6)}$$

$k_{h\alpha}$ = Herstellkosten der Zwischenbaugruppe

k_{hj} = Herstellkosten des Endproduktes j

216 Kilger, W.: Flexible Plankostenrechnung und Deckungsbeitragsrechnung, 9. verbesserte Aufl., Wiesbaden 1988, S. 480.

k_{h_μ} = Herstellkosten des selbsterstellten Einzelteils
$p_{\mu\alpha}$ = Anzahl der Einzelteile μ, die in α eingehen
$p_{\nu\alpha}$ = Anzahl der Fremdbezugsteile ν, die in α eingehen
$p_{\mu j}$ = Anzahl der Einzelteile μ, die in j eingehen
$p_{\alpha j}$ = Anzahl der Zwischenbaugruppen α, die in j eingehen
$p_{\nu j}$ = Anzahl der Fremdbezugsteile ν, die in j eingehen
q = Preis der Fremdbezugsteile
t_{Mo} = Montagezeit
d_{Mo} = Montagekostensatz
e_F = Sondereinzelkosten der Fertigung

Analog läßt sich die Kalkulation mehrteiliger Endprodukte mit mehr als zwei Produktionsstufen aufbauen. Dazu geht man so vor, daß zunächst die Herstellkosten der selbsterstellten Einzelteile ermittelt werden. Anschließend werden stufenweise die Herstellkosten der im Produktionsablauf aufeinanderfolgenden Bau- und Teilegruppen in Zwischenkalkulationen kalkuliert. Dieses Verfahren wird als Stufenkalkulation mehrteiliger Erzeugnisse bezeichnet.[217]
Abbildung 3.8 zeigt die Vorgehensweise bei der Kalkulation mehrteiliger Erzeugnisse.

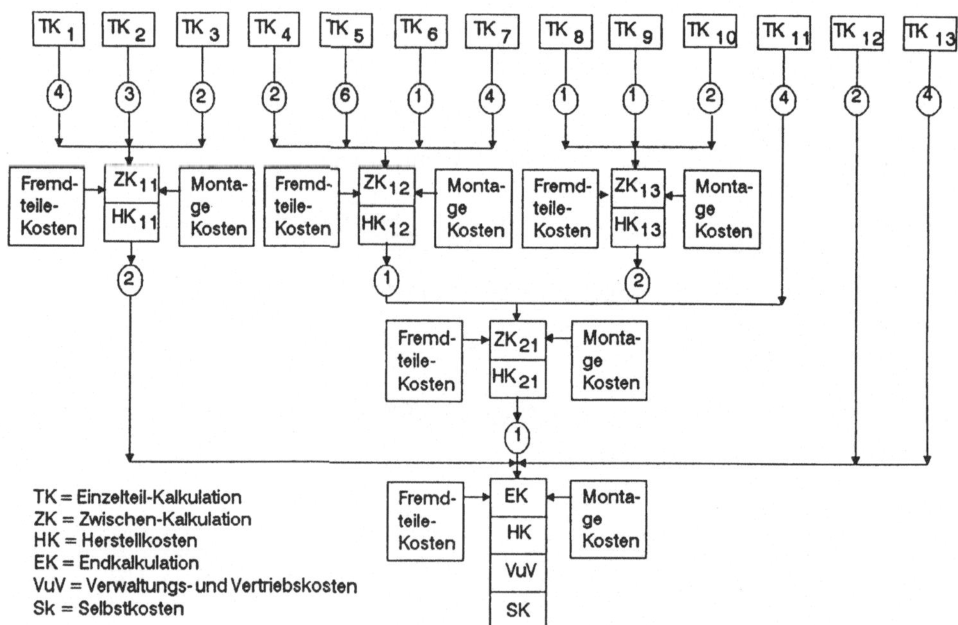

Abb. 3.8: Schematische Darstellung der Kalkulation mehrteiliger Erzeugnisse[218]

217 Vgl. Kilger, W.: Einführung in die Kostenrechnung, 2., durchgesehene Aufl., Wiesbaden 1980, S. 347.
218 Kilger, W.: Flexible Plankostenrechnung und Deckungsbeitragsrechnung, 9. verbesserte Aufl., Wiesbaden 1988, S. 614.

Anhand der geführten Diskussionen der betriebswirtschaftlichen Grundlagen wurde geklärt, welches System der Kostenrechnung und welches Kalkulationsverfahren für ein EVKS angewendet wird.
Die Kostenrechnung bezieht vorhandene Betriebsmittel in ihre Betrachtung ein. Im folgenden soll geklärt werden, ob noch nicht vorhandene Betriebsmittel ebenfalls in die Betrachtungen der entwicklungsbegleitenden Kalkulation integriert werden können.

3.4 Investitionsrechnung

Wie im Kapitel 3.1.1 bereits gefordert, soll der Entwickler nicht nur im Unternehmen vorhandene Fertigungsmittel in seinem Entscheidungsprozeß berücksichtigen können.
Mit den bisher aufgezeigten Verfahren ist es möglich, die in der Produktion auf vorhandenen Fertigungsmitteln anfallenden Kosten für eine konstruktive Lösung zu kalkulieren. Die Lösungen können in der Konstruktion hinsichtlich der auf diesen Betriebsmittlen anfallenden Kosten optimiert werden. Eine Prüfung auf kostengünstigere Produktion mit Hilfe neuer Fertigungsmittel und einer darauf abzustimmenden konstruktiven Lösung ist nicht möglich.
Der Entscheidungshorizont des Entwicklers/Konstrukteurs soll dahingehend erweitert werden, daß auch neue Verfahren oder kostengünstigere Ersatzverfahren in der entwicklungsbegleitenden Vorkalkulation berücksichtigt werden können.

Die vorherigen Kapitel beschreiben, wie die Kostendaten für bestimmte Entscheidungen ermittelt werden. Der Schwerpunkt dieses Kapitels liegt auf der Bestimmung der entscheidungsrelevanten Daten der Investitionsrechnung für ein EVKS. Bereits in der Planungsphase kann die Konstruktionsabteilung die Herstellkosten durch:

- Produktneuentwicklung,
- Produktverbesserung,
- Verfahrensneuentwicklung,
- Verfahrensverbesserung,

erheblich beeinflussen.

Die beiden letztgenannten Punkte befassen sich mit der Auswahl des Betriebsmittels, wodurch die drei Bereiche Fertigungstechnik, Fertigungsorganisation und Gestaltung und Planung determiniert werden. Somit hat die Auswahl des Betriebsmittels im Konstruktionsbereich eine große Bedeutung, die mit Hilfe der Investitionsrechnung auch quantifiziert werden kann.

3.4.1 Investitionsrechnung und Investitionsplanung

Jacob[219] sagt: "Zur Durchführung eines Produktionsprozesses sind Produktionsfaktoren notwendig und müssen beschafft werden. Der dadurch hervorgerufene Strom von Ausgaben wird als der zu dem betrachteten Produktionsprozeß gehörende Investitionsprozeß oder kurz als die zum Produktionsprozeß gehörende Investition bezeichnet".

Wöhe[220] hingegen versteht unter Investition die Verwendung finanzieller Mittel zur Beschaffung von Sachvermögen, immateriellem Vermögen oder Finanzvermögen. Weiter unterscheidet er zwischen den Formen Erweiterungs-, Ersatz- und Rationalisierungsinvestition. Erweiterungsinvestitionen führen zur Vergrößerung der betrieblichen Kapazitäten, während bei Ersatzinvestitionen eine Wiederbeschaffung wirtschaftlich verbrauchter Güter durchgeführt wird. Eine Ersatzinvestition ist zugleich eine Rationalisierungsinvestition, wenn dabei ohne Änderung der Kapazität abgenutzte Anlagen durch kostengünstiger produzierende Anlagen ersetzt werden. Bevor nun eine Investitionsentscheidung getroffen werden kann, muß dieser eine genaue Investitionsplanung vorausgehen. Da eine Investitionsentscheidung in vielen Fällen die betriebliche Tätigkeit auf Jahre hinaus beeinflußt, müssen die zwischen den betrieblichen Teilbereichen bestehenden Interdependenzen beachtet und alle entscheidungsrelevanten Informationen aus diesen Teilbereichen beschafft werden.

219 Jacob, H.: Investitionsrechnung, in: Jacob, H. (Hrsg.): Allgemeine Betriebswirtschaftlehre, 4. Aufl., Wiesbaden 1981, S. 615.

220 Vgl. Wöhe, G.: Einführung in die allgemeine Betriebswirtschaftslehre, 16., überarbeitete Aufl., München 1986, S. 679f.

Im Prozeß der Investitionsentscheidung können fünf Phasen unterschieden werden:[221]

- Anregungsphase
- Suchphase
- Optimierungsphase
- Realisierungsphase
- Kontrollphase.

In der **Anregungsphase** wird ein Investitionsprojekt angeregt, z.B. aufgrund innerbetrieblicher Probleme wie Engpaßsituationen, Reparaturanfälligkeit oder überhöhter Ausschußquoten. Aus unternehmensexterner Sicht kommen z.B. gesetzliche Auflagen oder technischer Fortschritt als Anregung für ein Investitionsprojekt in Frage.
Aus Sicht der Entwicklung/Konstruktion kann es sein, daß durch eine Umgestaltung eines Bauteils oder Produktes ein kostengünstigeres Fertigungsverfahren einsetzbar wird.

In der **Suchphase** werden mögliche Alternativen zur Realisierung der Investitionsprojekte sowie die jeweils entscheidungsrelevanten Daten bestimmt. Zu den entscheidungsrelevanten Daten gehören entwicklungs-/konstruktionsseitig die in einem solchen Bereich festzulegenden kostenbeeinflussenden Parameter.

Die **Optimierungsphase** entspricht der Zielmaximierung der vorgegebenen Zielkriterien. Hierzu können die Verfahren der Investitionsrechnung eingesetzt werden.

In der **Realisierungsphase** wird die für das betreffende Investitionsprojekt ausgewählte Alternative durchgeführt.

In der **Kontrollphase** werden nun die prognostizierten Zielwirkungen mit den tatsächlich eingetretenen Wirkungen verglichen, um Abweichungen festzustellen und deren Ursachen zu analysieren, damit gegebenenfalls Gegenmaßnahmen ergriffen werden können.
Hier müssen vor allem mittels der Nachkalkulation Werte bereitgestellt werden, um die Bezugsgößen, die die Belastung einer Kostenstelle durch ein Produkt spezifizieren, zu verifizieren.

---

221 Vgl. Heinen, E.: Industriebetriebslehre, 8. Aufl., Wiesbaden 1985, S. 45-46.

3.4.2 Aufgaben der Investitionsrechnung

Die Investitionsrechnung hat als Hilfsmittel der Investitionsplanung die Aufgabe, die Vorteilhaftigkeit eines Investitionsprojektes zu beurteilen. Diese Vorteilhaftigkeitsprüfung dient zur Beurteilung einer einzelnen Investition oder zur Auswahl zwischen mehreren Investitionsalternativen. Die letztgenannte Prüfung beinhaltet als Sonderfall auch das Ersatzproblem.[222]

Es soll nun noch einmal herausgestellt werden, daß die Investitionsrechnung nur ein Instrument zur Entscheidungsfindung ist, aber keine Entscheidungen vorwegnimmt. Denn eine Entscheidung durch Rechnung läßt sich nur dann realisieren, wenn sich alle für die Entscheidung notwendigen Überlegungen quantifizieren und simultan in einer Rechnung berücksichtigen lassen. Diese Voraussetzung ist aber grundsätzlich nicht erfüllt, da es immer nicht quantifizierbare Faktoren, wie z.B. Risikoüberlegungen oder technische und soziale Gesichtspunkte geben wird, die bei der Investitionsentscheidung eine Rolle spielen.[223]

Eine weitere Aufgabe der Investitionsrechnung besteht in der Bestimmung der optimalen wirtschaftlichen Nutzungsdauer und des optimalen Ersatzzeitpunktes.[224]

Nachdem die Aufgaben der Investitionsrechnung beschrieben wurden, soll sie in den Prozeß der Entscheidungsfindung eingeordnet werden. Da zur Investitionsrechnung die entscheidungsrelevanten Daten, die in der Suchphase ermittelt werden, vorhanden sein müssen, muß die Investitionsrechnung nach der Suchphase stattfinden. In der Optimierungsphase wird die endgültige Entscheidung für eine Alternative gefällt. Dieser Entscheidung können nun Ergebnisse der Investitionsrechnung zugrunde liegen, da auch die nicht quantifizierbaren Faktoren in die Entscheidungsfindung miteinbezogen werden müssen.[225] Somit ist die Investitionsrechnung zwischen diesen beiden Phasen einzuordnen. In Abbildung 3.9 ist diese Einordnung noch einmal dargestellt.

---

222 Vgl. Jacob, H.: Investitionsrechnung, in: Jacob, H. (Hrsg,): Allgemeine Betriebswirtschaftlehre, 4. Aufl., Wiesbaden 1981, S. 615.

223 Vgl. Blohm, H. und Lüder, K.: Investititon, Hrsg.: F. Vahlen, 5. Aufl., München 1983, S. 46.

224 Vgl. Wöhe, G.: Einführung in die allgemeine Betriebswirtschaftslehre, 16., überarbeitete Aufl., München 1986, S. 689f.

225 Vgl. Lutz, J.F.: Daten von Investitionen. In: W. Kilger; A.-W. Scheer (Hrsg.): Investitions- und Finanzplanung im Wechsel der Konjunktur, Würzburg-Wien 1981, S. 159.

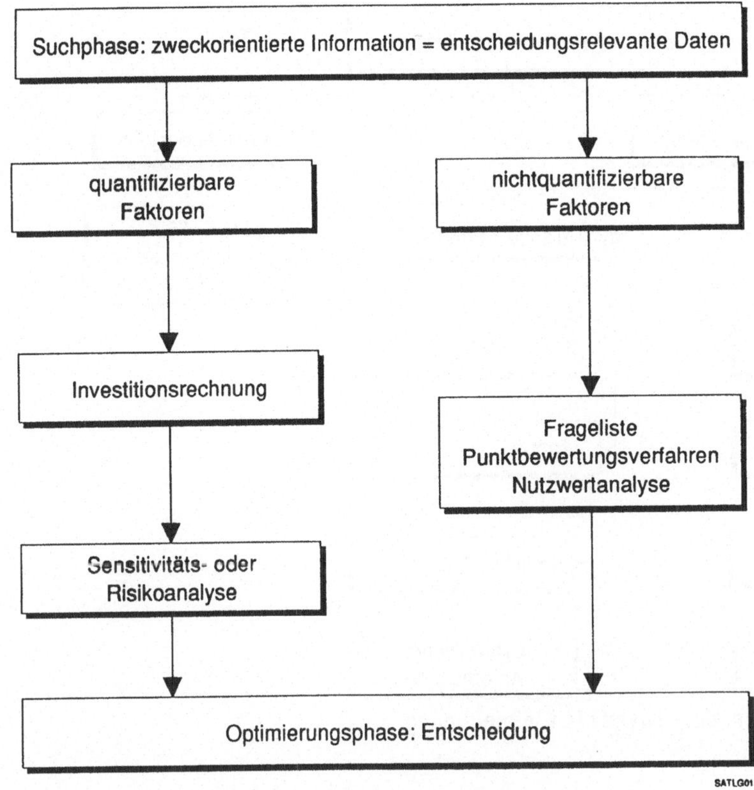

Abb. 3.9: Die Grundlagen der Entscheidungsfindung

3.4.3 Verfahren der Investitionsrechnung

Zur Erfüllung der beschriebenen Aufgaben der Investitionsrechnung haben sich unterschiedliche Verfahren herausgebildet. Man unterscheidet statische und dynamische Investitionsverfahren, wie es die Abbildung 3.10 zeigt.

Eine Ausführung der einzelnen Verfahren soll entfallen. Der Autor verweist zu deren Studium auf die einschlägige Literatur.[226] Anstelle wird eine kurze Kritik der statischen und der dynamischen Investitionsverfahren gegeben.

---

226 Vgl. Jacob, H.: Investitionsrechnung, in: Jacob, H. (Hrsg,): Allgemeine Betriebswirtschaftlehre, 4. Aufl., Wiesbaden 1981, S. 615.
Vgl.: Blohm, H. und Lüder, K.: Investititon, Hrsg.: F. Vahlen, 5. Aufl., München 1983, S.160-164.

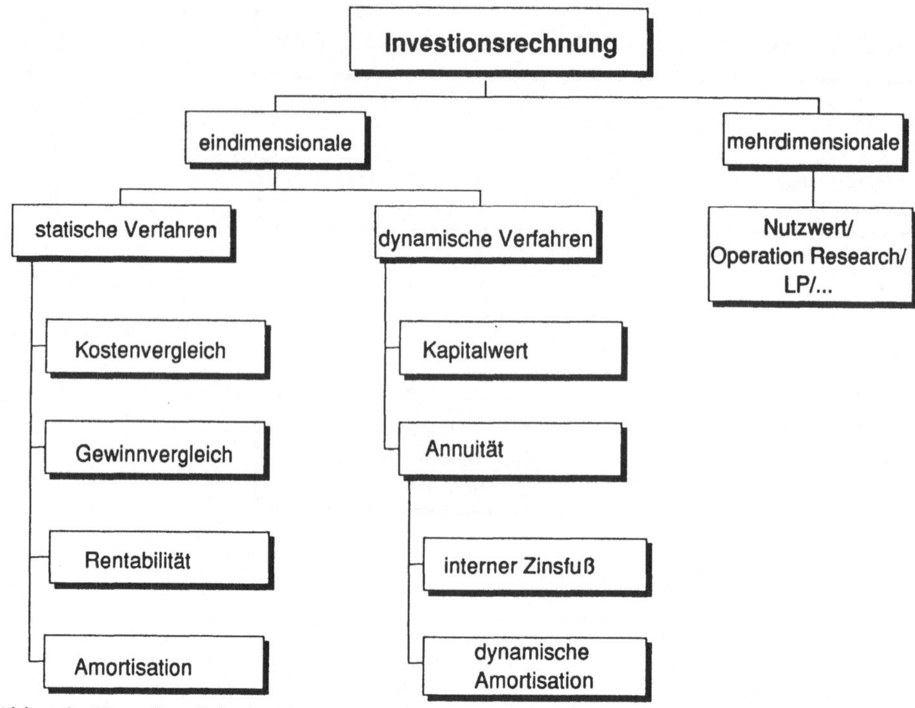

Abb. 3.10: Verfahren der Investitionsrechnung

3.4.4 Kritik an den statischen Investitionsrechnungsverfahren

Bei allen statischen Verfahren bleibt der zeitliche Unterschied im Anfall der Zahlungsströme unberücksichtigt. Kostenminimierung, Gewinnmaximierung und Rentabilitätsstreben erfahren keine zeitbezogene Präzisierung. Es werden keine Aussagen über die Verzinsung des Kapitals gemacht.

Die statischen Methoden arbeiten mit Durchschnittswerten. Bis auf die Amortisationsdauermethode werden jährlich gleiche Werte für die gesamte Nutzungsdauer unterstellt. Anschluß-, Ergänzungs- oder Differenzinvestitionen werden nicht in das Kalkül miteinbezogen.

Vorteile der statischen Amortisationsdauermethode sind die Einfachheit der Errechnung, die Anschaulichkeit sowie die Funktion als Risikokriterium. Sie sollte jedoch nur in Verbindung mit anderen Methoden eingesetzt werden, da das Erfolgskriterium außer acht gelassen wurde.[227]

---

227 Vgl.: Blohm, H. und Lüder, K.: Investititon, Hrsg.: F. Vahlen, 5. Aufl., München 1983, S.160-164.

3.4.5 Kritik an den dynamischen Investitionsrechnungsverfahren

Bei den dynamischen Investitionsrechnungsverfahren werden immer vollkommene Voraussicht und sichere Erwartungen unterstellt, d. h. die Zahlungsströme sind sicher bestimmbar.
Des weiteren gilt die unrealistische Prämisse, daß Zahlungsströme einzelnen Investitionsobjekten exakt zurechenbar sind.
Es wird ein vollkommener Kapitalmarkt unterstellt, d. h. finanzielle Mittel können in beliebiger Höhe aufgenommen und angelegt werden.
Bei den klassischen Verfahren erfolgt keine Abstimmung mit anderen betrieblichen Teilplänen.
Direkte und indirekte Interdependenzen von Investitionsobjekten werden ebenfalls nicht berücksichtigt. Es wird unterstellt, daß die betrachteten Investitionsobjekte voneinander unabhängig sind und sich gegenseitig ausschließen.

Unter dem Gesichtspunkt der theoretischen Exaktheit sind die dynamischen Verfahren den statischen vorzuziehen, da die statischen Verfahren in der Regel nur relativ grobe Näherungen liefern. Diese sind jedoch aufgrund der einfachen Anwendbarkeit und leichten Datenbeschaffung in der betrieblichen Praxis noch weit verbreitet.[228]

3.4.6 Daten der Investitionsrechnung

Zunächst soll noch einmal aufgezeigt werden, was Investitionsentscheidungen eigentlich bewirken sollen. Vereinfacht ausgedrückt, sollen durch (zusätzliche) Auszahlungen in der Gegenwart (Kapitalaufwand) (zusätzliche) Einzahlungen in der Zukunft (Kapitalrückfluß) erzielt werden. Damit das Ganze nun auch noch betriebswirtschaftlich sinnvoll ist, muß der Kapitalrückfluß größer sein als der Kapitalaufwand.[229]
Dies deutet stark auf die Verwendung der dynamischen Verfahren der Investitionsrechnung hin, da nur sie in der Lage sind, eine genaue Erfassung der Kapitalbindung wiederzugeben, wenn man einmal von der statischen Rentabili-

---

228 Vgl.: Blohm, H. und Lüder, K.: Investititon, Hrsg.: F. Vahlen, 5. Aufl., München 1983, S.49.

229 Lutz, J.F.: Daten von Investitionen. In: W. Kilger; A.-W. Scheer (Hrsg.): Investitions- und Finanzplanung im Wechsel der Konjunktur. Würzburg-Wien 1981, S. 158f.

tätsvergleichsrechnung absieht[230]. Wobei man das Ergebnis der statischen Rentabilitätsvergleichsrechnung eher als eine Näherungslösung zu den Ergebnissen der dynamischen Verfahren interpretieren kann.[231]

Von hauptsächlichem Interesse in der weiteren Diskussion stehen aber nicht die Verfahren der Investitionsrechnung sondern die Daten, die diese für die entwicklungsbegleitende Vorkalkulation liefern können. Hierbei spielt es zunächst keine Rolle, ob ein dynamisches Verfahren genauere Daten liefert. Maßgeblich ist, daß die Daten vollständig vorliegen und für den Betrachtungszeitraum gültig sind. Bei der entwicklungsbegleitenden Vorkalkulation handelt es sich dabei um den Planungszeitraum, für den im Rahmen der Kostenrechnung Kostensätze festzulegen sind. Dies ist eine kurzfristige Sichtweise, so daß auch Daten von Investitionsverfahren, die für einen kurzfristigen Zeitraum genügend genaue Ergebnisse liefern, angewendet werden können.

Die Grundlagen eines Vergleichs zur Bewertung alternativer Lösungen (Betriebsmittel) im Teilbereich der Optimierungsrechnungsphase eines Gesamtsystems für die Investitionsplanung bilden folgende Daten:

- Einmalige Ausgaben und Kosten vor Beginn der Nutzung der Maschine(n) mit Ausgaben für die Anschaffung der Maschine(n), Fundamentkosten, Aufstell- und Einlaufkosten.
  Diese Kosten werden aus den Angeboten der Maschinenhersteller für die ausgewählten Fertigungsverfahren zusammengestellt.

- Pro Periode anfallende Maschinenkosten, die unabhängig von den Nutzungsstunden der Maschinen sind, wie Zinskosten, Raumkosten, Anteile der Instandhaltungskosten, Versicherungsprämien, etc.

- Maschinenkosten, die während der Nutzung der Maschine(n) anfallen, wie Energiekosten und Anteile der Wartungskosten.

- Außerdem sind Lohnkosten zu beachten. Die Berücksichtigung der Grundlöhne kann solange entfallen, wie keine zusätzlichen Zuschläge besonderer Art (z.B. Gefahrenzuschlag) anfallen. Mit berücksichtigt werden müssen jedoch die Leistungslöhne (z.B. Akkordzuschläge), da sie die

230 Vgl. Kilger, W.: Flexible Plankostenrechnung und Deckungsbeitragsrechnung, 9. verbesserte Aufl., Wiesbaden 1988, S. 186.

231 Vgl. Blohm, H.; Lüder, K.: Investititon, 5. Aufl., München 1983, S. 49.

Fertigungskosten eines Produkts in Abhängigkeit eines speziellen Maschinentyps beeinflussen können.

Ergänzend zur bisherigen Betrachtung müssen noch die Daten des im Kapitel 2.3.2 ausgewählten Kostenrechnungssystems mit den Daten, die aus der Investitionsrechnung resultieren können, in Zusammenhang gebracht werden. Es ist vor allem wichtig, daß die Investitionsrechnung auch diejenigen variablen Daten ermittelt, aus denen Bezugsgößen ermittelbar sind, wie sie in der flexiblen Grenzplankostenrechnung benötigt werden.
Bei Ersatzinvestitionen können die benötigten Größen zur Ermittlung der Bezugsgrößen aus bestehenden Bezugsgrößen abgeleitet werden. Für Neuinvestitionen müssen die Bezugsgrößen geschätzt werden.
Bäuml und Lukas[232] zeigen, daß im Rahmen des Prozesses der Investitionsrechnung solche Daten verarbeitet werden. So ermitteln die Autoren die:

- kalkulatorische Abschreibung,
- kalkulatorischen Zinsen,
- Programmkosten/Jahr,
- Energiekosten,
- Kosten von Betriebsstoffen,
- sonstigen Gemeinkosten,
- Raumkosten/Jahr,
- Werkzeugkosten,
- Lohnkosten.

Vor allem bei der weiteren Unterteilung im Bereich der Kapazitätsbetrachtung werden neben

- Anzahl Aufträge/Jahr,
- Rüstzeit/Auftrag,
- sonstige Rüstzeit,
- Losgröße,
- Produktionsnutzungszeit,
- Ausfallzeiten,
- Anzahl Schichten und
- Jahres-Soll-Kapazität

232 Vgl. Bäuml, J.; Lukas, B.: EDV-gestützte Entscheidungstechniken zur Beurteilung von Investitionsalternativen, Sindelfingen 1986, S. 35-48.

die

- Stückzeiten (Vorgabezeiten/Stck.)

mit in die Betrachtungen einbezogen. Die Stückzeit ist eine Größe, die von technischen Kriterien abhängt, welche somit hauptsächlich für die Kostenentstehung[233] verantwortlich sind.

Nach Schleppegrell[234] müssen in Einzelfällen auch Kosten für Fertigungshilfsmittel mit berücksichtigt werden. Weiterhin schreibt er, daß nur solche Gemeinkosten in den Vergleich eingehen sollten, die durch ihre unterschiedliche Höhe Einfluß auf das Ergebnis nehmen können.(da es schwer erfaßbare Gemeinkosten gibt).

Unabhängig davon, ob eine Unternehmung zwischen mehreren Alternativen wählen muß oder vor dem Problem der Ersatzinvestition steht, müssen für die Kalkulation eines Produkts obige Überlegungen berücksichtigt werden, d.h. die jeweiligen Daten müssen einem System zur entwicklungsbegleitenden Kalkulation zugänglich sein.
Probleme bei einem Vergleich kann es dann geben, wenn, wie häufig, innerhalb einer Betriebsmittel-Zusammenfassung nicht jedem Betriebsmittel die direkten Kosten zurechenbar sind[235], so daß beispielsweise durch den Ersatz einer Schweißanlage durch eine Lötanlage keine direkte Kostenänderung abgeleitet werden kann. Eine eindeutige Kostenzuordnung muß deshalb als Basis für ein EVKS gewährleistet sein.

Aus den Erläuterungen resultiert nun die Forderung, bereits bei den Betrachtungen der Investitionsrechnung Bezugsgrößen, wie sie die Kostenrechnungsverfahren benötigt, zu ermitteln und bereitzustellen.
Hierauf können dann die Kalkulationsverfahren der Kostenrechnung aufsetzen.

---

233 Kostenentstehung durch Kosten, die vom Konstrukteur beeinflußbar sind.

234 Vgl. Schleppegrell, J.: Ein System zur Investitionsplanung auf der Grundlage einer Werkstück- und Maschinenklassifizierung, Diss., Oldenburg 1969, S. 121.

235 Vgl. Frischmuth, G.: Daten als Grundlage für Investitionsentscheidungen, Berlin 1969, S. 193.

4. Integration betriebswirtschaftlicher und technischer Funktionen

Der Begriff Integration wurde, in dem Sinne, wie er hier verwendet wird, im Rahmen des Computer Integrated Manufacturing (CIM) geprägt. Man versteht darunter die Integration betriebswirtschaftlicher und technischer Datenverarbeitung unter Einsatz einer übergreifenden Informationsvernetzung, worüber sämtliche Betriebsabläufe gesteuert werden.

Die wesentlichen Vorteile einer integrierten Datenverarbeitung liegen laut Scheer[236] in einer starken Beschleunigungsmöglichkeit von Vorgängen, da durch Nutzung eines gemeinsamen Datenbestandes Übergangszeiten zwischen der Weitergabe von Informationen entfallen.

4.1 Informationsbedarfe

Bei der Konstruktion eines Erzeugnisses werden etwa 70 % der späteren Material- und Fertigungskosten festgelegt. Aus diesem Grund ist es unabdingbar, daß der Konstrukteur die Kosten (wie früher) nicht nur schätzen kann, sondern in der Lage ist, konstruktive Entscheidungen in Abhängigkeit der Kosten zu treffen. In diesem Zusammenhang verwendet Kiewert[237] den Ausdruck "hohe Kostenverantwortung".

Die Höhe der voraussichtlichen Kosten werden von verschiedenen Bereichen einer Unternehmung benötigt.

Ein Kosteninformationssystem, das es ermöglicht, sehr früh im Produktentwicklungsprozeß Kosten zu berechnen, die im Verlauf des Herstellungsprozesses entstehen, soll hierbei sowohl den Konstrukteur, aber auch der Konstruktion vorgelagerte Bereiche, wie nachfolgend aufgeführt, in ihrer Tätigkeit unterstützen.

236 Vgl.: Scheer, A.-W.: CIM - Der computergesteuerte Industriebetrieb, Berlin-Heidelberg-New York-London-Paris-Tokyo 1987, S. 3.
Scheer, A.-W.: Konstruktionsbegleitende Kalkulation in CIM-Systemen, Veröffentlichungen des Instituts für Wirtschaftsinformatik, Heft 50, Saarbrücken 1985, S. 2.

237 Vgl.: Kiewert, A.: Systematische Erarbeitung von Hilfsmitteln zum kostenarmen Konstruieren. Diss., TU München, 1979, S. 12.

4.1.1 Informationsbedarf des Vertriebs

Der Vertrieb benötigt Kosteninformationen zum Zwecke:

- der Preisfindung,
- der Angebotsabgabe und
- der Versandabwicklung.

Dies ist unabhängig davon, ob bei einem Unternehmen eine Serienfertigung oder Auftragsfertigung erfolgt und ob ein neues Erzeugnis oder eine Änderung an einem bestehenden Erzeugnis von der Konstruktion bearbeitet wird.
Für die nachfolgend beispielhaft aufgeführten Fragestellungen im Rahmen der Preisfindung und der Angebotsabgabe sind frühzeitige Kosteninformationen erfoderlich:

- Welche Kostenveränderungen bewirkt eine vom Kunden gewünschte Änderung eines Erzeugnisses hinsichtlich der Material- und Fertigungskosten?
- Wie hoch ist der voraussichtliche variable Kostenanteil bei einer Neu- oder Änderungskonstruktion?
- Wie hoch sind die voraussichtlichen Kosten einzelner Angebotspositionen (langfristige Auftragsfertigung, bspw. im Schiffsbau)?
- Welche Kosten verursacht ein Erzeugnis in der Versandabwicklung aufgrund sperriger Abmaße, bzw. welche Verpackungsverfahren sind bei vorgegebenen Oberflächen und Gestaltzonen möglich?

4.1.2 Informationsbedarf des Einkaufs

In vielen Unternehmen entscheidet der Einkauf über die Fremdbeschaffung oder die Eigenfertigung erforderlicher Teile und Baugruppen. In den Fällen, in denen eine Fremdbeschaffung mit langen Lieferzeiten verbunden ist, muß eine Entscheidung möglichst frühzeitig getroffen werden. Für die Entscheidungsfindung benötigt der Einkauf die Material- und Fertigungskosten. Soweit diese Informationen in den frühen Konstruktionsphasen nicht ermittelt werden können, sind gegebenenfalls Informationen über geplante Materialeinsätze und Fertigungstechniken dem Einkauf zur Verfügung zu stellen.

4.1.3 Informationsbedarf des Controlling

Eine Teilaufgabe des Controlling ist die Koordination der operativen Planung und Kontrolle in den einzelnen Funktionsbereichen eines Unternehmens. Neuentwicklungen und konstruktive Änderungen eines Erzeugnisses haben Auswirkungen auf eine Vielzahl von Funktionsbereichen. Das Controlling benötigt für ein frühzeitiges Reagieren im Rahmen der Planung und Kontrolle Kostenaussagen bezüglich der Neuentwicklungen und konstruktiven Änderungen. Die zu ändernden Planungsdaten können somit bereits zu einem frühen Zeitpunkt erkannt und korrigiert werden. Dies umfaßt nicht nur die Kostenplanung sondern unter Umständen auch die Finanz- und Liquiditätsplanung, da eine konstruktiv bedingte Senkung des Materialeinsatzes auch zu einer Senkung des Mittelbedarfs für die Materialbeschaffung führt.

4.1.4 Informationsbedarf der Unternehmensleitung

In der Konstruktion werden die für die Fertigung eines Erzeugnisses zur Auswahl stehenden Fertigungsverfahren vorbestimmt. Eine Eingrenzung der möglichen Fertigungsverfahren resultiert beispielsweise aus der Festlegung der zu verwendenden Materialien, der Gestalt und Dimensionen des Erzeugnisses.
Bei einer Entscheidungsfindung bezüglich des Einsatzes neuer Fertigungstechnologien sind die zukünftigen Fertigungskosten des Erzeugnisses im Rahmen einer Wirtschaftlichkeitsrechnung zu berücksichtigen.
Gegebenenfalls können auch Neu- oder Ersatzinvestitionen angestoßen werden, um die konstruktive Lösung auf kostengünstigeren Betriebsmitteln fertigen zu können.

4.2 Integrationsansätze für die entwicklungsbegleitende Kalkulation

4.2.1 Einordnung der entwicklungsbegleitenden Kalkulation

Die Kostenrechnung unterscheidet die Kalkulationen vor Auftragsabwicklung und nach Auftragsabwicklung. Die Entwicklung/Konstruktion und damit die entwicklungsbegleitende Kalkulation erfolgt jedoch während der Auftragsabwicklung bzw. nach Auftragserteilung.
Die Auftragsvorkalkulation erfolgt nach der Auftragserteilung. Hierfür benötigt sie Daten der Konstruktion und Arbeitsvorbereitung. Wenn nun für einen Teil des Auftrags noch keine Konstruktionsdaten vorliegen, kann man der Konstruktionsabteilung aus der Angebotsvorkalkulation die Herstellkosten als Obergrenze bzw. als einzuhaltendes Kostenziel vorgeben. Um dieses Ziel einhalten zu können, braucht der Entwickler/Konstrukteur Kosteninformationen über jede von ihm gefällte Entscheidung während der Entwicklungsarbeit/Konstruktion. Die entwicklungsbegleitende Vorkalkulation muß dem Entwickler Daten zur Kalkulation zur Verfügung stellen. Somit ist sie in die Auftragsvorkalkulation einzubetten, da diese auch Konstruktionsunterlagen benötigt.
Die Einordnung der entwicklungsbegleitenden Kalkulation in die traditionellen Kalkulationsarten zeigt die Abbildung 4.1.

Alternativ- und Sollkalkulationen sind Sonderkalkulationen, die die Plankalkulation ergänzen, um die Selbstkosten der Erzeugnisse an veränderte Kostendaten anzupassen.

Mit Hilfe der Alternativkalkulation werden Kalkulationsergebnisse an mehrere potentiell mögliche Kostendaten, z. B. verschiedene Rohstoffpreise, unterschiedliche Verfahren usw., angepaßt. Sie werden nur für bestimmte Entscheidungsfälle erstellt.
Sollkalkulationen sind nur für bestimmte Zeiträume gültig, z. B. für den Rest der Planungsperiode oder für kurzfristige Teilpläne (Monate oder Quartale). Für die Erfolgskontrolle gilt aber weiterhin die Plankalkulation.[238]

---

238 Vgl.: Kilger, W.: Flexible Plankostenrechnung und Deckungsbeitragsrechnung, 9.,verbesserte Aufl., Wiesbaden 1988, S. 608.

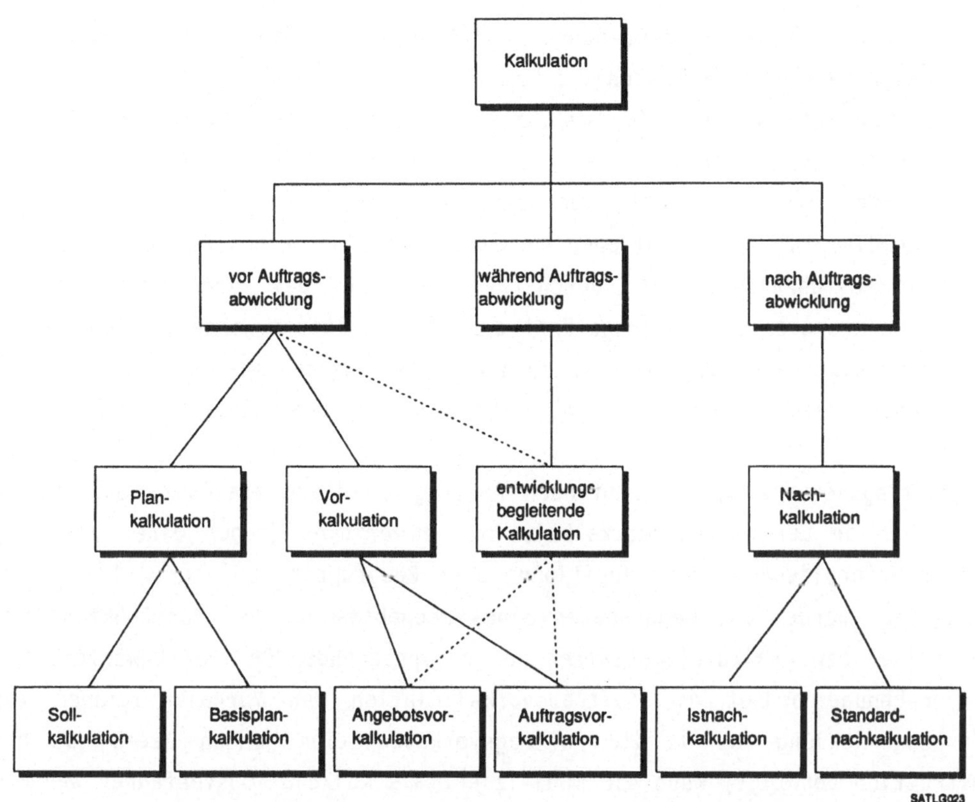

Abb. 4.1: Einordnung der entwicklungsbegleitenden Kalkulation in die traditionellen Kalkulationsarten

Basisplankalkulationen werden hingegen für die gesamte Planungsperiode (meist ein Jahr) aufgestellt und in diesem Zeitraum normalerweise nicht geändert.

Angebotsvorkalkulationen werden zu einem Zeitpunkt erstellt, in dem noch ungewiß ist, ob eine Kundenanfrage zu einem Auftrag führt. Sie dienen als Grundlage für Preisverhandlungen.
Die erwarteten Selbstkosten eines Projektes können bei Einzel- und Auftragsfertigern mit Hilfe von Angebotsvorkalkulationen nur näherungsweise bestimmt werden, da genauere Angaben zu den neu zu erstellenden Produkten und deren Produktionsabläufe noch nicht zur Verfügung stehen. Es fehlen Konstruktionszeichnungen, Mengenangaben, Stücklisten, Arbeitsablaufpläne und Zeitvorgaben. Der Aufbau der Angebotsvorkalkulation erfolgt in fünf Schritten:[239]

239 Vgl.: Kilger, W.: Flexible Plankostenrechnung und Deckungsbeitragsrechnung, 9.,verbesserte Aufl., Wiesbaden 1988, S. S. 651.

- Zuerst wird das Produkt oder Projekt in Positionen, Funktionskomplexe, Baugruppen oder Bauabschnitte zerlegt.
- Danach wird geprüft, für welche Positionen Fremdleistungen in Anspruch genommen werden müssen.
- Drittens wird untersucht, ob standardisierte oder genormte Positionen, für die exakte Kalkulationen vorhanden sind, verwendet werden können.
- Die Ausführungszeit muß geschätzt werden, da bei Aufträgen, die erst nach mehreren Jahren ausgeführt oder abgeschlossen werden, Preisindices oder Kostenerhöhungsfaktoren berücksichtigt werden müssen.
- Anschließend erfolgt die Ermittlung der Projektselbstkosten.

Die Auftragsvorkalkulation wird nach Auftragserteilung erstellt. Sie orientiert sich an der Angebotsvorkalkulation, es erfolgt jedoch eine sehr viel tiefere Untergliederung der Positionen oder Baugruppen. Bei der Auftragsvorkalkulation werden die Mengendaten eines Projektes aus der Konstruktion mit Planpreisen bzw. Kalkulationssätzen der entsprechenden Periode bewertet. Die Kostenrechnung ordnet die Auftragsvorkalkulation den Vorkalkulationen vor Auftragsabwicklung zu. Da die Auftragsvorkalkulation jedoch Daten aus der Konstruktion benötigt, kann sie modifiziert als Kalkulationsverfahren während der konstruktionsbegleitenden Kalkulation angewendet werden.

Reine Istkostennachkalkulationen haben neben der rechnerischen Schwerfälligkeit den Nachteil, daß beim Ausweis der effektiven Selbstkosten nicht ersichtlich wird, welche Einflüsse möglicherweise zu überhöhten Kosten geführt haben.

Daher kann die Nachkalkulation bei Einzel- und Auftragsfertigern als Standardnachkalkulation geführt werden. Hierbei werden die Istarbeitszeiten und Istbezugsgrößen eines Auftrags mit den zugehörigen Planpreisen und Plankalkulationssätzen bewertet. Den Aufträgen werden gleichzeitig die entsprechenden Preis- , Tarif- und Kostenstellenabweichungen hinzugerechnet. Die Standardnachkalkulation kann wie alle Kalkulationsarten als Doppel- oder Parallelkalkulation durchgeführt werden, d. h. Voll- und Grenzkostenkalkulationen werden nebeneinander berechnet.[240]

---

[240] Vgl.: Kilger, W.: Flexible Plankostenrechnung und Deckungsbeitragsrechnung, 9.,verbesserte Aufl., Wiesbaden 1988, S. 655-658.

In Betrieben mit Einzel- und Auftragsfertigung kann auf die Nachkalkulation der Aufträge nicht verzichtet werden, weil sich jede Kostenträgereinheit von den übrigen Kostenträgern unterscheidet. Aus den Nachkalkulationen der einzelnen Aufträge oder Auftragsgruppen können Kostendaten für die Vorkalkulation zukünftiger Aufträge abgeleitet werden.
"Nur mit Hilfe auftragsweiser Nachkalkulationen kann man erkennen, wie sich die angefallenen Istkosten der einzelnen Aufträge von den vorkalkulierten Kosten unterscheiden und welche Auftragsgewinne erzielt worden sind".[241]
In Unternehmen mit standardisierten Erzeugnissen hingegen kann auf die auftragsindividuelle Nachkalkulation verzichtet werden. Da dieselben Produkte immer wieder hergestellt werden und zu vorausbestimmten Preisen verkauft werden, ist der Informationsgehalt von Istkosten aus der Nachkalkulation relativ gering. Diese Unternehmen können zeitraumbezogene Plankalkulationen durchführen, die für alle Erzeugnisarten geplante Herstellkosten festlegen.[242] Die Erstellung von Plankalkulationen eignet sich nur für Betriebe mit standardisiertem Produktionsprogramm, da technische Daten der Produktion, detaillierte Arbeitsablaufpläne, Konstruktionsstücklisten usw. im voraus für die Dauer einer bestimmten Planungsperiode festgelegt werden müssen. Dies gilt aber nicht für Auftrags- und Einzelfertiger. Die typische Plankalkulation ist daher in diesen Betrieben nicht anwendbar und ist somit für die konstruktionsbegleitende Kalkulation in dieser Form nicht geeignet (vgl. Abbildung 4.2).
In Unternehmen mit Einzel- und Auftragsfertigung ist jedoch die Durchführung einer flexiblen Plankostenrechnung nicht generell unmöglich. Eine nach Kostenarten und Kostenstellen differenzierte Planung und Kontrolle der Kosten kann und sollte durchgeführt werden, nur anstatt der Plankalkulation müssen andere Kalkulationsarten eingesetzt werden.[243]

Art der Fertigung	Vorkalk.	Nachkalk.	Plankalk.
Auftrags- o.Einzelfert.	X	X	entfällt
Standardisierte Erzeug.	fallweise	fallweise	X

Abb. 4.2: Eignung von Kalkulationsarten

241 Kilger, W.: Einführung in die Kostenrechnung, 2., durchgesehene Aufl., Wiesbaden 1980, S. 293.
242 Vgl.: Kilger, W.: Einführung in die Kostenrechnung, 2., durchgesehene Aufl., Wiesbaden 1980, S. 294.
243 Vgl.: Kilger, W.: Flexible Plankostenrechnung und Deckungsbeitragsrechnung, 7. Aufl., Opladen 1977, S. 605.

4.2.2 Kalkulationsgesichtspunkte im Konstruktionsvorgang

Der Konstruktionsvorgang wird im allgemeinen in einer top-down Vorgehensweise durchgeführt (vgl. Abbildung 4.3).[244]
In den ersten Konstruktionsphasen (vgl. Kapitel 2.1) stehen nur grobe, allgemeine Daten über das neu zu konstruierende Produkt zur Verfügung. In den weiteren Phasen des Konstruktionsprozesses werden die Daten immer genauer und zahlreicher, bis am Ende der Ausarbeitungsphase das komplette Datengerüst in Form von Konstruktionszeichnungen und -stücklisten bereitsteht. Dem Konstrukteur müssen aber in jeder Phase, anhand der bereits vorhandenen Daten, Kosteninformationen zur Verfügung gestellt werden, um ihn im Rahmen der jeweiligen Entscheidungsproblematik unterstützen zu können.

Die Stufenkalkulation für mehrteilige Stückgüter der Kostenrechnung wird jedoch in einer bottom-up Vorgehensweise durchgeführt. Zuerst werden die Einzelteile kalkuliert und dann stufenweise die Zwischen- und Baugruppen bis hin zu den Endprodukten. Die Daten müssen schon zu Beginn der Kalkulation auf Einzelteilebene vorliegen. Diese Stufenkalkulation kann somit erst in der Ausarbeitungsphase einsetzen.

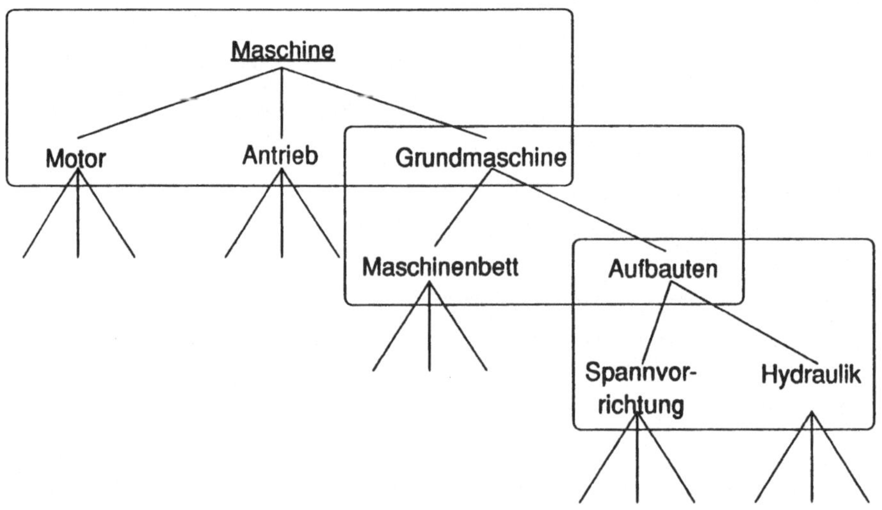

Abb. 4.3: Top-down Vorgehensweise im Konstruktionsvorgang[245]

244 Vgl.: Scheer, A.-W.: Konstruktionsbegleitende Kalkulation in CIM-Systemen, Veröffentlichungen des Instituts für Wirtschaftsinformatik, Heft 50, Saarbrücken 1985, S. 18.

245 Scheer, A.-W.: Konstruktionsbegleitende Kalkulation in CIM-Systemen, Veröffentlichungen des Instituts für Wirtschaftsinformatik, Heft 50, Saarbrücken 1985, S. 19.

Um dem Konstrukteur trotz der umgekehrten Vorgehensweise Kosteninformationen in jeder Phase des Konstruktionsprozesses zur Verfügung stellen zu können, müssen die bisherigen Kalkulationsarten so in ein entwicklungsbegleitendes Vorkalkulationssystem (EVKS) eingebunden werden, daß sie mit dem in den einzelnen Phasen vorhandenen Datenmaterial auskommen und relativ genaue Ergebnisse liefern.
Die Vorgehensweise in Konstruktion und Kalkulation zeigt die Abbildung 4.4.

Die bisher existierenden Kosteninformationssysteme sind überwiegend nur für Einzelteile konzipiert.[246] Bei der Konstruktion mehrteiliger Produkte in mehrstufiger Produktion sind diese Kosteninformationssysteme in der Planungs- und Konzipierungsphase nicht anwendbar. Eine Portabilität auf andere Unternehmen sowie eine CAD-Integration ist nicht gegeben.
Daher ist ein neuer Ansatz eines Kosteninformationssystems vorstellbar, der alle Phasen des Konstruktionsprozesses auch für mehrteilige Stückgüter unterstützt und integriert mit vorhandenen EDV-Systemen unter Berücksichtigung betriebswirtschaftlicher Kalkulationsverfahren einsetzbar ist.
Dieser Ansatz wird im folgenden in dieser Arbeit aufgeführt.

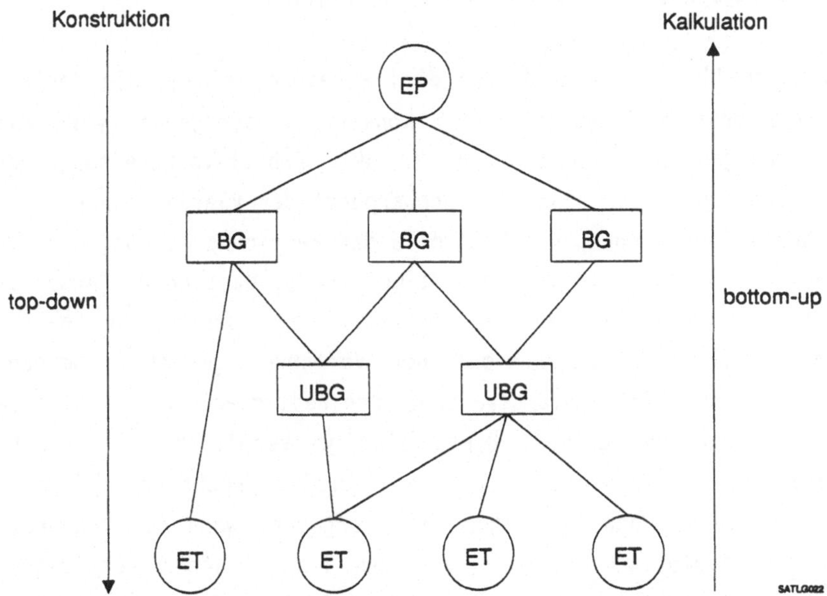

(EP = Endprodukt, BG = Baugruppe, UBG = Unterbaugruppe, ET = Einzelteil)

Abb. 4.4: Vorgehensweise der Konstruktion und der Kalkulation

246 Vgl. hierzu die Ausführungen im Kapitel 2.5.9 der vorliegenden Arbeit.

4.3 Organisatorische Auswirkungen

Einleitend zu dieser Arbeit wurde der Einfluß der Konstruktion auf die Produktkosten herausgestellt und gefordert, daß Kosteninformationen in den Konstruktionsprozeß einfließen müssen. Dies wird nicht ohne organisatorische Änderungen in den beteiligten Abteilungen durchführbar sein. Deshalb wird in dem nächsten Abschnitt die derzeitige organisatorische Gliederung zwischen Konstruktion, Arbeitsvorbereitung und Kostenrechnung analysiert, um im Anschluß daran die notwendigen Änderungen aufzuzeigen, die zur Durchführung einer entwicklungsbegleitenden Kalkulation notwendig sind.

4.3.1 Konventionelle organisatorische Gliederung

Der erste Bereich, in dem Unterlagen über ein zu fertigendes Produkt entstehen, ist die Entwicklung/Konstruktion. Der folgende Bereich, die Arbeitsvorbereitung, erarbeitet aus den Zeichnungsunterlagen die Fertigungsunterlagen, die die Kostenrechnung zur Kalkulation benötigt.

Bei einer konventionellen Trennung dieser drei Bereiche erfolgt die Kostenanalyse demzufolge erst nach Abschluß des Konstruktionsvorgangs, wenn die Konstruktionszeichnungen und -stücklisten an die Arbeitsvorbereitung und Kostenrechnung übergeben worden sind. Der Schwerpunkt der klassischen Kostenrechnung liegt nun in der Planung und Kontrolle der Fertigung selbst, wie sie von der Konstruktion zu großen Teilen vorbestimmt wurde, da sich die Arbeitsvorbereitung und Kostenrechnung an die Vorgaben der Konstruktion halten müssen. Kann ein Teil nach unterschiedlichen Verfahren gefertigt werden, bestehen im Bereich der Arbeitsvorbereitung Freiheitsgrade zur Kostengestaltung und damit Kostenvermeidung. Diese sind im Vergleich zu den Einsparungsmöglichkeiten während der Konstruktion allerdings recht gering. Diese Einsparungsmöglichkeiten werden sich aber nicht ergeben, wenn der Konstrukteur weiterhin organisatorisch getrennt von den betrieblichen Fertigungsmöglichkeiten und ohne zweckentsprechende Kosteninformation arbeitet, wobei der Vollkostenwert, den die Konstruktion meistens nach Abschluß der Arbeiten in der Arbeitsvorbereitung und Kostenrechnung erhält, nicht zu den Kosteninformationen zu zählen ist, da man ihm keinerlei Einwirkungsmöglichkeiten auf die Kosten entnehmen kann.[247]

4.3.2 Organisatorische Integration

Integration bedeutet, daß alle betriebswirtschaftlichen (z.B. Kostenrechnung) und technischen (z.B. Konstruktion und Arbeitsvorbereitung) Funktionen aufeinander aufbauen und eine logisch einheitliche Datenorganisation besteht. Dies beinhaltet eine möglichst redundanzfreie Datenverwaltung. Ebenfalls müssen Datenänderungen, die an einem Arbeitsplatz vorgenommen werden, sofort auch an anderen Arbeitsplätzen zur Verfügung stehen.

Diese Art der Integration wird mit dem Begriff Datenintegration gekennzeichnet, da die gemeinsame Nutzung der Datenbestände den Integrationsgedanken begründet. Durch die Datenintegration wird eine übergreifende Betrachtung der Funktionsbereiche unterstützt und die Entwicklung durchgehender Vorgangsketten ermöglicht.
Unter der Funktionsintegration versteht man die Erweiterung des Funktionsumfangs einzelner Arbeitsplätze, indem man eine größere Anzahl von Teilfunktionen einer arbeitsteilig gegliederten Vorgangskette an diesen reintegriert. Die Funktionsintegration setzt die Datenintegration sowie die stärkere Unterstützung des Sachbearbeiters durch Instrumente der Informationstechnologie voraus.[248]

Durch die Möglichkeit, am Konstruktionsarbeitsplatz für ein entworfenes Erzeugnis eine Kalkulation anstoßen zu können oder aber in einer noch früheren Planungsphase Kosten durch Zugriff auf Daten eines solchen Arbeitsplatzes abschätzen zu können, wird eine Funktionsintegration erreicht, die maßgeblich zu einer Verkürzung des von langen Übergangszeiten bestimmten Regelkreises Konstruktion - Kalkulation beitragen (vgl. Kapitel 2, Abbildung 2.9).

---

247 Vgl. Ehrlenspiel, K.: Kostengünstig Konstruieren, Hrsg. Pahl,G.: Konstruktionsbücher, Bd. 35, Berlin-Heidelberg-New York-Tokyo 1985, S. 55f und
Scheer, A.-W.: Konstruktionsbegleitende Kalkulation in CIM-Systemen, Veröffentlichungen des Instituts für Wirtschaftsinformatik, Heft 50, Saarbrücken 1985, S. 9-12.

248 Vgl. Scheer, A.-W.: EDV - orientierte Betriebswirtschaftslehre, 3. Aufl., Berlin-Heidelberg-New York-Tokyo 1987, S. 37.

Als Ergebnis der Daten- und Funktionsintegration erhält man eine Verkürzung der Informationsübertragungszeiten, die Einarbeitungszeit reduziert sich um die Summe der Einarbeitungszeiten der entfallenen Teilschritte, und die Auskunftskompetenz der verbleibenden Arbeitsplätze steigt.[249] Allgemein zeigt dies die Abbildung 4.5.

Die konsequente Ausnutzung des Integrationseffektes erfordert somit eine engere ablauforganisatorische Regelung der Bereiche. Dies läßt sich durch die Entwicklung bereichsübergreifender Vorgangsketten[250] ausdrücken. Vorgangsketten drücken keine Organisationsbeschreibung aus, sie dienen vielmehr dazu, Abläufe zu beschreiben.
So werden die Vorteile der Datenintegration nur dann voll realisiert, wenn z.B. der Konstrukteur bei der Entwicklung eines Teiles die fertigungstechnischen Möglichkeiten des Betriebes berücksichtigt. Dafür muß ein Rückgriff von seinem Arbeitsplatz aus auf die Daten der im Betrieb vorhandenen Betriebsmittel, Werkzeuge und Vorrichtungen möglich sein, um auf ihre Eigenschaften bei der Konstruktion Rücksicht nehmen zu können. Diese Art der Konstruktion wird als fertigungsorientierte Konstruktion bezeichnet.

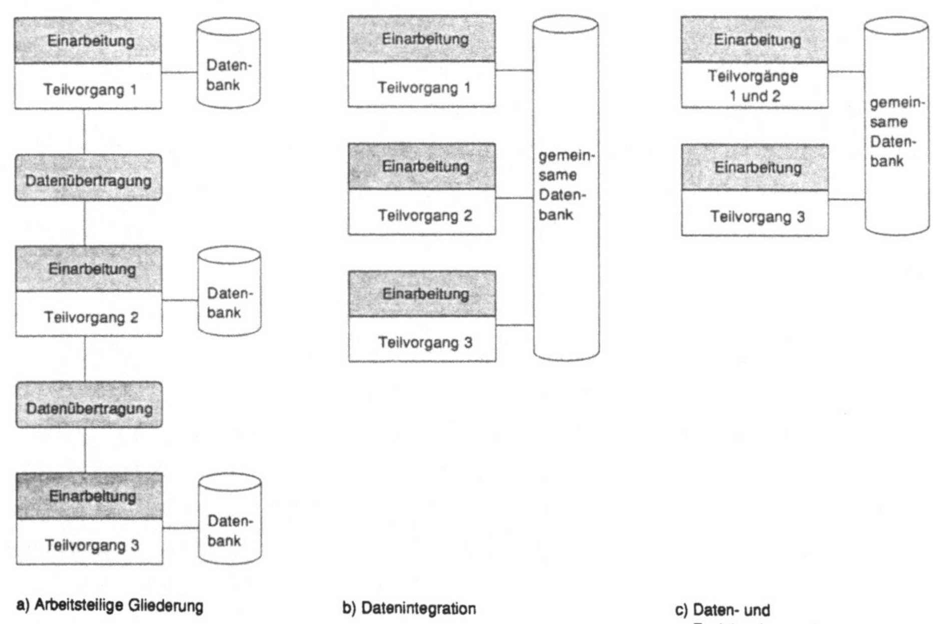

Abb. 4.5: Auswirkungen der Daten- und Funktionsintegration

249 Vgl. Scheer, A.-W.: Konstruktionsbegleitende Kalkulation in CIM-Systemen, Veröffentlichungen des Instituts für Wirtschaftsinformatik, Heft 50, Saarbrücken 1985, S. 2.

250 Vgl.: Scheer, A.-W.: CIM - Der computergesteuerte Industriebetrieb, Berlin-Heidelberg-New York-London-Paris-Tokyo 1987, S. 6-8.

Die Vorteile der bereichsübergreifenden Funktionsintegration von Konstruktion und Arbeitsvorbereitung lassen sich am besten anhand der in der Entwurfsphase vorhandenen Daten erläutern, denn in dieser Phase liegen schon konkrete Informationen über das Produkt, seine Komponenten, Bauteile und die Bauweise vor, so daß man weitgehend auf die anzuwendenden Fertigungsverfahren schliessen kann. Deshalb empfiehlt es sich, die Detailkonstruktion und die Arbeitsplanung an einem Mischarbeitsplatz parallel durchzuführen, da hierdurch die Freiheitsgrade zur Gestaltung der Produktkosten erhöht werden. Außerdem vermeidet man die Abstimmungsprozesse, die bei einer organisatorischen Trennung von Arbeitsvorbereitung und Konstruktion notwendig wären.[251]

Der Abstimmungsprozeß zwischen der Einkaufsabteilung und der Konstruktion/Arbeitsvorbereitung läßt sich nicht vermeiden, da die Einkaufsabteilung eine genaue Teilebeschreibung benötigt, um die richtigen Teile zu bestellen bzw. um einen Lieferanten ausfindig zu machen und ein Angebot einzuholen. Diese Informationen können mit dem maximalen Einstandspreis und dem spätesten Anlieferungstermin ergänzt werden. Andererseits sind Restriktionen hinsichtlich zu verwendender Teile aus dem Einkauf denkbar.

Ein weiterer sehr wichtiger Bereich bezüglich der Integration stellt die Kostenrechnung bzw. die Abstimmung zwischen Konstruktion, Kostenrechnung und Vertrieb dar. Wie in Kapitel 3.2.1. beschrieben, wird ein Produkt oder Projekt bei der Ermittlung des Angebotspreises in funktionale Elemente oder Baugruppen zerlegt, falls man die Selbstkosten für das Endprodukt nicht direkt bestimmen kann. Diese Einteilung in funktionale Elemente sollte die Konstruktionsabteilung vornehmen, wobei diese funktionalen Elemente mit den Teilfunktionen (vgl. Kapitel 2.2.2) der Konzipierungsphase übereinstimmen sollten. Für die Teilfunktionen, die zur Realisierung der Gesamtfunktion (Endprodukt) notwendig sind, können nun genauere Herstellkosten kalkuliert werden. Diese Herstellkosten dienen als Kostenziel während der Konstruktion. Würde eine andere Abteilung diese Unterteilung der Gesamtfunktion vornehmen, müßten die Kostenziele in der Konstruktionsabteilung zusätzlich berechnet werden, wenn die Einteilungen differieren.
Ein direkter Vergleich zwischen Angebotsvorkalkulation und Auftragsvorkalkulation ist ebenfalls nicht möglich. Die Auftragsvorkalkulation wird nach dem Vorliegen der Ergebnisse aus Konstruktion und Arbeitsplanung erstellt und basiert somit auf der Unterteilung, die in der Konstruktion vorgenommen wurde.

---

251 Vgl. Scheer, A.-W.: Konstruktionsbegleitende Kalkulation in CIM-Systemen, Veröffentlichungen des Instituts für Wirtschaftsinformatik, Heft 50, Saarbrücken 1985, S. 16f.

Damit erweitert sich der Funktionsumfang der Konstruktion, da sie somit auch Aufgaben der Angebotserstellung wahrnimmt bzw. daran beteiligt ist. Als Ergebnis erhält man einen Mischarbeitsplatz.
Eine notwendige Voraussetzung zur Durchführung dieser Funktionsintegration ist die Datenintegration, das heißt der Zugriff der Konstruktionsabteilung auf die Daten der Kostenrechnung. Deren Aufgabe besteht darin, möglichst genau für die Bezugsgrößen die Kosten pro Bezugsgrößeneinheit festzulegen, die der Konstrukteur beim Konstruieren über Einflußgrößen (vgl. hierzu Kapitel 5.7.4) verändern kann.

4.4 Softwaresysteme

Es bestehen generelle Schwierigkeiten die technischen Systeme, wie das Computer Aided Design-System (CAD), mit den kommerziellen Systemen (PPS, KoRe = Kostenrechnung), unter den diskutierten Aspekten zu integrieren. Die CAD-Systeme werden heute nur für bestimmte Phasen des Entwurfsprozesses eingesetzt (vgl. auch Kapitel 2.2). Darüber hinaus bieten sie zunehmend eine Anbindung an die Fertigungssysteme (Computer Aided Manufacturing - CAM[252]). Diese Anbindung findet im Entwicklungsprozeß auf der Ebene der Einzelteilkonstruktion, also Detaillierung, statt und bietet dann auf der Basis der NC-Programmierung die Möglichkeit, direkt die Fertigungszeiten zu generieren und in ein anderes System zu übernehmen. Auch Spur verlangt eine Integration von CAD-System und NC-Programmierung und Montagesystemen.[253]

Folgen die heutigen Anbindungen den angegangenen Lösungsansätzen, so ergeben sich hier aber kaum effiziente Möglichkeiten, die Daten (Zeiten) zu übernehmen, da immer zuerst konstruktive Daten in fertigungsrelevante Daten umzusetzen und zusätzlich Ergänzungen vorzunehmen sind.
Geht man von einer zunehmenden Automatisierung des Fertigungsprozesses aus, so erscheint die Übernahme von solchen generierten Fertigungszeiten als sehr sinnvoll. Dies gilt auch vor allem für die Möglichkeiten, von flexiblen Fertigungszentren/-zellen unterschiedliche Fertigungsarbeitsgänge und auch Montagearbeitsgänge auszuführen, die im vorhinein zu simulieren sind.

252 Computer Aided Manufacturing (CAM) wird für alle Maßnahmen zur DV-Unterstützung der Funktionen Fertigen, Handhaben, Qualität sichern, Transportieren und Lagern verwendet; vgl. Mertens, P. (Haupthrsg.): Lexikon der Wirtschaftsinformatik, Berlin-Heidelberg-New York-Paris-Tokyo 1987, S. 79.

253 Vgl.: Spur, G. und Krause, F.-L.: CAD-Technik, München-Wien 1984, S. 625.

Man befindet sich für eine Kalkulation schon sehr nahe an der Fertigung und kann hier nur noch mit stark erhöhtem Änderungsaufwand und gegebenenfalls empfindlichen zeitlichen Verzögerungen die Kosten beeinflussen. Eine entwicklungsbegleitende Kalkulation hat hier eher den Charakter einer exakteren Vorkalkulation auf der Basis von Vorgabezeiten, die im Rahmen der NC-Programmierung ermittelt wurden.

Die Integration der rechnergestützten Konstruktion (CAD) ist deshalb für die Konstruktionsphasen in denen CAD eingesetzt wird Bedingung für ein Modell zur entwicklungsbegleitenden Kalkulation. Darüber hinaus muß ein solches System auch Kalkulationen in früheren Phasen ermöglichen, in denen noch ohne großen Änderungsaufwand Konstruktionen kostengünstiger gestaltet werden können.

Auch sind die meisten heute in der Literatur beschriebenen Systeme (vgl. Kapitel 2.5) darauf ausgelegt, nur der Konstruktion die Kosteninformationen bereitzustellen. Nach einer Entscheidung gibt es keinen geeigneten Übergang zu der Betriebswirtschaft.

4.4.1 Rechnerunterstützte Konstruktion (CAD)

Da in den Phasen zwischen Konstruktion und Arbeitsvorbereitung (Kalkulation) heute unterschiedliche Personen mit der Bearbeitung der Aufgabe betraut sind, tritt ein nicht zu unterschätzender Informationsverlust auf.

Oftmals legt die Konstruktion aber Bearbeitungen, die nicht unbedingt auch kostengünstig sind, dadurch fest, daß Anforderungen gestellt werden, die nicht unbedingt notwendig oder einzuhalten sind. Dies erfolgt beispielsweise durch:

- Verwendung nicht genormter Radien, Freistiche, Einstiche,
- nicht höhengleiche Bearbeitungsflächen (wo möglich),
- Auslegung schwer zugänglicher Bearbeitungsstellen,
- Nichtverwendung von Normteilen (wo möglich),
- Nichtverwendung von vorhandenen Teillösungen.

Allgemein bleibt unbekannt, welche Gedanken sich der Konstrukteur bei der Entwicklung eines Erzeugnisses gemacht hat. Ebenfalls sind die Gründe (funktional/technische Anforderung oder Kreativität) für die vorliegende Lösung und dafür, warum unter Umständen von Normen abgewichen wurde unbekannt.
Ausgehend von seiner Ausbildung denkt der Konstrukteur funktional technisch, wobei es heute kaum Möglichkeiten gibt, die gedachten Informationen vollständig in die Fertigung zu übertragen. Die Normen für die Darstellungsformen von technischen Gebilden in Konstruktionszeichnungen und für die verschiedenen Fertigungsanforderungen stellen lediglich sicher, daß die Arbeitsvorbereitung einen Arbeitsplan zeichnungsgerecht erstellen kann, und daß die Fertigung "nach Zeichnung" fertigen bzw. montieren kann. Kostenrelevantes Wissen oder sonstiges organisatorisches Wissen muß jeweils noch in den Köpfen der beteiligten Mitarbeiter umgesetzt werden, wobei es zu Verlusten oder Veränderungen von Informationen kommt.
Angesprochen ist hier einerseits die Bereitstellung vorhandener Informationen für die Konstruktion mit allen Regeln (vgl. Kapitel 2.1.1). Andererseits müssen die Daten für die Fertigung, wie:

- Betriebsmittel,
- Verfahren,
- Qualitätsdaten,
- Daten der Fertigung,
  - -- Rüstzeit,
  - -- Stückzeit,
  - -- Kostenschlüssel,
  - -- Betriebshilfsmittel

bekannt sein.
Da Konstruktion und Arbeitsvorbereitung keine gemeinsame Datenbasis besitzen, ist hier auch die Zusammenarbeit zwischen den beiden betrieblichen Bereichen angesprochen. Die Problematik entspricht dem Gedanken nach einem kurzen Regelkreis für die Kalkulation, der eine frühzeitige Informationsbereitstellung für die Konstruktion unerläßlich erscheinen läßt. Je mehr Wissen die Konstruktion über die kostenmäßig zu beeinflussenden Größen der Fertigung besitzt, desto eher erreicht man eine fertigungs- und kostengerechte Konstruktion.

So bedingen mangelnde

- Information und
- Kommunikation

Doppelarbeiten und Sucharbeiten, woraus wiederum Engpässe entstehen. Die Problematik der allgemeinen Konstruktionsberatung in Zusammenarbeit von Konstruktion und Arbeitsvorbereitung (AV) ist in der Literatur[254] beschrieben. Für die vorliegende Arbeit stellt sich die Frage der Kostenberatung, gleichermaßen Inhalt oben genannter Tätigkeit, aber nur als Frage der Datenbereitstellung und soll im weiteren nicht vertieft werden. Jedoch sei auch darauf verwiesen, daß es anstelle der Aufarbeitung von Beratungsproblematiken auch die Möglichkeit gibt, bereits bei der Ausbildung und Arbeitsplatzgestaltung im Zuge der Einführung neuer Medien und Informationstechnologien (CAD, Rechnernetze, verteilte Datenbanken) anzusetzen, wofür Scheer[255] Ansätze zeigt.

Einen Vergleich zwischen Konstruktionsmethodik und den Arbeitsschritten bei der Kostenermittlung zeigt Kiewert[256] auf. Während der konstruktive Teil von Konzeptentwurf, Konzeptanalyse und Bewertung ganz vom Konstrukteur vorgenommen wird, ergibt sich ein Bruch in der Kostenermittlung. Schon die in der Phase des Konzeptentwurfs festgelegten Kosten kann der Konstrukteur weder analysieren noch bewerten, da er hierzu keine Hilfmittel hat. Dadurch ergibt sich ein Bruch im Lösungsprozeß. Durch die langen Informationswege in diesem Regelkreis ergeben sich lange Liegezeiten und Informationsverluste.

Eine Verkürzung dieses Regelkreises (vgl. Kapitel 2, Abbildung 2.9) muß Ziel eines integrierten Kalkulationssystems parallel zur konstruktiven Tätigkeit sein. Das System muß sowohl Informationen für den Konstrukteur bereithalten, als auch auf der Basis vorhandener und im Laufe der konstruktiven Tätigkeit erarbeiteter Daten eine Kostenberechnung durchführen können.

254 Vgl.: Minolla, W.: Rationalisieren in der Arbeitsplanung - Schwerpunkt Organisation, Diss., RWTH Aachen, 1975.
Vgl. VDI (Hrsg.): Elektronische Datenverarbeitung bei der Produktionsplanung und -steuerung, VDI-Gesellschaft Produktionstechnik (ADB), Düsseldorf, 1978.

255 Scheer, A.-W.: Konstruktionsbegleitende Kalkulation in CIM-Systemen, Veröffentlichungen des Instituts für Wirtschaftsinformatik, Heft 50, Saarbrücken 1985.

256 Vgl.: Kiewert, A.: Systematische Erarbeitung von Hilfsmitteln zum kostenarmen Konstruieren, Diss., TU München 1979, S. 47-49.

Bereitzustellende Daten sind:

- Relativkostenkataloge,
- Konstruktionsregeln und
- Kalkulationsalgorithmen.

Die vorliegende Arbeit behandelt die Kalkulationsalgorithmen und erarbeitet hierfür ein System, das in allen Konstruktionsphasen gleichermaßen eingesetzt werden kann. Die anderen genannten Punkte werden als Hilfsmittel dafür eingesetzt, den Konstrukteur schnell und eindeutig in seinem Entscheidungsprozeß hin zu niedrigeren Herstellkosten zu unterstützen und bessere Daten für eine Kalkulation zu erhalten.

4.4.2 Produktionsplanungs- und -steuerungssysteme (PPS)

Die Produktionsplanung und -steuerung ist ein klassisches Einsatzgebiet der elektronischen Datenverarbeitung in Industriebetrieben. Grund dafür ist das hohe Mengenvolumen der zu verarbeitenden Informationen über Stücklisten, Arbeitspläne und Aufträge sowie die hohe Planungskomplexität im Rahmen der Material- und Zeitwirtschaft.[257]

PPS-Systeme sind konzipiert, um den gesamten Leistungserstellungsprozeß zu begleiten, wie ihn der linke Zweig der von Scheer[258] entwickelten Y-Darstellung der Abbildung 4.6 zeigt.

257 Vgl.: Scheer, A.-W.: Schnittstellen zwischen betriebswirtschaftlicher und technischer Datenverarbeitung in der Fabrik der Zukunft. Veröffentlichungen des Instituts für Wirtschaftsinformatik, Heft 44, Saarbrücken 1984, S. 2.

258 Scheer, A.-W.: CIM - Der computergesteuerte Industriebetrieb, Berlin-Heidelberg-New York-London-Paris-Tokyo 1987, S. 3.

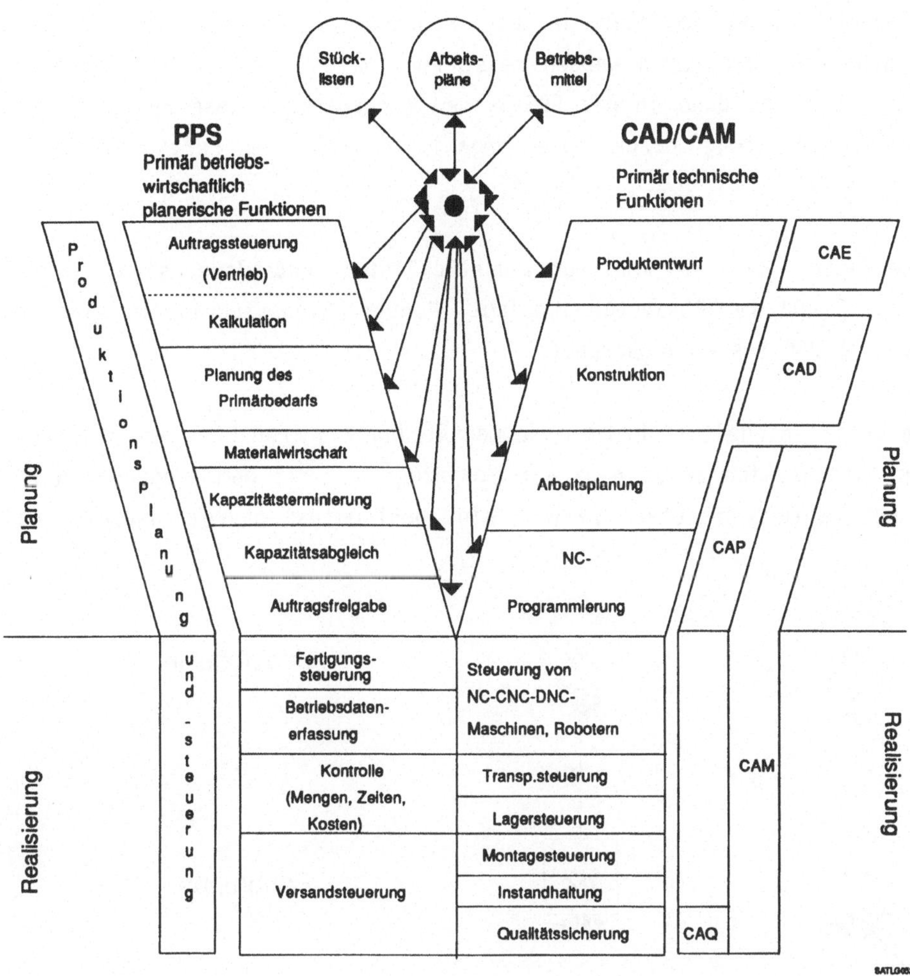

Abb. 4.6: Informationssysteme im Produktionsbetrieb[259]

Auf die Funktionalität muß im weiteren nicht näher eingegangen werden, da lediglich die strukturierte Grunddatenablage für eine entwicklungsbegleitende Kalkulation wichtig sein kann. Dies sind die Stücklisten, Arbeitspläne und die Betriebsmitteldaten.

---

259 Scheer, A.-W.: CIM - Der computergesteuerte Industriebetrieb, Berlin-Heidelberg-New York-London-Paris-Tokyo 1987, S. 3.

Arbeitsplandaten sind implizit in den Konstruktionszeichnungen der CAD-Systeme enthalten. Die Daten werden meist noch manuell aus Zeichnungsunterlagen extrahiert und dann in das PPS-System eingegeben. Diese Aufgabe führt die Arbeitsvorbereitung durch, die organisatorisch dem Fertigungsbereich untergliedert ist.

Stücklistendaten, die in Konstruktionsstücklisten enthalten sind, werden umstrukturiert und im PPS-System abgelegt. Konstruktionsstücklisten sind den Zeichnungen im CAD-System zugeordnet.

In diesen Daten spiegelt sich die Zusammensetzung von Produkten aus Komponenten wider. Anschaulich zeigt dies ein Gozintograph, mit dem angegeben wird, aus welchen untergeordneten Teilen ein bestimmtes übergeordnetes Teil besteht.

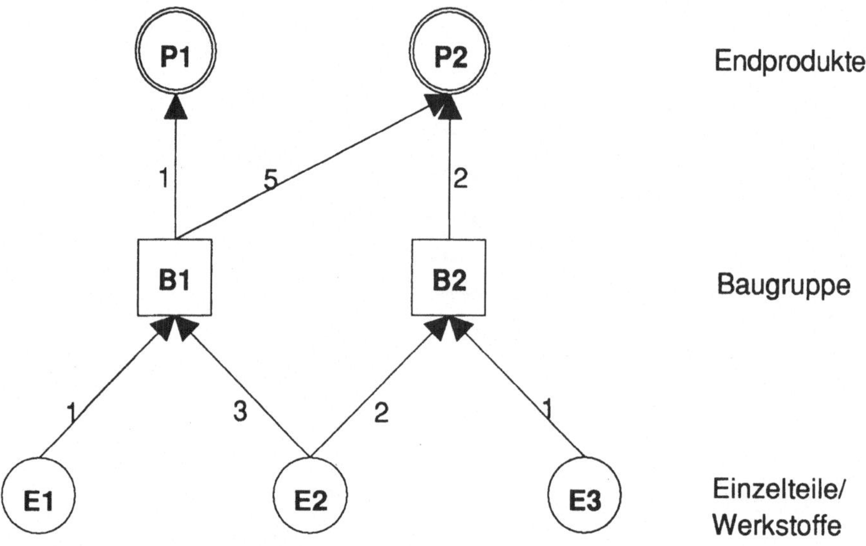

Abb. 4.7: Gozintograph[260]

In den genannten Grunddaten sind alle Mengeninformationen des momentanen Produktionsspektrums eines Unternehmens enthalten. Ferner ist ersichtlich, welche Komponenten zugekauft werden und welche in Eigenfertigung hergestellt werden.

260 Scheer, A.-W.: EDV-orientierte Betriebswirtschaftslehre, Berlin-Heidelberg-New York-London-Paris-Tokyo 1987, S. 79.

Ein Teileverwendungsnachweis zeigt, welche Komponenten in welche Baugruppen und Produkte eingehen.

Alle Vergangenheitsdaten liegen somit vor, um darin ähnliche Komponenten wiederzufinden. So können dem Entwickler erste Informationen über die Zusammensetzung von Produkten strukturiert zur Verfügung gestellt werden. Durch die Verknüpfung zu den Arbeitsplänen reichen die Informationen bis zu den Fertigungsmöglichkeiten. Über diese sind letztendlich die anfallenden Kosten determiniert.

Kostenrelevante Größen sind hier die Fertigungsoperationen, Materialarten und Losgrößeninformationen sowie die Information, auf welchem Betriebsmittel eine Komponenente gefertigt wird.

So stellt das PPS-System mit seiner mengenorientierten Sichtweise der Planungs- und Steuerungsfunktionen ein Bindeglied für die entwicklungsbegleitende Vorkalkulation zwischen dem CAD-System und der Werteseite eines Unternehmens dar.

Alle hinsichtlich der Produktion wichtigen Daten, die eine Konstruktionszeichnung enthält, finden letztendlich in strukturierter Weise Eingang in ein PPS-System. Diese können als Erfahrungs- oder Vergangenheitsdaten informationstechnisch in den Entwicklungsprozeß eingehen.

4.4.3 Kostenrechnungssysteme

Das Kostenrechnungssystem als Grundlage für die entwicklungsbegleitende Vorkalkulation ist bereits ausführlich in Kapitel 2 beschrieben.
Als Ergänzung der Mengenseite, die das Produktionsplanungs- und -steuerungssystem behandelt, repräsentiert das Kostenrechnungssystem die Werteseite.

Sowohl Daten als auch Verfahren sind verfügbar, um mit einer entwicklungsbegleitenden Vorkalkulation aufzusetzen. Ausgehend von den Bezugsgrößen (vgl. Kapitel 2 und Kapitel 5) sind kostenbeeinflussende Parameter dem Entwickler/Konstrukteur darzustellen, um durch deren Veränderung Kosten zu beeinflussen. Da hierzu eine ausführliche Diskussion in Kapitel 2 und in Kapitel 5 erfolgt, wird auf diese Darstellungen verwiesen.[261]
Hinsichtlich der in Abschnitt 4.3.2 geführten Diskussion ergibt sich für die an der entwicklungsbegleitenden Vorkalkulation beteiligten Systeme das Integrationsbild in Abbildung 4.8.

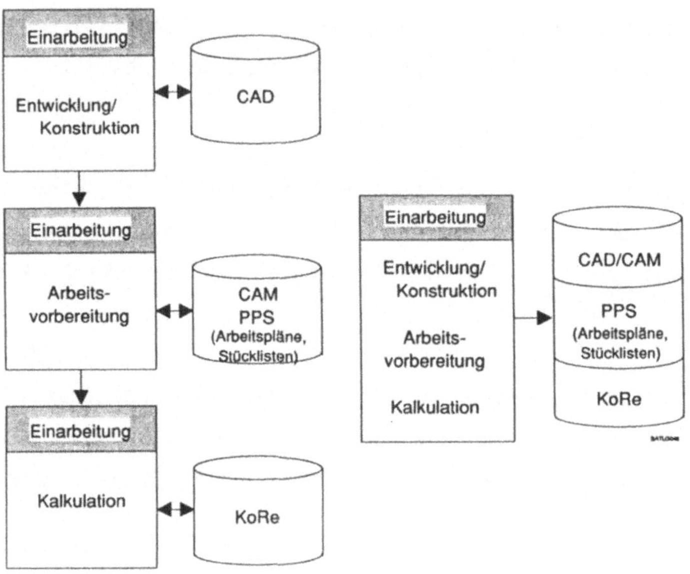

Abb. 4.8: Daten- und Funktionsintegration in einem EVKS

261 Vgl. hierzu das System RK der SAP Aktiengesellschaft, Funktionsbeschreibung, Walldorf/Baden 1988.

5 Entwicklung einer Datenstruktur für ein Kosteninformationssystem

5.1 Beschreibung eines Kosteninformationssystems

Kreisfeld versteht unter einer Kosteninformation die gezielte Information des Konstrukteurs über die Kostenrelevanz der sich ihm bietenden Entscheidungsalternativen.[262] "Hierbei wird unter Kosten der bewertete Verbrauch an Produktionsfaktoren, der für den eigentlichen Betriebszweck anfällt, d.h. für die Erstellung und den Absatz der im Produktionsprogramm einer Unternehmung vorgesehenen Wirtschaftsgüter sowie für die Aufrechterhaltung der hierfür erforderlichen Kapazitäten, verstanden"[263]. Dieser Kostenbegriff wurde nun von Kilger mit dem in der Betriebswirtschaftslehre benutzten (pragmatischen) Informationsbegriff (entscheidungsorientiertes Wissen) verbunden, so daß nur noch der Begriff System erklärt werden muß. Von einem Informationssystem kann man sprechen, wenn Regeln existieren, die angeben, wie die Informationen aufgebaut sind und wie sie ausgetauscht werden.[264]
Die Darstellung eines computergestützten Informationssystems zeigt die Abbildung 5.1.

Da die vollständige Beschreibung eines Informationssystems zu komplex ist, wird es in Komponenten zerlegt, an denen sich die Beschreibung ausrichtet. Diese Komponenten sind die Datenbasis und die Anwendungssoftware, wobei die Datenbasis sowohl alle zentral als auch dezentral gespeicherten Daten mit ihren Strukturbeziehungen (Data Dictionary) enthält. Die Anwendungssoftware umfaßt technische Komponenten und betriebswirtschaftliche Modelle, Methoden sowie Anwendungs-, Anfrage- und Auswertungssysteme. Die Ablaufsteuerung übernimmt die Aufgabe der Verbindung von Datenbasis, Anwendungssoftware und Benutzer sowie die zeitliche, örtliche und logische Steuerung von Teilaufgaben und Transaktionen.[265]

---

262 Vgl. Kreisfeld, P.: Kostenbestimmung mit CAD-Systemen für Rotationsteile, Forschungsberichte für die Praxis, Bd. 41, Hrsg.: G. Spur, München-Wien 1985, S. 6.

263 Kilger, W.: Einführung in die Kostenrechnung, 2. Aufl., Wiesbaden 1980, S. 8.

264 Vgl. Sinzig, W.: Datenbankorientiertes Rechnungswesen, Grundzüge einer EDV-gestützten Realisierung der Einzelkosten- und Deckungsbeitragsrechnung, Betriebs- und Wirtschaftsinformatik, Bd. 6, Hrsg.: H.R. Hansen, H. Krallmann, P. Mertens, A.-W. Scheer, u.a., Berlin-Heidelberg-New York-Tokyo 1983, S. 10f.

265 Vgl. Scheer, A.-W.: Wirtschaftinformatik, Informationssysteme im Industriebetrieb, 2., verbesserte Auflage, Berlin-Heidelberg-New York-London-Paris-Tokyo 1988, S. 5f.

Im vorliegenden Fall sind die heute noch vielfach ungekoppelten Systeme derart zu integrieren, daß alle benötigten Informationen im direkten Zugriff stehen (vgl. dazu ebenfalls Abbildung 5.1).
Der Schwerpunkt dieses Kapitels liegt nun auf der Erarbeitung einer vollständigen Datenstruktur für ein EVKS.
Die Festlegung der Datenstruktur erfolgt im Rahmen des Entwurfsprozesses für das EVKS. Die Datenstruktur zeigt den sachlogischen Aufbau der Datenbank.[266]

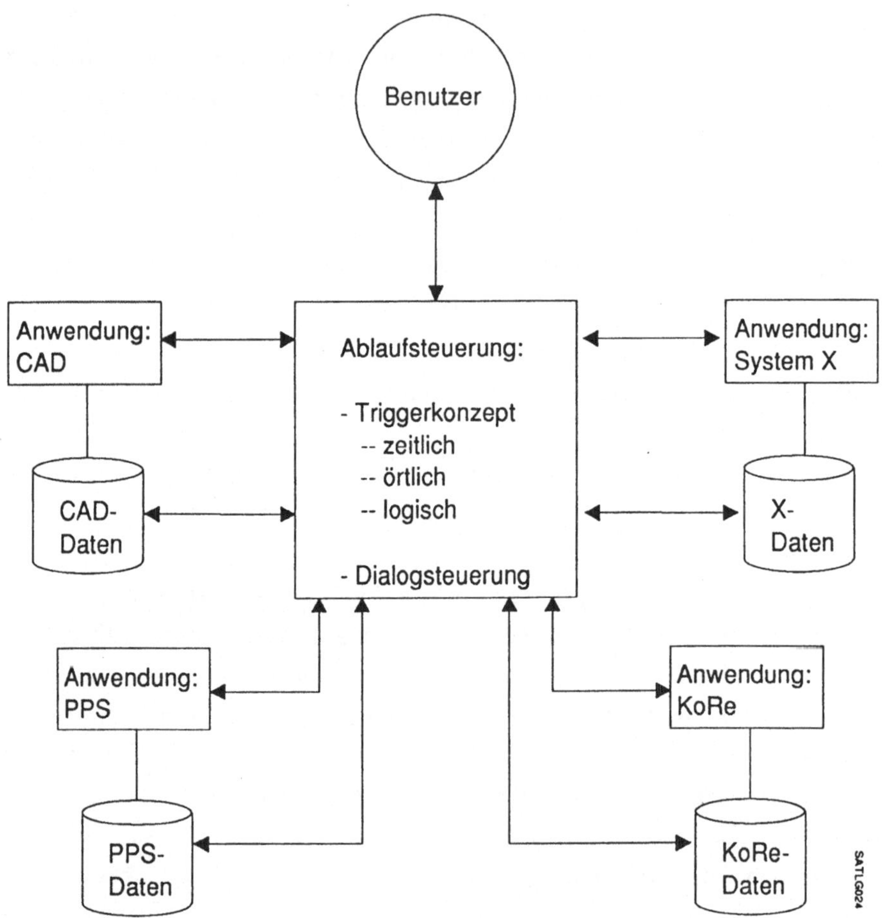

Abb. 5.1: Computergestütztes Informationssystem[267]

266 Vgl. Scheer, A.-W.: Wirtschaftsinformatik, Informationssysteme im Industriebetrieb, 2., verbesserte Auflage, Berlin-Heidelberg-New York-London-Tokyo 1988, S. 13.

267 Eine Darstellung allgemeiner Art findet man bei Scheer, A.-W.: EDV-orientierte Betriebswirtschaftslehre, 3. Aufl., Berlin-Heidelberg-New York-Tokyo 1987, S. 188. Diese Darstellung wurde an die spezifischen Belange der Arbeit angepaßt.

5.2 Zusammenhang zwischen Datenstruktur und Anwendung

Die logische Datenstruktur[268] wird ohne Bezug zu konkreten Datenbanksystemen entwickelt, da es sich beim Entwurf des "Entity-Relationship-Modells" um den ersten Schritt für den geplanten Aufbau einer Datenbank handelt. Allerdings ist ein anwendungsunabhängiger Entwurf des konzeptionellen Datenbankschemas nicht möglich, da man nur solche Informationsbeziehungen in Auswertungsprogrammen oder ad-hoc-Abfragen verwenden kann, die im Schema vorgesehen sind.[269]

5.3 Gestaltung der Datenbasis

Für das zu entwickelnde EVKS sind Teilgebiete aus Technik und Betriebswirtschaft zu betrachten. Der betriebswirtschaftliche Teil, die Kostenrechnung, gliedert sich, wie in Kapitel 2 dargestellt, in die Teilgebiete Kostenarten-, Kostenstellen-, Kostenträger- und kurzfristige Erfolgsrechnung, sie nimmt Aufgaben der Kostenkontrolle wahr und stellt darüber hinaus Daten für betriebliche Planungs- und Entscheidungsprobleme zur Verfügung.

Da die Kostenrechnung aber keine eigenen betrieblichen Prozesse erzeugt sondern diese lediglich rechnerisch nachvollzieht, ist das innerbetriebliche Rechnungswesen auf die Daten der sogenannten vorgelagerten Bereiche (betriebliche Leistungsbereiche) angewiesen. Deshalb kommt der Gestaltung einer integrierten Datenbasis eine besondere Bedeutung zu. Denn durch diese Datenintegration ist ein direkter Zugriff des innerbetrieblichen Rechnungswesens auf die Daten der vorgelagerten Anwendungen möglich.[270]

Somit stellt die im folgenden entwickelte Datenstruktur für ein EVKS ein Idealbild dar.

Die Diskussion der technischen und betriebswirtschaftlichen Grundlagen im Kapitel 2 zeigt die Notwendigkeit, auf Daten in verschiedenen Systemen zuzugreifen, um damit den Anforderungen an ein EVKS gerecht zu werden. Da nicht

---

268 Die logische Datenstruktur stellt ein datenorientiertes Abbild der Realität dar, in dem die interessierenden Objekte und Ereignisse (Entities) mit ihren Eigenschaften (Attributen) sowie die zwischen ihnen bestehenden Beziehungen (Relationen) auf semantischer Ebene erfaßt werden.

269 Vgl. Scheer, A.-W.: EDV-orientierte Betriebswirtschaftslehre, 3. Aufl., Berlin-Heidelberg-New York-Tokyo 1987, S. 14-15.

270 Vgl. Scheer, A.-W.: Entwurf des konzeptionellen Schemas einer Datenbank für das innerbetriebliche Rechnungswesen, in: Grenzplankostenrechnung, Hrsg.: A.-W. Scheer, Wiesbaden 1988, S. 180, s. auch S. 185.

immer eine gemeinsame Datenbasis geschaffen werden kann, ist es möglich, die Datenstruktur zum Design eines Metadatenverwaltungssystems zu verwenden, das vorhandenen Systemen übergeordnet ist.
Metadaten sind Daten über Daten. Ein Metadatenverwaltungssystem ist ein Data Dictionary. Aufgabe des Data Dictionary ist es, Angaben über

- Datenverwendung,
- Benutzer und
- Datenbeziehungen

zu machen.

Die Datenbasis kann entweder individuell auf einzelne, von der Unternehmung favorisierte Kostenrechnungsverfahren und technische Systeme ausgerichtet werden, oder aber die Datenbasis ist so aufzubauen, daß relevante Kosteninformationen für vielfältige Verfahren und Zwecke bereitgestellt werden können. Beim Entwurf des ERM wird der zweiten Ausrichtung gefolgt. Da eine exakte Abgrenzung der Verfahren und Zwecke nicht möglich ist, werden einige Aspekte genannt, die bei der Gestaltung der Datenbasis zu berücksichtigen sind:[271]

- Das Mengen- und Wertgerüst der Kosten soll möglichst unverdichtet gespeichert werden, um Umbewertungen zu erleichtern.

- Es müssen sowohl zukunfts- als auch vergangenheitsorientierte Informationen enthalten sein.[272] Dies läßt sich auch aus dem Kapitel 2.4 ableiten, da die Anwendung der dort genannten statistischen Verfahren Vergangenheitsdaten voraussetzt.

- Ferner muß auf relevante Grunddaten der technischen Systeme zugegriffen werden können.

Um die Datenstruktur des Informationssystems zu entwickeln, ist es notwendig, zunächst die Gesamtheit der problemrelevanten Daten sowie deren Beziehungen zueinander auf einer logischen Ebene zu beschreiben. Dies geschieht, ohne die

271 Vgl. Scheer, A.-W.: Wirtschaftsinformatik, Informationssysteme im Industriebetrieb, 2., verbesserte Auflage, Berlin-Heidelberg-New York-London-Paris-Tokyo 1988, S. 506.

272 Vgl. Kilger, W.: Die Konzeption der Grundrechnung als Grundlage einer datenbankorientierten Kostenrechnung, in: W. Kilger, A.-W. Scheer (Hrsg.), Rechnungswesen und EDV, Einsatz von Personal und Computern, Würzburg-Wien 1984, S. 412-414.

Möglichkeiten der physischen Datenorganisation zu berücksichtigen.[273] Es werden also die für ein Informationssystem bedeutenden Gegenstände oder Tatbestände und Beziehungen, die der realen Welt entstammen, in einer geeigneten Form abgebildet.[274]
Nach Aufstellung der Datenstruktur wird diese in ein Datenmodell eingebracht, das als Schnittstelle für die Implementierung in eine konkrete Datenbank dient.[275]

Neben Netzwerkmodellen finden in zunehmendem Maße relationale Datenmodelle Anwendung, die sich durch besondere Vorzüge auszeichnen. Mit diesem Modell wird nach Vetter ein Instrument zur Verfügung gestellt, "... das datenspezifische, von Implementierungsaspekten losgelöste Überlegungen festzuhalten erlaubt"[276].

Im folgenden werden die beiden wichtigsten Arten von Entity-Relationship-Modellen, nämlich das von Chen sowie die Weiterentwicklung, wie sie Schlageter und Stucky[277] vorgenommen haben, vorgestellt.

5.3.1 Entity-Relationship-Modell nach Chen

Das ERM, das Chen[278] entwickelte, wird von Jajodia[279] wegen seiner klaren Definition und seiner graphischen Darstellungsweise als besonders benutzerfreundlich bezeichnet.

Beim ERM existieren Entities, Attribute sowie Beziehungen. Unter Entities lassen sich sowohl reale als auch abstrakte "Dinge", die für eine Unternehmung wichtig sind, einordnen. Faßt man diese Dinge oder Ereignisse zu Mengen bzw. Klassen zusammen, so bezeichnet man sie als Entitytypen. Ist also

---

273 Vgl. Schlageter, G.; Stucky, W.: Datenbanksysteme - Konzepte und Modelle, 2., neubearbeitete und erweiterte Auflage, Stuttgart 1983, S. 28.

274 Vgl. Riemann, W. O.: Betriebsinformatik, München-Wien 1988, S. 76.

275 Wedekind, H.: Datenbanksysteme I, 2. Aufl., Mannheim-Wien-Zürich 1981, S. 49.

276 Vetter, M.: Aufbau betrieblicher Informationssysteme, Hrsg.: L. Richter und W. Stucky, Stuttgart 1982, S. 93.

277 Vgl. Schlageter, G.; Stucky, W.: Datenbanksysteme - Konzepte und Modelle, 2., neubearbeitete und erweiterte Auflage, Stuttgart 1983.

278 Vgl. Chen, P.P.: The Entity - Relationship Model: Towards a unified view of data, in: ACM Transactions on Database - Systems, Vol. 1 (1976), No. 1, S. 9 -36.

279 Vgl. Jajodia, S. u.a.: Entity - Relationship Diagrams 1983 - The Problem of Equivalence for Entity - Relationship Diagrams, in: IEEE Transactions on Software Engineering, Vol. SE-9 (1983), No. 5, S. 617.

ein bestimmtes Entity ein einzelner Kunde, so bildet die Gesamtheit aller Kunden den Entitytyp "Kunde". In der vorliegenden Analyse werden die jeweiligen Entitytypen "GROSS" geschrieben. Zur graphischen Darstellung werden die Entitytypen in Rechtecke geschrieben.

Die Eigenschaften, die zu den einzelnen Entities gehören (z.B. Kundenname), werden als Attribute bezeichnet. Rein formal werden Attribute "normal" geschrieben. Graphisch werden sie als Ovale dargestellt und mit den Entities durch Linien verbunden.[280]

Die zwischen Entities/Entitytypen bestehenden Verbindungen werden als Beziehung definiert. Beziehungen sollen hier ebenfalls "GROSS" geschrieben werden. Die graphische Darstellung liegt in Form einer Raute vor.

Zwischen den Entitytypen untereinander lassen sich vier Beziehungen darstellen:

- 1:1 - Beziehungen (d.h. ein Element der Menge A hat eine Beziehung zu genau einem Element aus B),
- 1:N - Beziehungen (d.h. ein Element der Menge A hat eine Beziehung zu >1 Elemente aus B),
- M:1 - Beziehungen (analog zur 1:N - Beziehung), aber in umgekehrter Bedeutung),
- M:M - Beziehungen (d.h. verschiedene Elemente aus A haben eine Beziehung zu mehreren Elementen der Menge B).

Die jeweils auftretende Anzahl der Beziehungen zwischen den Entities werden im Chen-Modell dadurch gekennzeichnet, daß sie graphisch vor den Beziehungstyp, also an das zugehörende Rechteck gehängt werden.
Dieses Grundmodell wurde zwischenzeitlich von Chen in einem neueren Aufsatz um die Möglichkeiten der "Generalisierung" bzw. "Spezialisierung" erweitert. Im Chen-Modell entsprechen sie einer besonderen Art des Beziehungstyps. Graphisch wird die Generalisierung als Dreieck dargestellt.[281] In der vorliegenden Arbeit werden die Generalisierungen und Spezialisierungen formal durch

280 Im übrigen läßt sich keine eindeutige Abgrenzung zwischen Entity und Attribut vornehmen. Eine Ausprägung kann in Abhängigkeit der speziellen Interpretation einmal Attribut, ein anderesmal Entity sein.

281 Vgl. Dogac, A., Chen, P.P.: Entity - Relationship Model in the ANSI/SPARC Framework, in: Entity - Relationship Approach to Information Modelling and Analysis, Proceedings of the second International Conference on Entity - Relationship Approach (1981), Hrsg.: P.P. Chen, Amsterdam-New York- Oxford, 1983, S. 357 - 374.

ein "is(-)a" ausgedrückt, wobei das gezeichnete Dreieck ebenfalls ein "is (-)a" enthält.

Eine auch für die vorliegende Arbeit wichtige Grundmodellerweiterung ist die Erweiterung der Gruppierung.
Wenn ein Entity nur dann existieren kann, wenn ein übergeordnetes Entity existiert, dann impliziert ein Wegfall des übergeordneten Entities auch eine Zerstörung des nachgelagerten Entities. Scheer weist darauf hin, daß man dann von einer "echten hierarchischen Beziehung" spricht.[282] Graphisch wird hierzu ein Doppelpfeil verwendet, der vom übergeordneten Entity zum untergeordneten Entity gerichtet ist.
Von Chen nicht berücksichtigt wurde die Tatsache, daß ein Beziehungstyp Ausgangspunkt weiterer informationstechnischer Konstruktionsüberlegungen sein kann. Hierzu wird die Raute, die ein Beziehungstyp charakterisiert, durch Umrandung zu einem Entitytyp "uminterpretiert". Somit kann dieser uminterpretierte Beziehungstyp wie ein normaler Entitytyp weiterverwendet werden.[283]

5.3.2 Entity-Relationship-Modell nach Schlageter/Stucky

Bei Schlageter und Stucky werden, wie bei dem ERM von Chen, Entities bzw. Entitytypen, Attribute und Beziehungen verwendet. Schlageter und Stucky unterscheiden sich in ihrer Notation von Chen u.a. durch die beiden folgenden Kriterien:

- Bei Schlageter und Stucky ist es möglich, eine minimale und eine maximal mögliche Anzahl der Beteiligung eines Entitytyps an einem Beziehungstyp anzugeben. Man kann also auch einen Beteiligungswert an einer Beziehung erkennen, der den Wert "null" besitzt. In vielen Fällen ist eine exakte Ober- und Untergrenze nicht notwendig, häufig auch nicht bestimmbar.[284]

---

282 Scheer, A. W.: Wirtschaftsinformatik, Informationssysteme im Industriebetrieb, 2., verbesserte Auflage, Berlin-Heidelberg-New York-London-Paris-Tokyo 1988, S. 25.

283 Scheer, A. W.: Wirtschaftsinformatik, Informationssysteme im Industriebetrieb, 2., verbesserte Auflage, Berlin-Heidelberg-New York-London-Paris-Tokyo 1988, S. 27.

284 Vgl. Schlageter, G.; Stucky, W.: Datenbanksysteme - Konzepte und Modelle, 2., neubearbeitete und erweiterte Auflage, Stuttgart 1983, S. 51.

Die Angabe eines Minimal- und Maximalwertes findet man auch bei Webre.[285]

Schlageter und Stucky schreiben in ihrer graphischen Darstellung die Anzahl der beteiligten Entities im Gegensatz zu Chen nicht vor, sondern hinter die Beziehungstypraute, d.h. die Notation entspricht der von Chen genau umgekehrt. Sie unterscheiden sich weiterhin dadurch von Chen, daß sie die Buchstaben, mit denen der Beziehungstyp angegeben wird, klein schreiben (Schlageter/Stucky - Notation).

Diese Arbeit greift im wesentlichen auf die Notation von Schlageter und Stucky zurück.[286]

5.4 Datenstruktur zu Teilgebieten der Kostenrechnung

Ausgehend von Daten aus Verfahren der Betriebswirtschaftslehre, hier zunächst der Kostenrechnung, werden die für ein EVKS relevanten Daten aus anderen Bereichen integriert.

In der vorliegenden Arbeit werden, aufbauend auf der von Scheer[287] entwickelten Datenstruktur zur Kostenrechnung, die speziellen Aspekte der entwicklungsbegleitenden Kalkulation berücksichtigt.
Die Teilmodelle von Scheer finden Verwendung, weil es vielfach möglich ist, vorhandene Strukturen der Kostenrechnung aufzugreifen und einzelne Entitytypen um entsprechende Attribute zu erweitern, die für ein entwicklungsbegleitendes Vorkalkulationssystem gebraucht werden. Hierbei werden für die vorliegende Arbeit diejenigen Beziehungen zwischen Entitytypen berücksichtigt, die für eine entwicklungsbegleitende Vorkalkulation in Frage kommen.
Prinzipiell wird eine Anbindung der entwicklungsbegleitenden Vorkalkulation an die Kostenträgerstückrechnung erarbeitet, da dieses System die Kalkulationsalgorithmen der Kostenrechnung beinhaltet.

285 Vgl. Webre, N. W.: An Extended Entity-Relationship Model And Its Use On A Defense Project, in Chen, P. P. (Hrsg.): Entity - Relationship Approach, S. 173 - 193.

286 Vgl. Schlageter, G.; Stucky, W.: Datenbanksysteme - Konzepte und Modelle, 2., neubearbeitete und erweiterte Auflage, Stuttgart 1983, S. 47-55.

287 Vgl. Scheer, A.-W.: Wirtschaftsinformatik, Informationssysteme im Industriebetrieb, 2., verbesserte Auflage, Berlin-Heidelberg-New York-London-Paris-Tokyo 1988, S. 475-547.

Die in der Kostenträgerrechnung benötigten Kalkulationssätze werden in der Kostenstellenrechnung gebildet. Die Kostenstellenrechnung baut wiederum auf der Kostenartenrechnung auf.[288] Für die Vollständigkeit werden die Datenstrukturen mit der Kostenartenrechnung beginnend dargestellt.

Speziell soll auch der Einzel- und Auftragsfertiger beachtet werden, da gerade bei einem solchen Fertigungstypus eine möglichst frühzeitige Vorkalkulation gegebenenfalls schon im Rahmen der Angebotsabwicklung hinreichend genaue Ergebniswerte verlangt.

5.4.1 Datenstruktur zur Kostenartenrechnung

Die Aufgaben der Kostenartenrechnung wurden bereits im zweiten Kapitel beschrieben.
Um eine Kostenart genau identifizieren zu können, wird der Entitytyp KOSTENART eingeführt und ihm werden die Attribute Kostenartennummer (KARNR) und Kostenbezeichnung zugeordnet.
In Abstimmung der Kontierung zwischen Finanzbuchführung und Kostenrechnung entspricht ein Konto einer Kostenart. Somit ist die KARNR mit der das Konto identifizierenden Kontonummer identisch.
Für Kostenarten, die nicht in der Finanzbuchführung erfaßt werden, z.B. Kosten der innerbetrieblichen Leistungsverrechnung, werden zusätzliche "Dummy"-Konten angelegt. Somit ergibt sich der Entitytyp KOSTENART als Spezialisierung des Entitytyps KONTO.
Bei dieser Lösung ist eine doppelte Erfassung ausgeschlossen und somit die Redundanzfreiheit der Datenbasis sowie die urbelegnahe Erfassung der Kosten in den operativen Bereichen gewährleistet.[289]

Der Entitytyp KONTO wird deshalb um die Attribute des Entitytyps KOSTENART ergänzt. Die Möglichkeit, Summenbuchungen aus den Nebenbuchführungen in die Hauptbuchführung zu übernehmen, wird durch eine geeignete Strukturierung des Entitytyps KONTO erreicht, indem die Salden mehrerer untergeordneter Konten

---

288 Vgl. Scheer, A.-W.: Wirtschaftsinformatik, Informationssysteme im Industriebetrieb, 2., verbesserte Auflage, Berlin-Heidelberg-New York-London-Paris-Tokyo 1988, S.528-529.

289 Scheer, A.-W.: Wirtschaftsinformatik, Informationssysteme im Industriebetrieb, 2., verbesserte Auflage, Berlin-Heidelberg-New York-London-Paris-Tokyo 1988, S. 507-513.

in ein übergeordnetes Konto übernommen werden. Dies wird im ERM durch die n:m Beziehung STRUKTUR innerhalb des Entitytyps KONTO dargestellt. Gemäß dieser Strukturierungsbeziehung ist eine Verdichtung der Kostenart zu Kostenartengruppen möglich.
Durch Angabe der Kontonummer und Kontobezeichnung und über die Strukturierungsbeziehung ist eine Aufteilung in Haupt- und Nebenbuchführungskonten möglich. Die Darstellung erfolgt im ERM durch eine "is a"-Beziehung (Generalisierung/Spezialisierung). Diese Nebenbuchführungskonten lassen sich nun weiter in Sach- und Personenkonten aufteilen, was ebenfalls durch eine "is a"-Beziehung geschieht. Aufgrund der weiter oben beschriebenen organisatorischen Aufteilung der Nebenbuchführung, z.B. in die selbständigen Bereiche Lohn-, Material- und Anlagenbuchhaltung, lassen sich diesen Bereichen nun spezielle Konten zuordnen. Im ERM wird dies durch eine Spezialisierung ausgedrückt. Dabei ist der Entitytyp SACHKONTO der Gattungsbegriff für die Entitytypen ANLAGENKONTO und MATERIAL/LAGERBESTANDSKONTO, während das PERSONENKONTO der Gattungsbegriff für die DEBITOR-, KREDITOR- und MITARBEITERKONTEN ist.

Grundlage der Buchungen auf diesen Konten sind Geschäftsvorfälle, die in der chronologischen Reihenfolge ihres Entstehens verbucht werden. Somit ergibt sich die Beziehung BELEGKOPF zwischen dem Entitytyp GESCHÄFTSVORFALL/URBELEG und der BUCHUNGSZEIT. Diese Beziehung ist vom Typ 1:N und wird durch die Attribute Urbelegnummer und das Datum identifziert.
Für die Kostenrechnung ist das genaue Datum der Entstehung des Geschäftsvorfalls relevant, damit eine eindeutige Periodenabgrenzung gewährleistet ist. Diese muß nicht unbedingt mit der Buchungszeit übereinstimmen (z.B. ist dies bei Stapelverarbeitung in der Buchhaltung der Fall). Deshalb wird bei jedem GESCHÄFTSVORFALL sein Entstehungsdatum als Attribut vermerkt. Bei diesen GESCHÄFTSVORFÄLLEN/URBELEGEN kann es sich um eine Vielzahl von Arten handeln, so daß die angeführten Spezialisierungen nur beispielhaft sind. Bei Geschäftsvorfällen mit externen Partnern kann es sich um RECHNUNGEN, LIEFERSCHEINE oder ZAHLUNGSEINGÄNGE und bei internen Geschäftsvorfällen (Prozessen) um MATERIALENTNAHMESCHEINE, WERKZEUGENTNAHMESCHEINE oder LOHNSCHEINE handeln.
Ein Urbeleg enthält im allgemeinen mehrere Urbelegzeilen, die genaue Mengen-, Zeit- und Wertangaben enthalten. Dies drückt sich in einer hierarchischen Beziehung zwischen dem Entitytyp URBELEG, der die Kopfinformation enthält, und dem Entitytyp URBELEGZEILE aus. Er wird durch die Attribute UBLGNR und ZNR identifiziert. Die einzelnen BUCHUNGEN/BELEGZEILEN werden aus den Urbelegzeilen abgeleitet. Dabei kann eine Urbelegzeile (z.B. eine

Rechnungsposition) mehrere Buchungszeilen erzeugen, weil mehrere Konten (z.B. ein Kreditorenkonto und ein Sachkonto in der Materialwirtschaft) berührt werden. Hieraus ergibt sich, daß die BUCHUNG eine Beziehung vom Typ n:m:p zwischen dem KONTO, der URBELEGZEILE und der zum Entitytyp uminterpretierten Beziehung BELEGKOPF ist. Da eine BELEGZEILE ohne BELEGKOPF nicht existieren kann, wird die Belegzeile zum Entitytyp uminterpretiert und hierarchisch mit dem Belegkopf verbunden. Die BELEGZEILE wird durch die Attribute UBLGNR, ZNR, BDATUM und KTONR identifiziert und enthält als weitere beschreibende Attribute die Soll-Haben-Kennung, Mehrwertsteuerkennung und den Betrag.[290]

Während die Zuordnung der Kosten zu den einzelnen Kostenarten über die Kontendefinition eindeutig geregelt ist, kann man der bisherigen Datenstruktur mit ihren Attributen nicht mehr entnehmen, wie die einzelnen Kostenartenbeträge im System der Kostenrechnung weiter zu behandeln sind. Diese Zuordnung zu den anderen Kategorien der Kostenrechnung wie Kostenträger oder Kostenstelle müssen bei der Erfassung vorgenommen werden.
Hier soll lediglich auf die Zuordnung der Kostenarten zu einzelnen Kostenträgern eingegangen werden, während die Weiterverrechnung primärer Gemeinkostenarten bei der Kostenstellenrechnung beschrieben wird.

"Kostenträger sind Einheiten, die Gegenstand von Entscheidungsüberlegungen sind und für die deshalb die von ihnen verursachten Kosten errechnet werden"[291]. Da hier die Datenstruktur eines EVKS mit spezieller Beachtung der Problematik eines Einzel- und Auftragsfertigers entwickelt wird, kommen als Kostenträger auch der Kundenauftrag oder ein Verkaufsteil in Frage. Deshalb wird der Entitytyp KOSTENTRÄGER über eine "is a"-Beziehung mit den Entitytypen KAUF und TEIL verbunden. Der Entitytyp KOSTENTRÄGER wird durch die KOSTENTRÄGERNUMMER identifiziert und ihm werden als weitere Attribute die Herstell- und Selbstkosten zugeordnet. Wird als Kostenträger ein Endprodukt ausgewählt, so ist das Schlüsselattribut KTRNR mit der TNR (Teilenummer) identisch.
Die Kostenarten, deren Entstehung unmittelbar auf die Produktion oder den Absatz betrieblicher Produkte oder Aufträge zurückgeführt werden kann, werden als Einzelkosten auf die Kostenträger verrechnet.

290 Vgl. Scheer, A.-W.: Wirtschaftsinformatik, Informationssysteme im Industriebetrieb, 2., verbesserte Auflage, Berlin-Heidelberg-New York-London-Paris-Tokyo 1988, S. 476-522.

291 Scheer, A.-W.: Wirtschaftsinformatik, Informationssysteme im Industriebetrieb, 2., verbesserte Auflage, Berlin-Heidelberg-New York-London-Paris-Tokyo 1988, S. 516.

Deshalb wird zwischen BELEGZEILE/BUCHUNG und KOSTENTRÄGER die 1:n Beziehung ZUORDNUNG-KT eingeführt. Weiter wird die Belegzeile um ein Statusattribut ergänzt, in dem vermerkt wird, ob die Einzelkosten direkt auf die Kostenträger verrechnet oder in die Kostenstellenrechnung übernommen wurde, um dort als Bezugsgröße zur Weiterverrechnung von Gemeinkosten zu dienen.[292] Die Datenstruktur der Kostenartenrechnung zeigt Abbildung 5.2.

5.4.2 Datenstruktur zur Kostenstellenrechnung

5.4.2.1 Grundsätze der Kostenstellenbildung

"Für die Kostenstellen wird im ERM der Entitytyp KOSTENSTELLE eingeführt, der durch das Schlüsselattribut KOSTENSTELLENNUMMER identifiziert wird"[293]. Bei der Einteilung des Unternehmens in Kostenstellen kann man sich auf die im Unternehmen vorhandenen Organisationspläne stützen. Dieses wird im ERM durch die n:1 Beziehung GEHÖRT ZU zwischen der KOSTENSTELLE und der Organisationseinheit STELLE, die ebenfalls ein Entitytyp ist, dargestellt. Dieser Entitytyp umfaßt sämtliche Stellen und somit alle Arbeitsplätze der Unternehmung. Da die Organisationspläne meistens als baumförmiges Organigramm aufgebaut sind, kann man ihnen die einer Stelle untergeordneten Stellen entnehmen. Im ERM wird dies durch die 1:n Beziehung ORGANISATIONSSTRUKTUR innerhalb des Entitytyps STELLE abgebildet. Diese Beziehung wird durch die Attribute OBER- und UNTERSTELLENNUMMER identifiziert, wobei der Mitarbeiter, dem die Oberstellennummer zugeordnet wird, die Kostenverantwortung trägt. Um nun der Datenbasis entnehmen zu können, welcher Mitarbeiter zu welchem Arbeitsplatz gehört, wird zwischen STELLE und dem Entitytypen MITARBEITER, identifiziert durch die Personalnummer, die n:m Beziehung BESETZUNG eingeführt.

292 Vgl. Kilger, W.: Einführung in die Kostenrechnung, 2. Aufl., Wiesbaden 1980, S. 14f, S. 74f.
Vgl. Scheer, A.-W.: Wirtschaftsinformatik, Informationssysteme im Industriebetrieb, 2., verbesserte Auflage, Berlin-Heidelberg-New York-London-Paris-Tokyo 1988, S. 516-524.

293 Scheer, A.-W.: Wirtschaftsinformatik, Informationssysteme im Industriebetrieb, 2., verbesserte Auflage, Berlin-Heidelberg-New York-London-Paris-Tokyo 1988, S. 514.

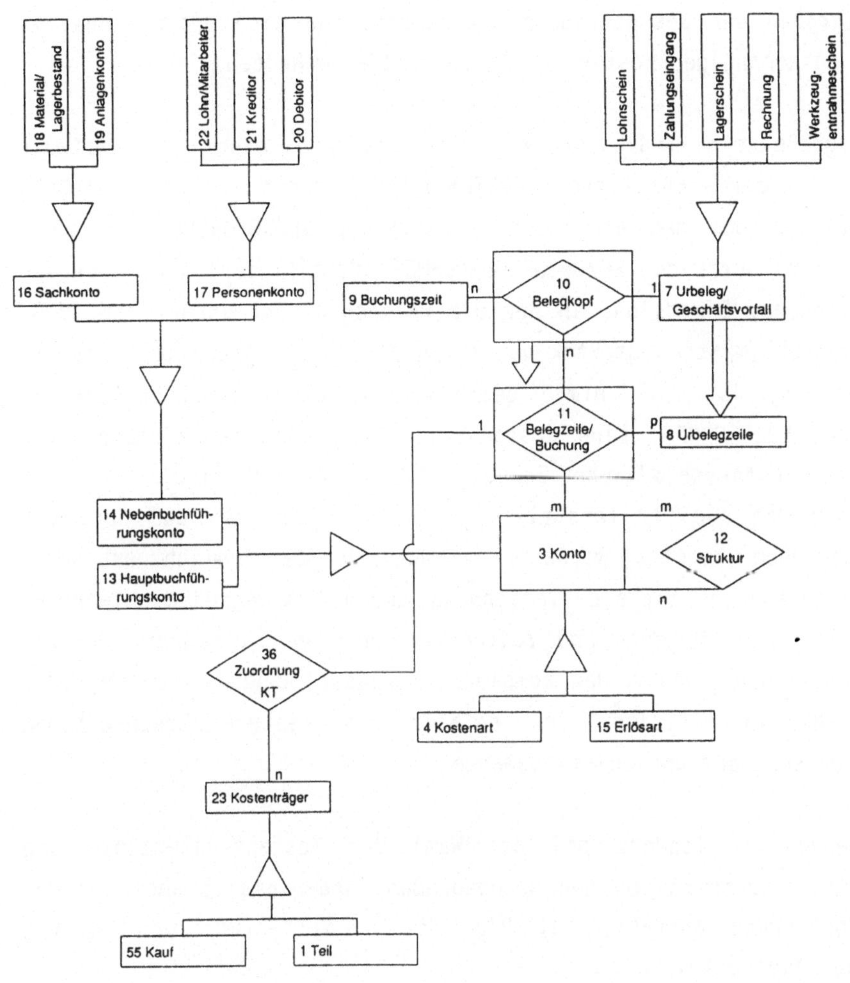

Abb. 5.2: ERM zur Kostenartenrechnung[294]

Gleichzeitig mit der Kostenstelleneinteilung werden für alle Kostenstellen Bezugsgrößen der Kostenverursachung festgelegt. Werden nämlich in einer Kostenstelle mehrere Produkte gefertigt und nehmen diese die Kostenstelle unterschiedlich stark in Anspruch, so müssen Indikatoren für die Beschäftigung gebildet werden, um jedem Produkt seine Kosten verursachungsgemäß zuteilen zu können. Aus diesem Grund werden die Bezugsgrößen auch

294 Vgl. Scheer, A.-W.: Wirtschaftsinformatik, Informationssysteme im Industriebetrieb, 2., verbesserte Auflage, Berlin-Heidelberg-New York-London-Paris-Tokyo 1988, S. 523.

häufig als Maßgrößen der Beschäftigung bezeichnet, die sich proportional zu den beschäftigungsabhängigen Kosten der Kostenstelle verhalten.

Da die Bezugsgröße ein Indikator für die Leistung einer Kostenstelle darstellt, wird der Entitytyp KOSTENSTELLE durch die Beziehung LEISTUNGSMESSUNG mit dem neu eingeführten Entitytyp BEZUGSGRÖßE verbunden. Die Bezugsgröße wird durch die BEZUGSGRÖßENNUMMER identifiziert und durch die Attribute Bezeichnung, Dimension, in der die Bezugsgröße gemessen wird (z.B. Zeiteinheit, kg/Stck, m/Stck, qm/Stck usw.) und die Erhebungsart beschrieben. Die Leistungsmessung ist eine n:m:p Beziehung zwischen der URBELEGZEILE, KOSTENSTELLE und BEZUGSGRÖßE. Eine Kostenstelle kann mehrere Leistungsarten abgeben, für die unterschiedliche Bezugsgrößen notwendig sind, und eine Leistungsart kann von zwei Kostenstellen erbracht werden, so daß dort die gleichen Bezugsgrößen benutzt werden. Um nun die tatsächlich erbrachte Leistung messen zu können, ist eine Verbindung zu der Urbelegzeile notwendig, um auf die realisierten Mengen- und Zeitwerte zugreifen zu können. Deshalb wird die Leistungsmessung durch den komplexen Schlüssel URBLGNR, DATUM, ZNR, KSTNR und BZGRNR identifiziert und enthält als weitere beschreibende Attribute die Leistungsart und Leistungsmenge.

Weil eine gegenläufige Tendenz bei der Wahl der Kostenstelleneinteilung besteht, wenn man einerseits von den Bezugsgrößen, andererseits aber von der problemlosen Kontierung ausgeht, hat Plaut[295] ein Verfahren zur Umgehung dieser Schwierigkeiten entwickelt.
Dieses Verfahren wird bei der Konstruktion der Datenstruktur zugrunde gelegt und bildet somit die Basis für das EVKS.
Hierbei wird der Differenzierungsgrad der Kostenstelleneinteilung stets so gewählt, wie es die Genauigkeit der Kalkulationssätze und der Kostenkontrolle erfordert. Zur Vermeidung von Kontierungsschwierigkeiten ordnet man den Kostenstellen, die zu einem bestimmten Meister- oder Abteilungsleiterbereich (Verantwortungsbereich) gehören, eine sogenannte Bereichskostenstelle zu. Diesen Bereichskostenstellen werden solche Kostenarten vorgegeben und in der laufenden Abrechnung als Istkosten belastet, die sich bei der Istkostenerfassung nur schwer den verbrauchenden Kostenstellen zuordnen lassen (z.B. Meistergehalt). Diese Bereichskostenstellen werden im Zuge der innerbetrieblichen Leistungsverrechnung als sekundäre Kostenstellen behandelt. Das Bereichsstellenprinzip hat den Vorteil, daß es im Gegensatz zur

[295] Vgl. Plaut, H.G.: Die Grenzplankostenrechnung, Zeitschrift für Betriebswirtschaft (1953), S.349.

Platzkostenrechnung an der Identität von Planungs- und Kontrolleinheit festhält.
Bei der Platzkostenrechnung wird zwar bei der Kostenplanung für jede Maschinengruppe der Kostenstelle aufgrund unterschiedlicher Kostenstruktur der Maschinengruppen eine gesonderte Bezugsgröße gewählt. Aber im Soll-Ist-Kostenvergleich müssen die Sollkosten der einzelnen Bezugsgrößen zusammengefaßt werden, da keine differenzierte Kontierung der Istkosten möglich ist.[296] Deshalb weist Plaut[297] mit Recht darauf hin, daß es unökonomisch wäre, wenn man den Differenzierungsgrad der Kostenplanung für die Kostenkontrolle nicht nutzen würde.

In der Datenstruktur ist das Bereichsstellenprinzip enthalten. Die Bereichsstelle ist als sekundäre Kostenstelle zu betrachten, die im Zuge der innerbetrieblichen Leistungsverrechnung (Leistungsverflechtung) auf die zugehörenden Kostenstellen umgelegt wird.
Beim Bereichsstellenverfahren kann am Prinzip der Kostenstellenbildung (funktions- und kostengleiche Betriebsmittel) festgehalten werden.
Unter kostengleich ist zu verstehen, daß die Betriebsmittel keine wesentlichen Unterschiede bei der Kostenverursachung aufweisen. Dieser Tatbestand läßt sich durch eine "is a"-Beziehung zwischen der KOSTENSTELLE und dem Entitytyp BETRIEBSMITTELGRUPPE im ERM darstellen. Der Entitytyp BETRIEBSMITTELGRUPPE wird durch die BETRIEBSMITTELGRUPPENNUMMER identifiziert und über eine n:1 Beziehung ZORDNUNG mit dem Entitytyp BETRIEBSMITTEL verbunden. Dieser wird durch die Betriebsmittelnummer identifiziert.

5.4.2.2 Aufgaben der Kostenstellenrechnung

Nun stellt sich die Frage, ob man mit der bis hierhin entwickelten Datenstruktur alle Aufgaben der Kostenstellenrechnung (vgl. Kapitel 3.2.1.2) erfüllen kann.

---

296 Vgl. Kilger, W.: Einführung in die Kostenrechnung, 2. Aufl., Wiesbaden 1980, S. 160.

297 Vgl. Plaut, H.G.: Die Grenzplankostenrechnung, Zeitschrift für Betriebswirtschaft (1953), S. 349.

Die erste Aufgabe, eine verursachungsgerechte Verteilung der nach Kostenarten gegliederten primären Gemeinkosten auf die betrieblichen Kostenstellen, läßt sich mit der bisherigen Datenstruktur noch nicht vollständig lösen, so daß es noch einiger Ergänzungen bedarf. Als erstes wird deshalb die n:m Beziehung KOSTENSTRUKTUR zwischen den Entitytypen KOSTENART und KOSTENSTELLE eingeführt, da in einer Kostenstelle mehrere Kostenarten anfallen und eine Kostenart in mehreren Kostenstellen auftreten kann. Diese Beziehung gibt so allerdings nur an, welche Kostenart für welche Kostenstelle relevant ist, aber man erhält keinerlei Auskunft darüber, in welchem Umfang sie dort angefallen ist.
Die verursachungsgerechte Kontierung der Kostenarten auf die Kostenstellen wird bei der Anlage der BELEGZEILE/BUCHUNG für die Kostenarten durchgeführt, wo man dem URBELEG den Entstehungsort entnehmen kann[298]. Deshalb wird zwischen BELEGZEILE/BUCHUNG und der zum Entitytyp uminterpretierten KOSTENSTRUKTUR die 1:N Beziehung ZUORDNUNG-KSTR eingeführt. Somit ist nun eine Erfassung der direkt erhebbaren Kostenarten pro Kostenstelle im Entitytyp KOSTENSTRUKTUR möglich. Dementsprechend wird der Entitytyp , der durch die KSTNR und KARNR identifiziert wird, um die Attribute Menge und Wert erweitert.

Weiterhin stellt sich die Frage, wie die Kostenarten auf die Kostenstellen verteilt werden, bei deren Erfassung keine Zuordnung möglich ist. Diese werden über Umlageschlüssel den betrieblichen Teilbereichen zugeordnet, durch die sie verursacht worden sind. Im ERM läßt sich dies durch eine n:m:p Beziehung VERTEILUNG zwischen der KOSTENART, KOSTENSTRUKTUR und dem neu eingeführten Entitytyp UMLAGESCHLÜSSEL, der durch die Umlageschlüsselnummer identifiziert wird, darstellen. Bei diesem Umlageschlüssel kann es sich auch um eine Bezugsgröße handeln, so daß der UMLAGESCHLÜSSEL über eine "is a"-Beziehung mit der BEZUGSGRÖßE verbunden wird. Da es sich bei der Verwendung von Umlageschlüsseln häufig um keine verursachungsgerechte Verteilung handelt, sollte die Benutzung auf ein unvermeidliches Mindestmaß beschränkt werden.
Die KOSTENSTRUKTUR entspricht nun dem oberen Teil des Betriebsabrechnungsbogens, in dem sämtliche in der Periode angefallenen Kostenarten auf die Kostenstellen verteilt sind[299]. Nun ist die Datenstruktur (vgl. Abbildung 5.3) soweit vervollständigt, daß die erste Aufgabe der Kostenstellenrechnung erfüllt wird.

---

298 Vgl. Wöhe, G.: Einführung in die allgemeine Betriebswirtschaftslehre, 16. Aufl., München 1986, S. 1157-1163.

299 Vgl. Haberstock, L.: Kostenrechnung I, 7. Aufl., Hamburg 1985, S. 138-140.

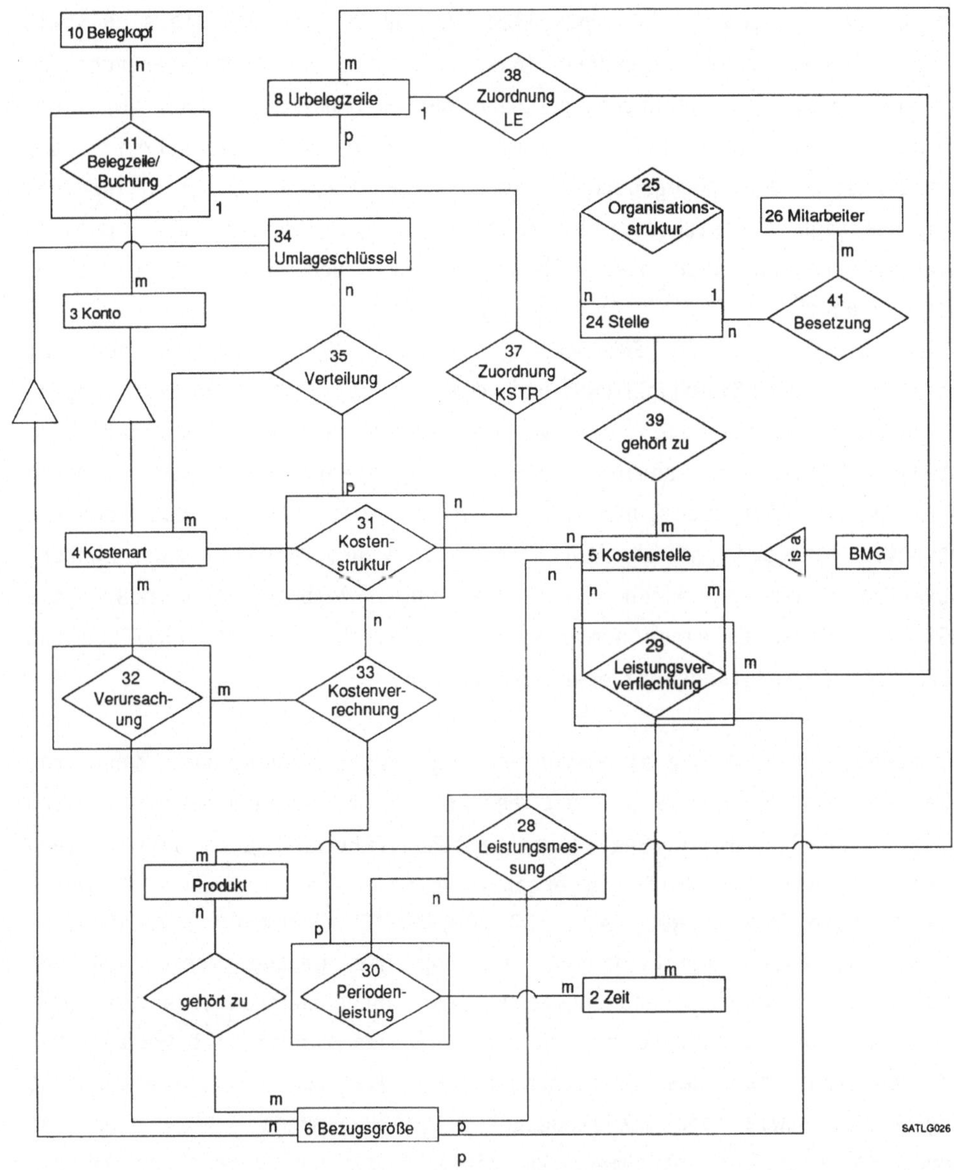

Abb. 5.3: ERM zur Kostenstellenrechnung[300]

Die Datenstruktur, die zur Durchführung der innerbetrieblichen Leistungsverrechnung notwendig ist, muß jedoch noch vollständig entwickelt werden. Hierbei werden die auf die Hilfskosten- bzw. Bereichskostenstellen verteilten primären Gemeinkosten weiter auf die Hauptkostenstellen verrechnet. Hilfskostenstellen sind alle die betrieblichen Teilbereiche, deren

300 Vgl. Scheer, A.-W.: Wirtschaftsinformatik, Informationssysteme im Industriebetrieb, 2., verbesserte Auflage, Berlin-Heidelberg-New York-London-Paris-Tokyo 1988, S. 527.

erzeugte Leistung in anderen Kostenstellen verbraucht wird und die sich somit keinem Kostenträger direkt zuordnen lassen. Sofern nun eine hierarchische Struktur der Leistungsbeziehungen zwischen den Hilfskostenstellen vorliegt, kann man mit Hilfe einer relativ einfachen Rechenvorschrift die Verrechnungspreise der abgegebenen Leistungen bestimmen. Liegt allerdings eine gegenseitige Leistungsverflechtung vor, so können die genauen Verrechnungspreise nur über die Auflösung eines linearen Gleichungssystems ermittelt werden.[301]

Dieser Tatbestand wird im ERM durch eine n:m Beziehung zwischen dem Beziehungstyp LEISTUNGSVERFLECHTUNG und dem Entitytyp KOSTENSTELLE ausgedrückt. Durch die Beziehung vom Typ n:m kommt zum Ausdruck, daß eine Kostenstelle Leistungen abgibt, aber auch Leistungen von anderen Kostenstellen in Anspruch nimmt. Da eine Kostenstelle nun mehrere Leistungsarten erzeugen und abgeben kann, aber wahrscheinlich auch mehrere Leistungsarten aus anderen Kostenstellen verbraucht, muß die LEISTUNGSVERFLECHTUNG zu einer n:m:p Beziehung zwischen der KOSTENSTELLE und der BEZUGSGRÖßE (= Leistungsart) erweitert werden.

Diese innerbetriebliche Leistungsverrechnung führt aber nur dann zum richtigen Ergebnis, wenn sie auf die betrachtete Abrechnungsperiode ausgerichtet ist. Deshalb muß die Beziehung LEISTUNGSVERFLECHTUNG um eine weitere Verbindung zum Entitytyp ZEIT hin ergänzt werden. Sie wird durch folgende Schlüsselattribute EMPFANGENDE, ABGEBENDE KOSTENSTELLENNUMMER, BEZUGSGRÖßENNUMMER und das DATUM identifiziert. Um nun die genaue Verteilung der verbrauchten und erzeugten Leistungsmengen der Abrechnungsperiode bestimmen zu können, muß eine Verbindung zu den Urbelegzeilen hergestellt werden. Den Urbelegzeilen kann man das Entstehungsdatum, das zur Periodenabgrenzung notwendig ist, sowie die Leistungsart, Leistungsmenge, abgebende und empfangende Kostenstelle entnehmen. Um diese Daten nun verdichtet in die Leistungsverflechtung übernehmen zu können, werden sie zu einem Entitytyp uminterpretiert und über eine n:1 Beziehung mit der URBELEGZEILE verbunden.

Diese kumulierten Werte sind nun die Grundlage der innerbetrieblichen Leistungsverrechnung. Die an die Hauptkostenstellen abgegebenen Leistungen werden dort als sekundäre Gemeinkosten mit den entsprechenden Wertansätzen aus der innerbetrieblichen Leistungsverflechtung erfaßt, um dann zusammen mit den primären Gemeinkosten mit Hilfe von Kalkulationssätzen auf die Kostenträger weiterverrechnet zu werden. Im ERM werden diese sekundären

301 Vgl. Scheer, A.-W.: Wirtschaftsinformatik, Informationssysteme im Industriebetrieb, 2., verbesserte Auflage, Berlin-Heidelberg-New York-London-Paris-Tokyo 1988, S. 528-529.

Gemeinkosten im Entitytyp KOSTENSTRUKTUR mit ihren Mengen- und Wertangaben erfaßt.[302]

Nachdem nun die Aufgaben der innerbetrieblichen Leistungsverrechnung erfüllt sind, werden die Kalkulationssätze zur Weiterverrechnung der Gemeinkosten auf die Kostenträger gebildet. Hierzu müssen die Kostenarten verursachungsgerecht über die Bezugsgröße(n) weiterverrechnet werden. Das Hauptproblem hierbei ist es, die richtigen Bezugsgröße(n) pro Kostenstelle herauszufinden, die (eine) echte Proportionalitätsbeziehung(en) zwischen den beschäftigungsabhängigen Kosten und der (den) erstellten Leistung(en) ausdrückt (ausdrücken).[303] In der Datenstruktur (vgl. Abbildung 5.3) findet diese Sichtweise auf die Bezugsgrößen ihre Wiedergabe in der n:m Beziehung VERURSACHUNG zwischen der KOSTENART und der BEZUGSGRÖßE. Die n:m Beziehung erklärt sich folgendermaßen:

Mehrere Kostenarten können sich proportional zu einer Bezugsgröße verhalten, aber es ist auch möglich, daß sich eine Kostenart proportional zu mehreren Bezugsgrößen verhält.
Bevor die Kalkulationssätze gebildet werden können, muß der Bezugsgrößenwert der Abrechnungsperiode ermittelt werden. Dafür wird die Beziehung LEISTUNGSMESSUNG zum Entitytyp uminterpretiert und über die n:m Beziehung PERIODENLEISTUNG mit der ZEIT verbunden. In diese Beziehung werden die auf eine Periode verdichteten Leistungsmengen pro Bezugsgröße und Kostenstelle übernommen. Diese pro Kostenstelle ermittelten Bezugsgrößenwerte sind nun die Grundlage der Kalkulationssatzbestimmung. Deshalb werden die VERURSACHUNGS- und PERIODENLEISTUNGS-Beziehung zum Entitytyp uminterpretiert und zusammen mit der KOSTENSTRUKTUR über die n:m:p Beziehung KOSTENVERRECHNUNG verbunden.

Der Verursachung entnimmt man die Kostenarten, die über eine Bezugsgröße verrechnet werden. Aus der Kostenstruktur erhält man die dazugehörigen Kosten, die in einer Kostenstelle angefallen sind. Der Periodenleistung kann man den dazugehörigen Bezugsgrößenwert entnehmen, so daß nur noch die Summe der Kosten durch den Bezugsgrößenwert dividiert werden muß, um den Kalkulationssatz der Kostenstelle pro Bezugsgröße zu erhalten. Somit ergibt sich der Kalkulationssatz als zusätzliches Attribut der KOSTENVERRECHNUNG, die durch die Attribute BZGRNR, KSTNR, KOARNR und DATUM identifiziert wird.

302 Vgl. Scheer, A.-W.: Wirtschaftsinformatik, Informationssysteme im Industriebetrieb, 2., verbesserte Auflage, Berlin-Heidelberg-New York-London-Paris-Tokyo 1988, S. 517-529.

303 Vgl. Haberstock, L.: Kostenrechnung I, 7. Aufl., Hamburg 1983, S. 155f.

Nachdem der Kalkulationssatz einer Kostenstelle pro Bezugsgröße gebildet ist, muß noch die pro Produkt anfallende Bezugsgrößenmenge spezifiziert werden. Hierzu wird die Leistungsmessung über das Produkt mit der Bezugsgröße in Beziehung gesetzt. Nun kann pro Produkt die in einer Kostenstelle entsprechend der Bezugsgröße anfallende Leistung gemessen werden.

Da die Kalkulationssätze das Bindeglied zwischen der Kostenstellen- und Kostenträgerrechnung darstellen, wird im folgenden Abschnitt das ERM zur Kostenträgerrechnung entworfen.

5.4.3 Datenstruktur zur Kostenträgerstückrechnung

Der Begriff Kostenträgerrechnung gliedert sich in die beiden Kostenträgerrechnungsarten:

- Stückrechnung (Kalkulation) und
- Zeitrechnung (kurzfristige Erfolgsrechnung).

Für den Ablauf der Kalkulation gibt es ein allgemeingültiges Grundschema, in dem die Reihenfolge der Verrechnung der Kostenartengruppen determiniert ist. Dieses Schema ist in Abbildung 5.4 wiedergegeben. Außerdem beinhaltet es die Erklärung der wichtigsten Kalkulationsaufgaben, auf die hier im einzelnen nicht näher eingegangen wird. Ein Verweis auf die Literatur soll an dieser Stelle ausreichen.[304]

Da bei einem Einzel- und Auftragsfertiger hauptsächlich der Kundenauftrag bzw. die dabei abgesetzten Erzeugnisse als Kostenträger in Frage kommen, soll bei der Entwicklung des ERM das Erzeugnis im Vordergrund stehen.

Bei diesem Erzeugnis handelt es sich meistens um ein mehrteiliges Stückgut, das aus mehreren selbsterstellten oder fremdbezogenen Einzelteilen besteht, die durch Montagearbeitsgänge zunächst zu Funktions- und Baugruppen und schließlich zum Endprodukt zusammengefügt werden. Der Teilebedarf an untergeordneten Teilen hängt vom konstruktiven Produktaufbau des Enderzeugnisses ab und ergibt sich durch die Auflösung der Stückliste.[305]

304 Vgl. Kilger, W.: Einführung in die Kostenrechnung, 2. Aufl., Wiesbaden 1980, S. 267.

305 Vgl. Kilger, W.: Flexible Plankostenrechnung und Deckungsbeitragsrechnung, 9. Aufl., Wiesbaden 1988, S. 613.

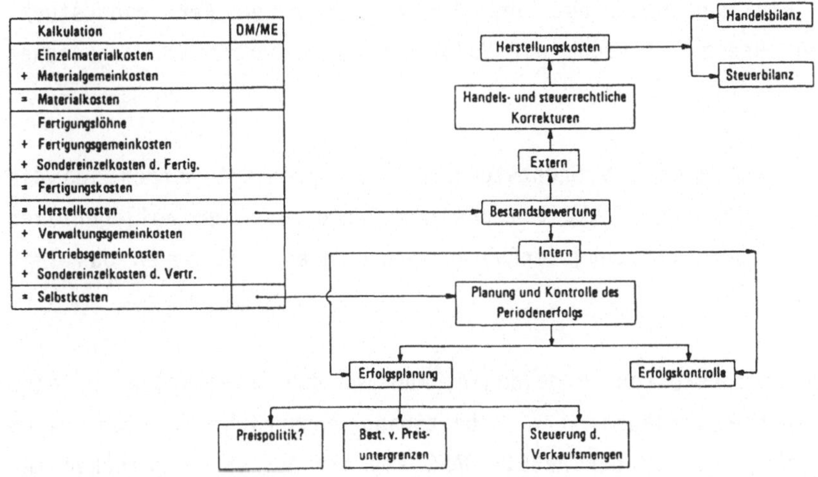

Abb. 5.4: Grundschema der Kalkulation und der Kalkulationsaufgaben[306]

Im ERM wird die Stückliste durch eine STRUKTUR-Beziehung vom Typ n:m innerhalb des Entitytyp TEIL abgebildet. Sie wird durch die Attribute Oberteil- und Unterteilnummer identifiziert und durch die Attribute Produktionskoeffizient, Ausschußsatz, Gültigkeitsdatum und Auslauftermin beschrieben. Der Entitytyp TEIL wird durch die Teilenummer identifiziert und durch die folgenden Attribute Teiletyp, Wert gemäß ABC-Analyse, Dispositionsstufe und Bezeichnung sowie weiteren Kostenattributen, die im Laufe des weiteren Entwurfsprozesses eingeführt werden, beschrieben.[307]

Um nun zu den Herstellkosten eines Teiles zu gelangen, muß man differenziert die einzelnen Arbeitsgänge des Arbeitsplanes, nach dem das Teil gefertigt wird, in den Kostenstellen verfolgen. Hieraus kann man die Fertigungskosten berechnen. Parallel hierzu müssen die direkt in das Teil eingehenden Materialien ermittelt werden, um die Materialkosten bestimmen zu können. Die Summe aus Material- und Fertigungskosten ergibt dann die Herstellkosten.

Der Ausgangspunkt der Berechnung der Fertigungskosten ist der Arbeitsplan. Deshalb wird er als Entitytyp in die Datenstruktur aufgenommen und über eine 1:n Beziehung ZUORDNUNG mit dem Entitytyp TEIL verbunden. Der Arbeitsplan wird durch die Teile- und Arbeitsplannummer identifiziert. Ein Teil kann nun nach mehreren Arbeitsplänen angefertigt werden, wobei diese Differenzierung nach Mengen- bzw. Fertigungskostenkriterien erfolgt. Hieraus ergibt sich, daß

306 Vgl. Kilger, W.: Einführung in die Kostenrechnung, 2. Aufl., Wiesbaden 1980, S. 267.

307 Vgl. Scheer, A.-W.: Wirtschaftsinformatik, Informationssysteme im Industriebetrieb, 2., verbesserte Auflage, Berlin-Heidelberg-New York-London-Paris-Tokyo 1988, S. 92-95.

dem Arbeitsplan ein Mengenattribut und die dazugehörigen Fertigungsstückkosten, sowohl auf Grenz- als auch auf Vollkostenbasis berechnet, zugeordnet werden.

Dieser Mengenwert kann auch als Grenzstückzahl interpretiert werden, da die unterschiedlichen Fertigungsstückkosten aus der Degression der auflagenfixen Kosten unterschiedlicher Fertigungsverfahren resultieren, mit denen das Teil gefertigt werden kann[308].

Um zu den Fertigungsstückkosten zu gelangen, muß man den Arbeitsplan in seine einzelnen Arbeitsgänge zerlegen. Ein Arbeitsgang entspricht hierbei einem technischen Verfahren, so daß der ARBEITSGANG als n:m Beziehung zwischen ARBEITSPLAN und dem neu eingeführten Entitytyp TECHNISCHES VERFAHREN, der durch die Verfahrensnummer und weitere technische Attribute beschrieben wird, in der Struktur dargestellt wird. Diese Beziehung ARBEITSGANG wird nun zum Entitytyp uminterpretiert und durch die n:m Beziehung ARBEITSGANGZUORDNUNG mit der BETRIEBSMITTELGRUPPE verbunden.

Die n:m Beziehung erklärt sich folgendermaßen:[309]
Ein Arbeitsgang kann auf unterschiedlichen Betriebsmittelgruppen gefertigt werden und auf einer Betriebsmittelgruppe ist die Fertigung unterschiedlicher Arbeitsgänge möglich. Identifiziert wird die Arbeitsgangzuordnung durch die APLNR, VNR und BMGNR, so daß man jeder Arbeitsgangzuordnung entnehmen kann, in welcher Kostenstelle der Arbeitsgang gefertigt wurde, da jede Betriebsmittelgruppe einer Kostenstelle entspricht.

Der bisherigen Datenstruktur kann man noch nicht entnehmen, welche Werkzeuge, Mitarbeiter und Vorrichtungen bei welchem Arbeitsgang zum Einsatz kommen, so daß man hierfür auch noch keine Kosten berechnen kann. Deshalb werden in der Datenstruktur die Entitytypen WERKZEUG und VORRICHTUNG eingeführt und über die n:m Beziehung WERKZEUGEINSATZ und VORRICHTUNGSEINSATZ mit dem Entitytyp BMG verbunden. Allerdings zeigen diese Beziehungen noch nicht, welche Werkzeuge und Vorrichtungen nun bei einem konkreten Arbeitsgang zum Einsatz kommen, da sie nur die Frage beantworten können: "An welchen BMG sind welche Werkzeuge und Vorrichtungen einsetzbar?" Deshalb werden die Entitytypen WERK-

308 Vgl. Ehrlenspiel, K.: Kostengünstig Konstruieren, in G.Pahl (Hrsg.): Konstruktionsbücher, Band 35, Berlin-Heidelberg-New York-Tokyo 1985, S. 131.

309 Vgl. Scheer, A.-W.: Wirtschaftsinformatik, Informationssysteme im Industriebetrieb, 2., verbesserte Auflage, Berlin-Heidelberg-New York-London-Paris-Tokyo 1988, S. 175-180.

ZEUG und VORRICHTUNG über die 1:n Beziehung WZ-ZUORDNUNG und VORR-ZUORDNUNG mit der AGA-ZUORDNUNG verbunden.

Ebenfalls über eine 1:n Beziehung MITARBEITER-ZUORDNUNG wird der Entitytyp MITARBEITER mit der AGA-ZUORDNUNG verbunden, so daß nun eine genaue Berechnung der Fertigungskosten pro Arbeitsgang und Kostenstelle möglich ist. Kommen bei der Fertigung eines Teiles bei einem Arbeitsgang Werkzeuge und Vorrichtungen zum Einsatz, die nur für dieses Teil benötigt werden, so werden diese Sondereinzelkosten der Fertigung für Werkzeuge in der WZ-ZUORDNUNG, die durch die Attribute TNR, APLNR, WZNR, VNR und BMG identifiziert wird, als Attribut gespeichert. Die Sondereinzelkosten, die durch Vorrichtungen verursacht werden, werden in der VORR-ZUORDNUNG als Attribut erfaßt. Identifiziert wird die VORR-ZUORDNUNG durch die TNR, APLNR, BMG, VORRNR und VNR. Die Summe dieser Sondereinzelkosten der Fertigung wird als Attribut bei der AGA-ZUORDNUNG gespeichert. Ebenso werden die Fertigungseinzelkosten, die einem Arbeitsgang direkt zugerechnet werden können, in einem weiteren Attribut Fertigungseinzelkosten erfaßt. Die Fertigungsgemeinkosten auf Voll oder Grenzkostenbasis bestimmt man nun über die Kalkulationssätze der relevanten Kostenstelle.

Handelt es sich z.B. bei der (den) Bezugsgröße(n) der beanspruchten Kostenstelle um Zeitwerte, so muß die bei einem Arbeitsgang pro Bezugsgröße verbrauchte Zeit nur noch mit den entsprechenden Zeitwerten und Zuschlagssätzen multipliziert werden, und als Ergebnis erhält man die Fertigungsgemeinkosten für eine Grenz- oder Vollkostenrechnung. Die Fertigungsgemeinkosten sowohl für eine Voll- als auch Grenzkostenrechnung werden ebenfalls als Attribut bei der AGA-ZUORDNUNG gespeichert. Die Summe dieser drei Attribute wird in dem Attribut Fertigungskosten, differenziert nach Voll- oder Grenzkostenrechnung, gleichfalls bei der AGA-ZUORDNUNG erfaßt.
Dieselben Attribute werden auch beim Entitytyp APL erfaßt, jedoch beinhalten sie die Summe der Fertigungseinzelkosten, Sondereinzelkosten der Fertigung und Fertigungsgemeinkosten (Voll- oder Grenzkostenrechnung) sämtlicher Arbeitsgänge, die zu dem APL gehören. Die Summe dieser Attribute ergibt dann die Fertigungsstückkosten auf Voll- oder Grenzkostenbasis.

Um zu den Herstellkosten zu gelangen, muß man die Menge an verbrauchten Materialien bestimmen, die direkt in das Teil eingehen, sowie die durch sie verursachten Kosten errechnen. Den Nettomaterialverbrauch kann man der Strukturbeziehung entnehmen. Wenn es sich bei diesen Materialien um Fremdteile handelt, sind sie im Entitytyp TEIL als solche gekennzeichnet und ihr Einstandspreis ist ebenfalls als Attribut erfaßt. Der Einstandspreis entspricht den Materialeinzelkosten. Zu den Materialkosten gelangt man, wenn die Materialeinzelkosten mit dem Zuschlagssatz der Materialkostenstelle multipliziert werden. Die Materialkosten werden auch als Attribut beim TEIL gespeichert. Multipliziert man die Materialkosten mit dem tatsächlichen Materialbedarf des APL, der bei der Fertigung des Teiles anfällt, so erhält man die Gesamtmaterialkosten für den Bruttomaterialverbrauch. Da dieser Bruttomaterialverbrauch von dem eingesetzten Verfahren abhängt, werden die Gesamtmaterialkosten pro Arbeitsgang als Attribut im Entitytyp AGA gespeichert. Die Summe der Gesamtmaterialkosten über alle Arbeitsgänge eines APL ergibt die Gesamtmaterialkosten pro produziertes Teil und APL und diese werden als Attribut im APL erfaßt. Durch Addition von Gesamtmaterialkosten und Fertigungskosten (aus dem APL) erhält man die Herstellkosten des Teiles. Sie sind ein Attribut des Entitytyps APL, da die Höhe der Herstellkosten durch die Fertigungsstückkosten und die verfahrensabhängigen Materialkosten beeinflußt wird und diese variieren von APL zu APL.

Bisher wurden bei der Kalkulation nur Einzelteile berücksichtigt und deshalb muß die Datenstruktur um die Möglichkeit zur Kalkulation von Teilen höherer Dispositionsstufen erweitert werden. Bei der Produktion dieser Teile fallen zusätzlich noch Montagearbeitsgänge an, in denen Teile niedrigerer Dispositionsstufen zu einer Baugruppe oder einem Funktionselement montiert werden.

Ausgangspunkt der Montage ist auch hier die Stückliste, der man entnehmen kann, aus welchen untergeordneten Teilen sich ein übergeordnetes Teil zusammensetzt. Zur Darstellung der Montagearbeitsgänge in der Datenstruktur wird die Beziehung STRUKTUR zum Entitytyp uminterpretiert und durch die n:m Beziehung ARBEITSGANG/KOMPONENTENZUORDNUNG mit dem Entitytyp AGA verbunden. Dieser Beziehung AGA-KOMPONENTENZUORDNUNG wird als Attribut die Bruttoverbrauchsmenge an untergeordneten Teilen pro Arbeitsgang zugeordnet. Der Bruttoverbrauch ist die Summe aus Nettoverbrauch und dem auftretenden Schwund pro Arbeitsgang.

Die Kalkulation der Fertigungskosten erfolgt gemäß der Stufenkalkulation mehrteiliger Erzeugnisse, bei der zuerst die Herstellkosten der selbsterstellten Einzelteile und anschließend stufenweise die Herstellkosten der im Produktionsablauf aufeinander folgenden Bau- und Montagestufen kalkuliert werden[310]. Um zu den Selbstkosten zu gelangen, müssen die Herstellkosten noch um die Verwaltungs- und Vertriebsgemeinkosten sowie die Sondereinzelkosten des Vertriebs ergänzt werden. Da diese nur auf Verkaufsteile verrechnet werden dürfen, kann eine Kennzeichnung dieser Teile im Entitytyp TEIL erfolgen, und man kann ihnen als weitere Attribute die Selbstkosten und die Sondereinzelkosten des Vertriebs zuordnen.

Bisher war das Enderzeugnis der Kostenträger und es stellt sich die Frage, wie die Datenstruktur ergänzt werden muß, damit der Kundenauftrag zum Kostenträger wird.
Der KUNDENAUFTRAG ist eine n:m Beziehung zwischen den Entitytypen ZEIT und KUNDE. Der Kundenauftrag wird durch die Attribute KNR und DATUM identifiziert. Die KUNDENAUFTRAGSPOSITIONEN ergeben sich als n:m Beziehung zwischen der zum Entitytyp uminterpretierten Beziehungen KUNDENAUFTRAG und dem TEIL. Da ein Kundenauftrag ohne Positionen sinnlos ist, wird auch die KUNDENAUFTRAGSPOSITION zum Entitytyp uminterpretiert und hierarchisch mit dem KUNDENAUFTRAG verbunden. Hieraus wird ersichtlich, daß man auch bei der Kalkulation eines Kundenauftrages über die Verbindung Kundenauftragsposition auf die Erzeugniskalkulation zurückgreift.
Die Datenstruktur der Kostenträgerstückrechnung ist in Abbildung 5.5 dargestellt.

5.4.4 Ergänzung der Datenstrukturen

Für die in dieser Arbeit behandelte Problemstellung wird ein Verfahren entwickelt, das es erlaubt, möglichst frühzeitige Kalkulationen auszuführen. Die Ergebnisse dieser Kalkulationen sollen dem Entwickler/Konstrukteur als Entscheidungsgrundlage dienen, um so für ein Produkt eine konstruktive Lösung zu erhalten, die kostengünstig zu fertigen ist.

---

310 Vgl. Kilger, W.: Flexible Plankostenrechnung und Deckungsbeitragsrechnung, 9. Aufl., Wiesbaden 1988, S. 613.

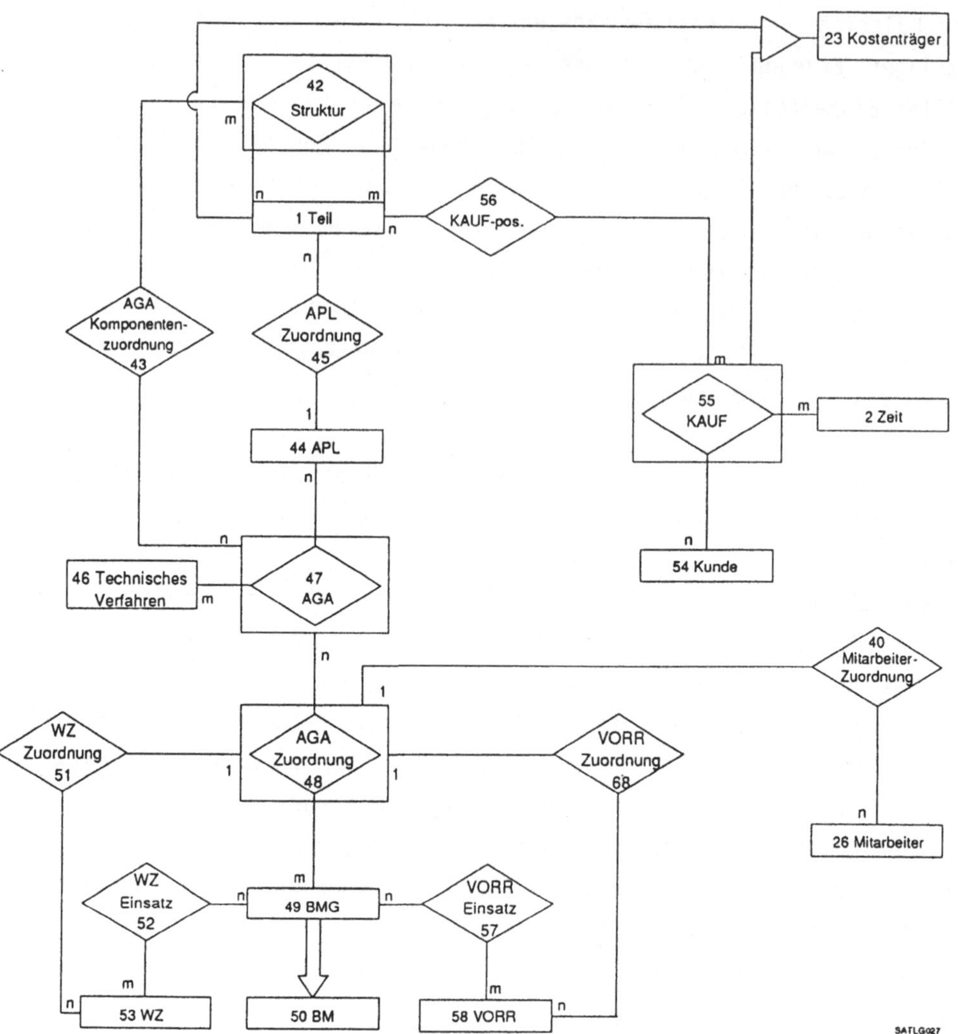

Abb. 5.5: ERM zur Kostenträgerstückrechnung[311]

Um diese Aufgabe lösen zu können, muß die Schnittstelle zu heute bestehenden Teilgebieten der Kostenrechnung untersucht werden. Sie besteht in der Kalkulation. Ihre Aufgabe ist es, die auf ein Produkt oder eine Auftragseinheit entfallenden Stückkosten zu ermitteln. Dabei ist sie auf die Ergebnisse der Kostenarten- und Kostenstellenrechnung angewiesen, so daß in diesen Teilgebieten der Kostenrechnung die gleichen Verfahren angewendet werden müssen wie in der Kalkulation.

311 Vgl. Scheer, A.-W.: Wirtschaftsinformatik, Informationssysteme im Industriebetrieb, 2., verbesserte Auflage, Berlin-Heidelberg-New York-London-Paris-Tokyo 1988, S. 537.

Im Laufe der Zeit haben sich die drei Kalkulationsarten:

- Vorkalkulation,
- Nachkalkulation und
- Plankalkulation

herausgebildet, die unterschiedlichen Zwecken dienen (vgl. Kapitel 2.3.3). Für ein EVKS muß die Anbindung an die Vorkalkulation realisiert werden. Hierbei sollen aus den Ergebnissen bestimmte Entscheidungen ableitbar sein, so daß in jedem Falle die entscheidungsorientierten Verfahren der Kostenrechnung angewendet werden müssen. Die in der Kalkulation benötigten Verfahren determinieren so die Verfahren in den vorgelagerten Teilgebieten der Kostenrechnung.
Dementsprechend wird die Plankostenrechnung eingesetzt., wofür in den folgenden beiden Kapiteln noch Ergänzungen in den ERM zur Kostenstellen- und Kostenträgerrechnung vorzunehmen sind.

Neben der Vorkalkulation muß nach der Produktion oder parallel dazu noch eine nachträgliche Istkostenerfassung erfolgen. Diese in der Nachkalkulation ermittelten Istkosten dienen dazu, gegebenenfalls die Bezugsgrößen (und die Einflußgrößen) zu korrigieren. Durch die Istkostenerfassung erhält man reale Werte, mit Hilfe derer eine Korrektur der Bezugsgrößen/Einflußgrößen erfogen kann.

Die Erfassung der Istkosten pro Auftrag muß differenziert von den benötigten Materialien ausgehend über sämtliche Arbeitsgänge bis hin zum Enderzeugnis erfolgen.
Nun soll die Nachkalkulation nicht nur die tatsächlich angefallenen Selbstkosten bestimmen, sondern auch die benötigten Daten für eine Abweichungsanalyse bereitstellen, so daß man erkennen kann, welche Verbrauchs- und Preisabweichungen die Deckungsbeiträge der Aufträge beeinflußt haben. Dies steht allerdings in einem Widerspruch zu der Forderung, daß die Nachkalkulation zeitlich parallel zur Auftragsabwicklung erfolgen sollte, da zu diesem Zeitpunkt in der Regel noch keine Informationen über die tatsächlichen Preise vorliegen. Ein Grund dafür ist, daß die Lieferantenrechnungen noch nicht eingegangen sind.
In diesen Fällen erfolgt eine Bewertung mit den Planpreisen oder den Bestellwerten, und die Preisabweichungen werden später in die Nachkalkulation übernommen.

5.4.4.1 Ergänzung der Datenstruktur zur Kostenstellenrechnung

Ergänzung aus der Plankostenrechnung:
Damit die Plandaten der Kostenplanung erfaßt werden können, müssen die Entitytypen und Beziehungen der bisher entwickelten Datenstruktur um einige Attribute erweitert werden. Die Reihenfolge der Einführung der Attribute ähnelt in etwa dem organisatorischen Ablauf der Kostenplanung. Als erstes werden alle Zukaufteile (gleichbedeutend mit dem Entitytyp TEIL) und alle KOSTENARTEN um das Attribut PLANPREIS ergänzt.
Danach erfolgt die Bestimmung der Planbezugsgröße. Diese wird als Attribut in dem Entitytyp KOSTENSTELLE erfaßt. Ebenso wird die Kennzeichnung der Kostenstelle, sekundär oder primär, erfaßt. Die geplante Verteilung der geplanten Gesamtleistung (Planbezugsgröße) wird als Attribut Planmenge in der Beziehung LEISTUNGSVERFLECHTUNG gespeichert, während die dazugehörigen Verrechnungspreise in dem Entitytyp KOSTENART sowohl für die Grenz- als auch Vollkostenrechnung erfaßt werden. Der Berechnung dieser Verrechnungspreise muß die Kostenauflösung und Mengenplanung in den sekundären Kostenstellen vorausgehen. Deshalb muß die KOSTENSTRUKTUR um die Attribute Planmenge, Planwert (= Planmenge x Planpreis), fixer Anteil, variabler Anteil und die Erhebungsart der Planmenge (z.B. gemessen, errechnet, geschätzt) erweitert werden.
Nach Beendigung der Kostenplanung in den Hauptkostenstellen werden dort die Kalkulationssätze bestimmt. Zuvor werden aber die zugehörigen Planbezugsgrößen als Attribut in der PERIODENLEISTUNG erfaßt. Die Plankalkulationssätze für Voll- und Grenzkostenrechnung werden als Attribut der Beziehung KOSTENVERRECHNUNG zugeordnet.
Möchte man die Kostenplanung z.B. für zwei Fristigkeitsgrade durchführen, so muß man die oben eingeführten Attribute für jeden Fristigkeitsgrad erfassen.

Ergänzung aus der Erfassung der Istkosten:
Um den Soll-Ist-Kostenvergleich in den Kostenstellen durchführen zu können, muß der Entitytyp Kostenstruktur um die Attribute Istmenge, Istmenge x Planpreis, Sollkosten, Verbrauchsabweichung, Istwert = Istmenge x Istpreis, proportionale Istkosten erweitert werden. Die proportionalen Selbstkosten erhält man, indem die proportionalen Plankosten pro Kostenart mit dem Quotienten aus Istbezugsgröße und Planbezugsgröße multipliziert werden. Die Planbezugsgröße wird der Periodenleistung entnommen, während sich die Istbezugsgröße durch Kumulierung der Werte ergibt, die in dem Entitytyp LEISTUNGSMESSUNG unter dem

Attribut Leistungsmenge erfaßt worden sind. Denn in diesem Entitytyp wird für jedes Teil eines Auftrags die verbrauchte Leistungsmenge und -art erfaßt, so daß man für jeden Arbeitsgang eines Auftrags eine Istbezugsgröße hat. Die monatliche Istbezugsgröße wird als Attribut in der PERIODENLEISTUNG gespeichert. Wenn die Sollkosten vorliegen, können die Verbrauchsabweichungen bestimmt werden. Hierzu müssen allerdings die proportionalen Istkosten ermittelt werden.

Nachdem die Verbrauchsabweichungen vorliegen, können die möglichen Ursachen für die Abweichungen analysiert werden. Da es viel zu aufwendig ist, für alle Kostenarten in allen Kostenstellen diese Abweichungsanalyse durchzuführen, können Toleranzgrenzen festgelegt werden. Bleibt die Kostenabweichung innerhalb dieser Toleranzgrenze von z.B. plus/minus 5% der Sollkosten, so wird keine Abweichungsanalyse durchgeführt. In dem Entitytyp KOSTENSTRUKTUR wird hierfür das Attribut Verbrauchsabweichung in Prozent vom Sollwert eingeführt. Eine Bestimmung der Ursachen für eine überhöhte Verbrauchsabweichung ist bei den Kostenarten, die im Laufe des Jahres zufallsbedingten oder saisonalen Schwankungen unterliegen, erst am Ende des Jahres möglich. Deshalb müssen Verbrauchsabweichungen pro Monat aufsummiert werden, um am Ende des Jahres feststellen zu können, ob eine Über- oder Unterdeckung der Plankosten vorliegt. Um diese Kontrolle zu ermöglichen, wird in der KOSTENSTRUKTUR das Attribut Summe Verbrauchsabweichung eingeführt.[312]

Bisher wurden nur die Verbrauchsabweichungen behandelt, da die proportionalen Istkosten mit den Planpreisen bewertet wurden. Während früher die Preisabweichungen unmittelbar in die Kostenträgerzeitrechnung übernommen wurden, ist man heute dazu übergegangen, die Preis- und Tarifabweichungen in den Soll-Ist-Vergleich zu integrieren. Mit dieser Integration beginnt man aber erst nach Abschluß der eigentlichen Abweichungsanalyse. Hierbei werden die variablen Sollkosten mit den tatsächlich angefallenen Preisen bewertet. Als Ergebnis erhält man die Sollkosten zu Istpreisen. Diese werden durch die auf die Istbeschäftigung umgerechnete Planbezugsgröße dividiert und man erhält den Plankalkulationssatz zu Istpreisen. Dieser wird als Attribut in der KOSTENVERRECHNUNG gespeichert.[313]

---

312 Vgl. Kilger, W.: Einführung in die Kostenrechnung, 2. Aufl., Wiesbaden 1988, S. 237-257, sowie Kilger, W.: Flexible Plankostenrechnung und Deckungsbeitragsrechnung, 9. Aufl., Wiesbaden 1988, S. 536-547.

313 Vgl. Kilger, W.: Flexible Plankostenrechnung und Deckungsbeitragsrechnung, 9. Aufl., Wiesbaden 1988, S. 539f.

Um den Kalkulationssatz für eine Vollkostenrechnung zu erhalten, müssen die gesamten Istkosten, die in der Kontrollperiode angefallen sind, durch die Istbezugsgröße der Kostenstelle dividiert werden. Dieser Ist-Vollkostensatz wird ebenfalls als Attribut in der KOSTENVERRECHNUNG erfaßt.

Um nun die tatsächlich angefallenen Fertigungsgemeinkosten zu berechnen, müssen die in der LEISTUNGSMESSUNG pro Auftrag, Teil und Arbeitsgang erfaßten Istleistungen mit dem Plankalkulationssatz zu Istpreisen oder bei der Vollkostenrechnung mit dem Ist-Vollkostensatz multipliziert werden. Das Ergebnis wird unter den Attributen Istfertigungsgemeinkosten auf Voll- oder Grenzkostenbasis in der AGA-ZUORDNUNG erfaßt. Weiter werden dort die Ist-Sondereinzelkosten der Fertigung und die Ist-Fertigungseinzelkosten sowie die Summe aus den drei Attributen unter den Ist-Fertigungskosten erfaßt. Die Selbstkosten lassen sich jetzt problemlos zu Istpreisen bestimmen.

Die Verbrauchsabweichungen der Kostenstellen werden zusammen mit anderen Abweichungen (z.B. Verfahrens- oder Arbeitsablaufabweichungen), die zwischen der Kostenstellen- und Kostenträgerzeitrechnung auftreten können, den abgeschlossenen Aufträgen oder den für andere Aufträge gefertigten Teilen in der geschlossenen Kostenträgerzeitrechnung anteilig zugeordnet.[314]

5.4.4.2 Ergänzung der Datenstruktur zur Kostenträgerrechnung

Ergänzung aus der Plankostenrechnung:
Mit Hilfe der Plandaten aus der Kostenstellenrechnung werden die Auftragsvorkalkulationen erstellt.
In den Fertigungskostenstellen bei einem Einzel- und Auftragsfertiger wird meistens mit Zeitbezugsgrößen gearbeitet. Hierzu verhält sich ein größerer Teil der Kosten proportional als zu Gewichts- oder Volumenbezugsgrößen. Außerdem erleichtern sie die Bestimmung der Planbezugsgrößen, wenn eine Abstimmung der betrieblichen Teilpläne erfolgt, und mit ihnen lassen sich schnell Vorkalkulationen durchführen. Damit dies weiter vereinfacht wird, wird die AGA-ZUORDNUNG um die Attribute geplante Rüst-, Arbeits- und Maschinenzeitvorgabe erweitert. Für jedes neu konstruierte Teil kann somit nach Vorliegen des Arbeitsplanes mühelos eine Vorkalkulation erstellt werden. Dies

[314] Vgl. Kilger, W.: Flexible Plankostenrechnung und Deckungsbeitragsrechnung, 9. Aufl., Wiesbaden 1988, S. 540 und Kilger, W.: Einführung in die Kostenrechnung, 2. Aufl., Wiesbaden 1980, S. 431-441.

erleichtert auch die Durchführung von Alternativkalkulationen, falls ein Teil nach unterschiedlichen Verfahren gefertigt werden kann. Die ALTERNATIVKALKULATION wird als n:m:p Beziehung zwischen AGA, AGA-ZUORDNUNG und der zum Entitytyp uminterpretierten KOSTENVERRECHNUNG eingeführt. Sie soll innerhalb der Datenstruktur verdeutlichen, welche Daten für ihre Durchführung benötigt werden, da die berechneten Werte in den Attributen der Entitytypen AGA und AGA-ZUORDNUNG erfaßt werden. Aus dem AGA erhält man die Höhe der Materialkosten, aus der AGA-ZUORDNUNG kann man die für die Kostenstelle geplanten Fertigungskosten entnehmen. Dies kann für alle Arbeitsgänge und Kostenstellen sowie unterschiedlichen Fertigungsmengen alternativ durchgeführt werden. Aus diesen Alternativen wählt man dann die kostengünstigste aus.

Ergänzung aus der Erfassung der Istkosten:

Damit eine genaue Erfassung der Istkosten möglich ist, muß man den Urbelegen entnehmen können, für welchen Auftrag sie verwendet worden sind. Deshalb wird in der Datenstruktur die 1:N Beziehung KAUF-POS.-ZUORDNUNG zwischen der URBLEGZEILE und der KAUF-POS. eingeführt. Dementsprechend muß die URBELEGZEILE um die Attribute KNR, TNR und KDATUM erweitert werden.

Die bei der Erfüllung eines Auftrags anfallenden Einzelkosten werden direkt in die Nachkalkulation übernommen. Wenn es sich hierbei z.B. um ein Fremdteil handelt, das zur Produktion des Enderzeugnisses benötigt wird, so wird es mit seiner tatsächlichen Verbrauchsmenge erfaßt. Dies geschieht, indem die AGA-KOMPONENTENZUORDNUNG um das Attribut Istverbrauchsmenge erweitert wird, so daß ein direkter Vergleich von Plan- und Istverbrauchsmenge erfolgen kann.

Um solche Istmengen-Attribute werden auch die MITARBEITER-ZUORDNUNG, WZ-ZUORDNUNG und VORR-ZUORDNUNG erweitert, in denen ebenfalls die pro Arbeitsgang angefallenen Istmengen erfaßt werden. Diese Istmengen werden mit den dazugehörigen Istpreisen bewertet, die in dafür vorgesehenen Attributen erfaßt werden, damit es zu keiner Vermischung von Verbrauchs- und Preisabweichung kommt. Diese Istpreise werden in den Entitytypen TEIL, WZ und VORR unter dem Attribut Einstandspreis gespeichert, und beim Entitytyp MITARBEITER erfolgt die Erfassung unter dem Attribut Gehalt oder Stundenlohn.[315] Die Höhe der Fertigungsgemeinkosten läßt sich allerdings erst nach der Durchführung des Soll-Ist-Kostenvergleichs in den Kostenstellen am Kontrollperiodenende bestimmen,

---

[315] Vgl. Kilger, W.: Flexible Plankostenrechnung und Deckungsbeitragsrechnung, 9. Aufl., Wiesbaden 1988, S. 655-661.

da sich eine auftragsweise Verbrauchs-, Preis- und Kostensatzabweichung nicht durchführen läßt.

Man könnte zwar noch die Istmengen und Istpreise für einige Kostenarten pro Auftrag und pro Kostenstelle ermitteln, aber ihre Auflösung in einen fixen und proportionalen Bestandteil ist unmöglich, da die Kostenauflösung dispositionsabhängig ist. Außerdem müßte man zu diesem Zeitpunkt die Ist-Beschäftigung der Kostenstelle genau kennen, um die Kostenarten (z.B. die kalkulatorische Abschreibung) verursachungsgerecht auf die Ist-Beschäftigung verrechnen zu können.[316]

5.5 Datenstruktur zur entwicklungsbegleitenden Kalkulation

5.5.1 Datenstruktur geometrischer Objekte

Bei der rechnerinternen Darstellung eines geometrischen Objektes unterscheidet man drei 3D-Modelle:[317]

- Kantendarstellung,
- Flächendarstellung,
- Volumendarstellung.

Bei einem kantenorientierten Modell werden die Objekte durch Konturen und Punkte dargestellt. Es ist überwiegend für die Darstellung zweidimensionaler Geometrien geeignet (vgl. Kapitel 2.2.1 und 2.2.2). Im ERM läßt sich dies folgendermaßen abbilden:
Der KÖRPER, die KANTE und der PUNKT werden als Entitytypen definiert. Der Körper wird dabei von mehreren Kanten definiert, deren geometrische Position durch Punkte bestimmt ist. Darum wird zwischen dem KÖRPER und KANTE die n:1 Beziehung GEHÖRT ZU eingeführt. Da eine gerade Kante im allgemeinen von zwei Punkten begrenzt wird, ein Punkt aber auch mehrere Kanten begrenzen kann, wird der PUNKT über die n:m Beziehung GEHÖRT ZU mit der KANTE verbunden. Damit ergibt sich die in Abbildung 5.6 dargestellte Datenstruktur.[318]

316 Vgl. Kilger, W.: Flexible Plankostenrechnung und Deckungsbeitragsrechnung, 9. Aufl., Wiesbaden 1988, S. 536-542.

317 Vgl. Hübel, J.: Datenbankorientierter 3D-Bauteilmodellierer, Stuttgart 1985, S.53.

318 Vgl. Scheer, A.-W.: Wirtschaftsinformatik, Informationssysteme im Industriebetrieb, 2., verbesserte Auflage, Berlin-Heidelberg-New York-London-Paris-Tokyo 1988, S. 284-287.

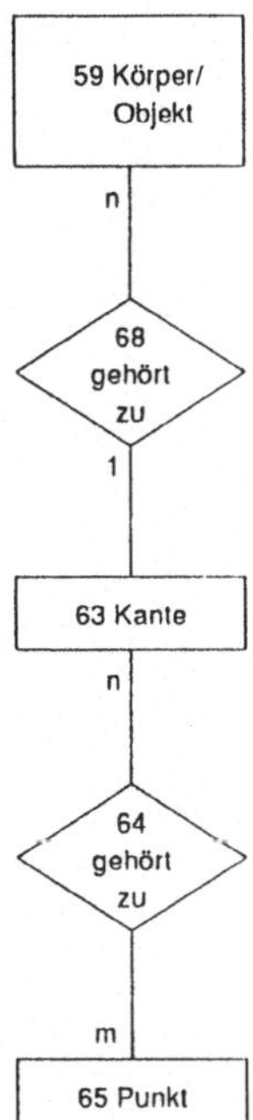

Abb. 5.6: ERM zum Kantenmodell (gerade Kanten)[319]

Bei dem flächenorientierten Modell wird das Objekt durch Flächen dargestellt, die sich gegenseitig berühren und damit die "Haut" eines Körpers bilden. Dabei werden die Flächen durch Kanten begrenzt, die das Ergebnis zweier benachbarter, sich berührender oder durchdringender Flächen sind. Beim Entwurf des ERM's zum Flächenmodell wird die Strukturhierarchie im Vergleich zum Kantenmodell verlängert, indem zusätzlich der Entitytyp FLÄCHE aufgenommen wird. Ein KÖRPER wird durch die Angabe seiner FLÄCHEN bestimmt, was im ERM durch die N:1 Beziehung GEHÖRT ZU dargestellt wird, da ein Körper aus mehreren Flächen besteht und eine Fläche genau zu einem Körper gehört. Da eine Fläche nun von mehreren Kanten begrenzt wird und eine Kante beim Aneinanderstoßen von zwei Flächen beiden zugeordnet werden kann, werden die FLÄCHE und KANTE durch eine n:m Beziehung miteinander verbunden. Die Beziehung zwischen KANTE und PUNKT ist wie beim Kantenmodell vom Typ n:m.[320]
Die entwickelte Datenstruktur ist in Abbildung 5.7 dargestellt.

319 Scheer, A.-W.: Wirtschaftsinformatik, Informationssysteme im Industriebetrieb, 2., verbesserte Auflage, Berlin-Heidelberg-New York-London-Paris-Tokyo 1988, S. 287.

320 Vgl. Scheer, A.-W.: Wirtschaftsinformatik, Informationssysteme im Industriebetrieb, 2., verbesserte Auflage, Berlin-Heidelberg-New York-London-Paris-Tokyo 1988, S. 285-287.
Hübel,J.: Datenbankorientierter 3D-Bauteilmodellierer, Stuttgart 1985, S. 85.

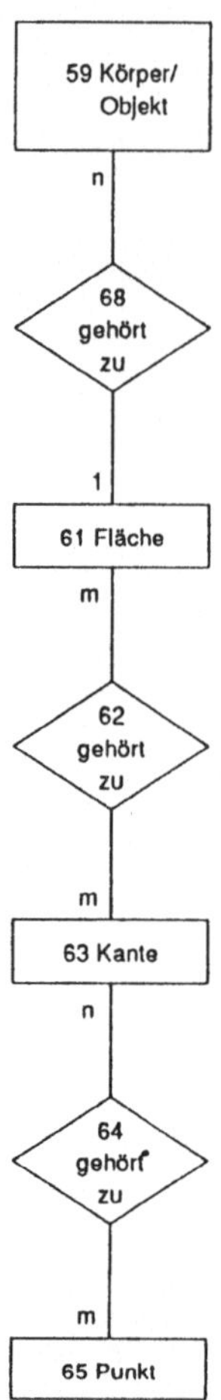

Abb. 5.7: ERM zum Flächenmodell[321]

Eine Möglichkeit, zum Volumenmodell zu kommen, wäre einen sogenannten Materialvektor als Attribut zur Fläche zuzuordnen. Eine andere Möglichkeit wäre die, wie sie beim CSG-Modeller (vgl. Kapitel 2.3.3) verwendet wird.
Bei diesem volumenorientierten Modell wird das Objekt durch mengentheoretische Verknüpfungen verschiedener volumenorientierter Basisköper zusammengesetzt. Dabei ist genau bestimmbar, ob sich ein Punkt innerhalb oder außerhalb des Objektes befindet. Die Darstellung dieses Modells im ERM unterscheidet sich stark von den anderen Modellen, weil seine Grundlage logische Operationen sind.[322] Ein Körper kann als Basiselement bei der Konstruktion in mehrere übergeordnete Körper eingehen und diese können als untergeordnete Körper weiterverwendet werden. Es ergibt sich die Zusammensetzung eines Körpers als n:m Beziehung STRUKTUR innerhalb des Entitytyps KÖRPER. Wenn man

321 Scheer, A.-W.: Wirtschaftsinformatik, Informationssysteme im Industriebetrieb, 2., verbesserte Auflage, Berlin-Heidelberg-New York-London-Paris-Tokyo 1988, S. 287.

322 Hübel, J.: Datenbankorientierter 3D-Bauteilmodellierer, Stuttgart 1985, S. 113.

diese noch mit der dabei benutzten Operation verbindet, entspricht die Datenstruktur dem Sachverhalt auf semantischer Ebene. Deshalb wird die BOOLSCHE OPERATION als Entitytyp in der Datenstruktur definiert und mit der STRUKTUR Beziehung verknüpft. Damit wurde die STRUKTUR zu einer Beziehung vom Typ n:m:p erweitert.
Die Datenstruktur des Volumenmodells zeigt die Abbildung 5.8.

Abb. 5.8: ERM zum Volumenmodell[323]

Will man graphischen Grundelementen Kosteninformationen zuordnen, so hätten diese ausschließlich Bezug zu den Fertigungskosten und somit zu den jeweils eingesetzten Fertigungsverfahren. Dies bedeutet, daß jeder Fläche das Fertigungsverfahren zugeordnet werden muß.

Sinnvoll kann eine Kostenzuordnung allenfalls für diejenigen Formelemente und Grundkörper erfolgen, für welche die Bearbeitungsverfahren feststehen. Zeichnerischen Primitiven, wie beispielsweise Linien, Kosten zuzuordnen, ist nicht sinnvoll. Dies müßte über die Ermittlung der Fertigungszeiten für das pro Formelement oder Grundkörper einzusetzende Betriebsmittel erfolgen. Es ergäbe sich eine große Anzahl von solchen Elementen, die zum Teil von gleicher Gestalt sein können, aber unterschiedliche Kosten generieren, da sie mit verschiedenen Fertigungsverfahren bearbeitet werden. Daraus würde ein sehr hoher Pflegeaufwand resultieren.

Diese Systematik soll deshalb im weiteren nicht verfolgt werden.

323 Scheer, A.-W.: Wirtschaftsinformatik, Informationssysteme im Industriebetrieb, 2., verbesserte Auflage, Berlin-Heidelberg-New York-London-Paris-Tokyo 1988, S. 288.

5.5.2 Funktionskostenstruktur

"Die Funktionskostenstruktur stellt die Herstellkosten von Teilen oder Baugruppen in bezug zu speziellen in der Konstruktion festzulegenden Funktionen dar. Diese Funktionen entsprechen der Denkweise des Konstrukteurs, vor allem in der Konzipierungsphase"[324].

In Abbildung 5.9 ist die Aufteilung einer Gesamtfunktion in mehrere Teilfunktionen dargestellt. Sie zeigt, welcher prozentuale Anteil der Herstellkosten auf die Teilfunktionen entfallen. Hieraus lassen sich die Funktionskosten ermitteln. Dies ist möglich, weil die Technik und die Kosten der Funktionsträger (Bauteil) bekannt sind. Der Zweck der Funktionskostenstrukturanalyse besteht darin, daß:[325]

- eine systematische Kombination von Teillösungen mit den günstigsten Funktionskosten möglich wird,
- eine Beurteilung der Kosten einer Funktion im Vergleich zu dem Wert, den der Markt einer Funktion zumißt, ermöglicht wird,
- eine Kostenschätzung auf hohem Abstraktionsniveau durchführbar ist.

In der Planungsphase wird durch die vorgegebenen Solleigenschaften, z.B. in Form von gewünschten Eingangs- und Ausgangsgrößen, das Funktionsprinzip eines zu fertigenden Produktes beschrieben. Als Ergebnis erhält man die Gesamtfunktion, die in der Konzipierungsphase in mehrere Teilfunktionen unterteilt wird. Im ERM wird hierfür der Entitytyp FUNKTION eingeführt, der durch die Funktionsnummer identifiziert wird. Dieser enthält sowohl die Gesamtfunktion als auch die untergeordneten Teilfunktionen. Um den obigen Zusammenhang zwischen den Funktionen sichtbar zu machen, wird innerhalb des Entitytyps FUNKTION die n:m Beziehung FUNKTIONSSTRUKTUR eingeführt, die durch die Ober- und Unterfunktionsnummer identifiziert wird. Nun ist es möglich, einzelne Teilfunktionen mit unterschiedlichen Lösungsprinzipien zu realisieren. Diese einzelnen Lösungsprinzipien entsprechen substitutiv verwendbaren Bausteinen. So ist z.B. die Teilfunktion "Prozeß regeln" in Abbildung 2.5 durch mehrere Lösungsprinzipien bzw. Bausteine realisierbar.

324 Vgl. Scheer, A.-W.: Konstruktionsbegleitende Kalkulation in CIM-Systemen, Veröffentlichungen des Instituts für Wirtschaftsinformatik, Heft 50, Saarbrücken 1985, S. 22.

325 Vgl. Ehrlenspiel, K.: Kostengünstig Konstruieren, in G.Pahl (Hrsg.): Konstruktionsbücher, Band 35, Berlin-Heidelberg-New York-Tokyo 1985, S. 264f.

Bauteile \ Teilfunktion	F_1 Drehmoment vergrößern	F_2 Drehmoment leiten	F_3 Zahnräder lagern	F_4 Getriebe abdichten	F_5 Zahnräder, Lager schmieren	Kontrolle
Rad	100% = 12600.-	—	—	—	—	100% = 12600.-
Radwelle	—	45% = 3006.-	45% = 3006.-	10% = 668.-	—	100% = 6680.-
Ritzelwelle – Ritzel	100% = 7000.-	—	—	—	—	100% = 7000.-
Ritzelwelle – Welle	—	45% = 1350.-	45% = 1350.-	10% = 300.-	—	100% = 3000.-
4 Lager	—	—	90% = 3960.-	—	10% = 440.-	100% = 4400.-
Gehäuse	—	—	60% = 8052.-	40% = 5368.-	—	100% = 13420.-
2 Dichtungen 2 Deckel	—	—	—	100% = 1000.-	—	100% = 1000.-
Rohrleitungen	—	—	—	—	100% = 300.-	100% = 300.-
Funktionskosten	19600.- 40,5%	4356.- 9%	16368.- 34%	7336.- 15%	740.- 1,5%	48400.- 100%

Abb. 5.9: Funktionskostenstruktur eines Turbinengetriebes[326]

Im Rahmen einer Funktionsanalyse werden die an der Funktionserfüllung beteiligten Bauteile den Funktionen bestmöglich zugeteilt. Welche Teile bei der Realisierung einer Funktion tatsächlich in Frage kommen, hängt von den konkreten Einflußgrößenwerten ab, die dem Konstrukteur vorgegeben werden. Aufgrund dieser Einflußgrößenwerte wird die Gesamtfunktion ermittelt. Der FUNKTIONSSTRUKTUR sind die untergeordneten Teilfunktionen zu entnehmen.

Um aufgrund konkreter Einflußgrößenwerte die dazugehörige Gesamtfunktion ermitteln zu können, müssen die Einflußgrößen, die eine Funktion beschreiben, bekannt sein.

Dies wird im ERM durch die n:m Beziehung FKT-EINFLUßGRÖßEN-ZUORDNUNG zwischen der FUNKTION und dem Entitytyp EINFLUßGRÖßE F[327] (F für Funktion) dargestellt. Dieser Entitytyp wird durch die Einflußgrößennummer identifiziert. Die Beziehung FKT-EINFLUßGRÖßEN-ZUORDNUNG wird durch die FNR und EFNR identifiziert. Die Beziehung vom Typ n:m erklärt sich folgendermaßen: Eine Einflußgröße kann

326 Ehrlenspiel, K: Kostengünstig Konstruieren, in G.Pahl (Hrsg.): Konstruktionsbücher, Band 35, Berlin-Heidelberg-New York-Tokyo 1985, S. 265.

327 hier sind ausschließlich kostenbeeinflußende Einflußgrößen gemeint; siehe auch Kapitel 5.5.5.

bei der Beschreibung mehrerer Funktionen verwendet werden und bei der Beschreibung einer Funktion können mehrere Einflußgrößen Verwendung finden. Welche Bauteile zur Erfüllung einer Funktion geeignet sind, wird in der n:m Beziehung FUNKTIONSANALYSE zwischen den Entitytypen TEIL und FUNKTION abgespeichert. Diese Beziehung wird durch die TNR, FNR und LÖSPNR (Lösungsprinzipnummer) identifiziert. Hierbei dient die LÖSPNR der eindeutigen Unterscheidung, mit welchem prozentualen Anteil ein Teil an einem Lösungsprinzip zur Realisierung einer Funktion beteiligt ist, da die Möglichkeit besteht, daß ein Teil bei mehreren Lösungsprinzipien verwendet wird und um die Lösungsprinzipien voneinander abzugrenzen.

Um von den im Pflichtenheft oder in der Anforderungsliste vorgegebenen konkreten Einflußwerten zu den Lösungsprinzipien zu gelangen, muß zunächst die relevante Gesamtfunktion bestimmt werden. Dies geschieht, indem der Entitytyp ANFORDERUNGSLISTE/PFLICHTENHEFT über die n:m Beziehung EINFLUßWERTZUORDNUNG mit der zum Entitytyp uminterpretierten Beziehung FKT-EINFLUßGRÖßEN-ZUORDNUNG verbunden wird. Diese Beziehung wird durch die Attribute FNR, EFNR und ANPLNR identfziert. Der Entitytyp ANFORDERUNGSLISTE/PFLICHTENHEFT wird durch die ANPLNR identifiziert und durch weitere Attribute beschrieben, die unter den Attributsegmenten Leistungsdaten und Geometriedaten erfaßt werden. Auf diese Daten wird hier nicht näher eingegangen, da sie vom jeweiligen Produktionsprogramm abhängen.

ANFORDERUNGSLISTE/PFLICHTENHEFT können bei bestimmten Attributausprägungen voneinander differieren. Wenn aber die Attributausprägungen übereinstimmen, die zur Funktionsauswahl notwendig sind, wird ihnen die gleiche Funktion zugeordnet. Andererseits kann eine ANFORDERUNGSLISTE/PFLICHTENHEFT sicherlich durch unterschiedliche Funktionsprinzipien, z.B. mehr mechanisch-orientiert oder elektronisch-orientiert, realisiert werden, was in der Zuordnung von m-Funktionen zu einer Anforderungsliste/Pflichtenheft zum Ausdruck kommt.

Nachdem die Gesamtfunktion(en) ausgewählt wurde(n), sind aus der FUNKTIONS-STRUKTUR die Teilfunktionen ersichtlich, aus denen sich die Gesamtfunktion zusammensetzt. Der Funktionsanalyse kann man für jede Teilfunktion die unterschiedlichen Lösungsprinzipien entnehmen. Diese müssen vorher aber noch auf ihre Realisierbarkeit hin geprüft werden. Es ist für jedes Teil zu klären, welche Einflußgrößen bei einem Teil vorkommen bzw. bestimmbar sind und wie hoch der genaue Einflußgrößenwert ist. Aus diesem Grund wird zwischen dem

Entitytyp EINFLUßGRÖßE T (T für Teil) und dem TEIL die n:m Beziehung EINFLUß-GRÖßEN-ZUORDNUNG eingeführt.
Durch die Einführung eines zweiten Entitytyps EINFLUßGRÖßE soll verdeutlicht werden, daß Teile im allgemeinen durch andere Einflußgrößen beschrieben werden als Funktionen. Vor allem können die Einflußgrößen gänzlich unterschiedliche Attribute besitzen, so daß kein Entitytyp vorliegt, der beide Größen beinhaltet.

Zusätzlich zu den Schlüsselattributen TNR, EFNR enthält diese Beziehung das Attribut Einflußgrößenwert. Um nun zu den realisierbaren Lösungsprinzipien zu gelangen, werden die Beziehungen FUNKTIONSSTRUKTUR, TEILE-EINFLUßGRÖßEN-ZUORDNUNG, FUNKTIONSANALYSE und EINFLUßWERT-ZUORDNUNG zu Entitytypen uminterpretiert und durch die n:m:p:o Beziehung REALISIERBARE LÖSUNGSPRINZIPIEN verbunden. Der FUNKTIONSSTRUKTUR kann man entnehmen, welche Teilfunktionen zur Gesamtfunktion gehören und über die EINFLUßGRÖßEN-ZUORDNUNG ist ein Zugriff auf die Attribute bzw. Attributausprägungen in der ANFORDERUNGSLISTE/PFLICHTENHEFT möglich, die nicht zur Funktionsauswahl verwendet wurden, die aber als Sollvorgaben gehalten werden müssen. Hierzu zählt z.B. das Einbaumaß, dessen Vorgabe durch räumliche Gegebenheiten oder andere anzuschließende Bauteile bedingt ist. Der TEILE-EINFLUßGRÖßEN-ZUORDNUNG kann man für alle Teile, die in den unterschiedlichen Lösungsprinzipien vorkommen, die Eigenschaften entnehmen und somit die Lösungsprinzipien aus der FUNKTIONSANALYSE auswählen, die diese Solleigenschaft erfüllen.

Für diese Lösungsprinzipien können die Herstellkosten ermittelt werden, indem man über den Teile-Entitytyp auf die zugehörigen Arbeitspläne zugreift, die als Attribut die Herstellkosten enthalten. Diese werden mit den entsprechenden Prozentsätzen aus der FUNKTIONSANALYSE, mit denen das Teil in das Lösungsprinzip eingeht, multipliziert. Die Summe der so ermittelten Herstellkosten für die Teile eines Lösungsprinzips ergeben die Herstellkosten des Lösungsprinzips.

Um zu den Herstellkosten der Gesamtfunktion zu gelangen, müssen noch die Fertigungskosten der Endmontage, bei der die einzelnen Teilfunktionen zur Gesamtfunktion montiert werden, zu der Summe aus den niedrigsten Herstellkosten der Lösungsprinzipien der einzelnen Teilfunktionen hinzuaddiert werden. Die Ermittlung der Fertigungskosten und der Endmontagekosten wird im Kapitel 6 beschrieben.

5.5.3 Ähnlichkeitsgesetze

Ähnlichkeits- oder Kostenwachstumsgesetz sind die Oberbegriffe für z.B. folgende Kostenermittlungsverfahren:[328]

- Kostenschätzung aus einem Feld bekannter, ähnlicher Varianten,
- Kalkulation über den Materialanteil,
- Kalkulation mit Hilfe von Ähnlichkeitsgesetzen.

All diese Verfahren (vgl. Kapitel 2.4.2.2) haben eine charakteristische Gemeinsamkeit. Dies ist die Proportionalisierung der Herstellkosten auf eine oder mehrere Einflußgrößen. Bei dem weiteren Vorgehen wird von den einzelnen konkreten Einflußgrößen der obigen Verfahren abstrahiert. Die Datenstruktur soll so allgemein entworfen werden, daß sie die Durchführung sämtlicher Kostenermittlungsverfahren unterstützt.

Unter einem Kosten-Ähnlichkeitsgesetz versteht man die Beziehung der Kosten von einander ähnlichen Produkten. Bei geometrischer Ähnlichkeit unterscheiden sich die Produkte bei gleichen Proportionen nur durch einen unterschiedlichen Größenmaßstab bei gleicher Fertigung, gleichen Materialien und gleichem Stückzahlbereich. Zu den Herstellkosten der größeren oder kleineren Version gelangt man, indem die Herstellkosten des bekannten Produkts auf eine oder mehrere Einflußgrößen proportionalisiert werden, durch deren Veränderung eine Transformation des Größenmaßstabs zum Ausdruck kommt. Unter Kostenwachstumsgesetz versteht man dieses proportionale Wachstum der Kosten mit den Einflußgrößen. Somit stimmen Kostenwachstumsgesetz und Ähnlichkeitsgesetz bei geometrischer Ähnlichkeit überein.

Zum Beispiel wird bei der Gewichtskalkulation angenommen, daß sich die Herstellkosten proportional zum Gewicht verhalten. Damit ist eine Bestimmung der Herstellkosten pro Einflußgrößeneinheit möglich. Um zu den Herstellkosten einer anderen Version zu gelangen, ist deren Einflußgrößenwert mit den Herstellkosten pro Einflußgrößeneinheit zu multiplizieren. Diese Gesetze gelten nur für einen bestimmten Gültigkeitsbereich. Dieser wird z.B. durch die fertigungstechnischen Möglichkeiten, die in den einzelnen Arbeitsgängen vorhanden sind oder durch Belastungsanforderungen, die an die Werkstoffart gestellt

---

328 Vgl. Ehrlenspiel, K.: Kostengünstig Konstruieren, in: Pahl, G.(Hrsg): Konstruktionsbücher, Bd.35, Berlin-Heidelberg-New York-Tokyo 1985, S. 274.

werden, begrenzt.[329] Dieser Bereich wird in die n:1 Beziehung WACHSTUMSFORMEL als Attribut Gültigkeitsbereich übernommen. Identifiziert wird diese Beziehung durch die APLNR, TNR und EFNR.

Als weiteres Attribut werden in dieser Beziehung die Herstellkosten pro Einflußgrößeneinheit auf Voll- oder Grenzkostenbasis erfaßt. Die n:1 - Beziehung erklärt sich folgendermaßen: Ein Teil kann nach unterschiedlichen APL gefertigt werden, die unterschiedliche Herstellkosten verursachen, so daß sich je nach APL verschiedene Herstellkosten pro Einflußgrößeneinheit ergeben.

5.5.4 Kurzkalkulationen

Unter Kurzkalkulation versteht man alle Methoden, die im jeweiligen Bearbeitungsstadium eines Produktes, also z.B. in der Konstruktion oder Projektierung, anwendbar sind und mit den dort verfügbaren Einflußgrößen auskommen. Eine wesentliche Forderung an die Kurzkalkulation während der Konstruktion besteht demnach darin, daß nur Einflußgrößen verwendet werden dürfen, die der Konstrukteur beeinflussen kann. Weiter sind bei der Erstellung der Kurzkalkulationen die Gültigkeitsbereiche und die Einflußgrößen anzugeben.[330]
Die Kurzkalkulationen sind auf statistisch ermittelten Kostenbeziehungen aufgebaut. Die hierzu verwendeten Verfahren der Regressions- und Optimierungsrechnung sind im Kapitel 2.4.4 beschrieben

Um die Herstellkosten während des Konstruktionsprozesses zu errechnen, können Funktionen gebildet werden, die die in der Konstruktion vorhandenen Einflußgrößen in den Bereich der Wertansätze umformen. Möglich ist dies z.B., indem mit Hilfe der Regressionsanalyse ein funktionaler Zusammenhang zwischen den Einflußgrößenwerten und den Herstellkosten bereits gefertigter Teile hergestellt wird.[331]
Man bildet hierzu Klassen von Teilen mit ähnlicher Kostenstruktur (vgl. Kapitel 6.3.1). Die Einteilung in Kostenklassen erfolgt nach kostenbeein-

---

329 Vgl. Ehrlenspiel, K.: Kostengünstig Konstruieren, in G.Pahl (Hrsg.): Konstruktionsbücher, Band 35, Berlin-Heidelberg-New York-Tokyo 1985, S. 282-313.

330 Vgl. Ehrlenspiel, K.: Kostengünstig Konstruieren, in G.Pahl (Hrsg.): Konstruktionsbücher, Band 35, Berlin-Heidelberg-New York-Tokyo 1985, S. 274-280.

331 Vgl. Scheer, A.-W.: Konstruktionsbegleitende Kalkulation in CIM-Systemen, Veröffentlichungen des Instituts für Wirtschaftsinformatik, Heft 50, Saarbrücken 1985, S. 22-24.

flussenden Größen, die auch in der Konstruktion veränderbar sind. Diese Einflußgrößen sind für die einzelnen Komponenten zu erarbeiten.

Hierbei muß darauf geachtet werden, daß die Einflußgrößen so ausgearbeitet werden, daß sie einer weiteren Detaillierung der in der Betriebswirtschaft verwendeten Bezugsgröße entsprechen.
Als Beispiele für Einflußgrößen sind Abmessungen, Gewicht, Werkstoffart, Zahl der zu bearbeitenden Flächen, Fertigungstoleranzen oder Schließzeiten beim Plastikspritzguß zu nennen.
Werden in den Kostenstellen Zeitbezugsgrößen verwendet, gilt es Einflußgrößen zu finden, die zeitbezogen sind und die der Konstrukteur beeinflussen kann.

Im ERM wird zwischen der TEILE-EINFLUßGRÖßEN-ZUORDNUNG und dem APL die 1:1 Beziehung KOSTENKLASSE eingeführt. Sie wird durch die TNR, EFNR und APLNR identifziert und enthält als weitere Attribute die Regressionsgleichung für Voll- und Grenzkostenrechnung und den dazugehörigen Gültigkeitsbereich pro Einflußgröße.
Wenn der Konstrukteur die Einflußwerte in die Kalkulationsformel einsetzt, erhält er die Herstellkosten des Objektes.
Bei der Beeinflussung von Einflußgrößen muß dies innerhalb des Gültigkeitsbereichs der Einflußgröße geschehen, denn wenn man sich über diesen hinausbegibt, muß der Formelansatz einer anderen Kostenklasse verwendet werden und es können sich veränderte Herstellkosten ergeben.[332]

5.5.5 Ermittlung von Einflußgrößen

Im Rahmen des zu entwickelnden EVKS bildet die Integration der technischen Seite und der betriebswirtschaftlichen Seite einen zentralen Arbeitspunkt.

Die Problematik, daß in der Vergangenheit von zwei Seiten aus Werte bestimmt wurden, die die in den einzelnen kostenverursachenden Stellen eines Unternehmens entstehenden Kosten vorausbestimmen, liegt in der unterschiedlichen Zielsetzung.

[332] Vgl. Ehrlenspiel, K.: Kostengünstig Konstruieren, in G.Pahl (Hrsg.): Konstruktionsbücher, Band 35, Berlin-Heidelberg-New York-Tokyo 1985, S. 296.

Die Betriebswirtschaft will die einzelnen Kostenarten den Kostenträgern und Kostenstellen zuordnen, um so im Betriebsablauf auf Kosten Einfluß zu nehmen.

Hierzu sind die in der Betriebswirtschaftslehre verwendeten Bezugsgrößen als Maßgrößen der Kostenverursachung definiert und verhalten sich proportional zu den beschäftigungsabhängigen Kosten einer Kostenstelle. Die Ermittlung erfolgt entweder mittels statistischer Verfahren oder analytisch.

Die Technik, hier die Entwicklung/Konstruktion, sucht nach den Einflußgrößen, die bei entsprechender Ausprägung eine kostengünstige Lösung ergeben. Daraus werden Entscheidungen über die konstruktive Gestaltung von Produkten und deren Komponenten abgeleitet.

Die von Ingenieuren entwickelten Kosteninformationssysteme, wie sie im Kapitel 2.5 erörtert wurden, verwenden zur Objektbeschreibung solche Einflußgrößen. Dies sind qualitative oder quantitative Eigenschaften der zu kalkulierenden Objekte oder der zu erstellenden Leistung, die im Informationsbereich des Konstrukteurs liegen, von ihm beeinflußbar sind und einen Einfluß auf die Kosten ausüben. Einflußgrößen sind z.B. Gestalt, Gewicht, Zeitbedarf, Fertigungsanforderung wie Qualität und Oberflächengüte, Fertigungsverfahren, Funktionen. Es werden dabei Einflüsse auf die Kosten erfaßt, die immer von dem für ein Objekt angewandten Fertigungsverfahren abhängen.
Sind gleichartige Fertigungsverfahren in einer Kostenstelle erfaßt, beziehen sich die Einflußgrößen gleichermaßen auf alle in der Kostenstelle vorhandenen Betriebsmittel.

Für die in der Datenstruktur abgelegten Einflußgrößen und die betriebswirtschaftliche Bezugsgröße ist keine direkt abbildbare Beziehung zu sehen. Neben der Bildung von Kalkulationssätzen, dienen die Bezugsgrößen auch dazu, die einzelnen Kostenarten verursachungsgerecht auf Kostenstellen zu verteilen.
Der Entitytyp BEZUGSGRÖßE enthält die Dimension, in der die Bezugsgröße gemessen wird. Die Einflußgrößen stellen zunächst nur von der Entwicklung/Konstruktion veränderbare Parameter dar. Im Zusammenhang mit der Kalkulationsformel ergeben sich Mengenwerte pro Produktart.

Wichtig ist, und das wird als Forderung erhoben, daß die Erarbeitung der Einflußgrößen auf der technischen Seite und die Erarbeitung der Bezugsgrößen auf der betriebswirtschaftlichen Seite komplementär sind. Das bedeutet, daß die Gleichungen auf technischer Seite alle maßgeblich kostenbeeinflussenden

Größen enthalten und letztendlich in die Größe Bezugsgrößeneinheit pro zu produzierender Einheit (b_i) überführbar sind. Dies hat für jede Kostenstelle zu erfolgen. Die für das EVKS zu verwendende Systematik zur Kostenstelleneinteilung ist bereits in Kapitel 3 diskutiert.
Diese Forderung nach komplementärer Erarbeitung der technischen und betriebswirtschaftlichen Größen wird auf technischer Seite dort erfüllt, wo sie pro Fertigungsverfahren Einflußgrößen erarbeitet und die Abhängigkeiten in einer Gleichung darstellt.

Bisher in der Literatur vorgestellte Kalkulationsformeln, wie sie beispielsweise Baumann[333] vorstellt (vgl. Abbildung 5.10), erfüllen eine solche Forderung nicht. Dort zielt eine Gleichung darauf ab, die Einflüsse auf die Fertigungszeit und somit auf die Fertigungskosten über mehrere Bearbeitungsverfahren hinweg zu ermitteln. Wenn dieses Verfahren eindeutig die Beeinflussung der Kosten wiedergeben soll, müßten für jeden Term, der sich innerhalb der Gleichung auf ein Bearbeitungsverfahren bezieht, auch die Bewertungssätze herangezogen werden. Die Auswirkungen von konstruktiven Änderungen auf Kosten müssen auch pro Bearbeitungsverfahren erkennbar sein, da unterschiedliche Betriebsmittel unterschiedliche Bewertungssätze haben. Dies ist mit der hier beispielhaft dargestellten Gleichung nicht möglich. Es kann nicht davon ausgegangen werden, daß die einzelnen Verfahren dieselben Kosten hervorrufen. Eine Kostenermittlung mit Hilfe einer Gleichung, wie sie die Abbildung 5.10 darstellt, kann keine richtigen Ergebnisse liefern.

Erfolgt die Kostenstelleneinteilung so, daß für gleichartige Fertigungsverfahren ein Kalkulationssatz existiert, kann die oben erhobene Forderung nach komplementärer Erarbeitung von Einflußgröße und Bezugsgröße erfüllt werden.

Wie die Kosten einer Komponente vom Konstrukteur beeinflußt werden können, geben dann die einzelnen Parameter der Regressionsgleichung pro Fertigungsverfahren an. Für die Entwicklung/Konstruktion ist es somit wichtig, diese Parameter angezeigt zu bekommen, um anhand solcher kostenverursachender Größen die konstruktive Lösung zu verändern.

333 Vgl. Baumann, G.: Ein Kosteninformationssystem für die Gestaltungsphase im Betriebsmittelbau, Diss., TU München 1982, S. 106.

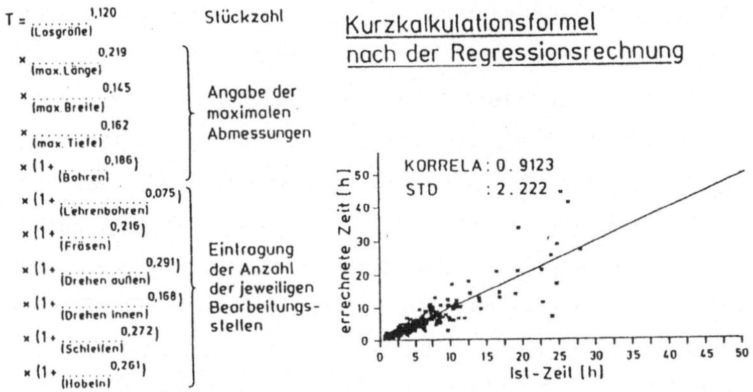

Abb. 5.10: Kalkulationsformel (Beispiel: Bauteil mit 7 Fertigungsstufen)[334]

5.5.6 Bedeutung der Einkaufsabteilung

Ist z.B. ein Kundenauftrag für ein Teil eingegangen, an dem kleinere Änderungen vorgenommen werden müssen, so beginnt der Konstruktionsprozeß in der Entwurfsphase.
Wenn es sich bei einem der untergeordneten Teile um ein Zukaufteil handelt und auch an ihm konstruktive Änderungen durchgeführt werden müssen, ist eine gute Abstimmung zwischen dem Mischarbeitsplatz (Konstruktion) und der Einkaufsabteilung notwendig. Diese greift bei ihrer Angebotseinholung auf die Daten der Konstruktionsabteilung zurück.
Im ERM ist das LIEFERANTENANGEBOT eine n:m Beziehung zwischen den Entitytypen LIEFERANT und ZEIT. Der Entitytyp LIEFERANT wird durch die Lieferantennummer identifziert, und als weitere beschreibende Attribute enthält er den Lieferantennamen mit Rechnungsadresse, Bankverbindung, Vorjahres- und aufgelaufenem Umsatz, allgemeinen Rabattklassenregelungen und Angaben über die Zuverlässigkeit (Klassifikation) bei der Termin- und Qualitätseinhaltung. Da Angebote für konkrete Objekte erstellt werden, wird die Beziehung LIEFERANTENANGEBOT zum Entitytyp uminterpretiert und über die n:m Beziehung LIEFERANTENANGEBOTS-POSITION mit dem Entitytyp AUSSCHREIBUNGSOBJEKT verbunden. Gegenstand einer Ausschreibung können nun TEILE, WERKZEUGE, VORRICHTUNGEN oder MASCHINEN sein. Deshalb werden diese Entitytypen über eine Spezialisierungsbeziehung mit dem Entitytyp AUSSCHREIBUNGSOBJEKT verbunden.

---

334 Vgl. Baumann, G.: Ein Kosteninformationssystem für die Gestaltungsphase im Betriebsmittelbau, Diss., TU München 1982, S. 106.

Da ein ANGEBOT ohne ANGEBOTSPOSITION sinnlos ist, wird auch die LIEFERANTEN-ANGEBOTSPOSITION zum Entitytyp uminterpretiert und hierarchisch mit dem LIEFERANTENANGEBOT verbunden. Neben der zeitlichen Entwicklung von Lieferantenangaben, die für die Einkaufsabteilung bei Preisverhandlungen wichtig sind, kann der Konstrukteur der Datenstruktur die aktuellen Angebote für das benötigte Teil entnehmen und den Preis des günstigsten Angebots für die Bestimmung der Herstellkosten des Verkaufteils verwenden, falls die Lieferantenkonditionen nichts gegenteiliges enthalten. Die LIEFERANTEN-KONDITIONEN sind eine n:m Beziehung zwischen LIEFERANT und AUSSCHREIBUNGSOBJEKT und haben den Charakter von Quasi-Stammdaten, da in dieser Beziehung alle Informationen gespeichert werden, die sich auf die Lieferanten-/Ausschreibungsobjekt-Verbindung beziehen. Hier werden somit auch Daten erfaßt, die im Betrieb angefallen sind, wie z.B. Qualitätsdaten aus der Wareneingangsprüfung.

Die aus vorangegangenen Angeboten entnommenen Daten werden durch die jeweiligen aktuellen Daten aus den Angeboten aufgefrischt. Deshalb wird diese Beziehung zum Entitytyp uminterpretiert und über die n:m Beziehung LIEFERANTENINFORMATIONSQUELLE mit der LIEFERANTENANGEBOTSPOSITION verbunden.
Typische Informationen, die in der Lieferantenkondition erfaßt werden, sind:[335]

- Kapazität des Lieferanten,
- konstruktive Änderungen an Teilen,
- duchschnittliche Lieferzeit,
- Qualitätsdaten aus der Wareneingangsprüfung, etc.

5.5.7 Relativkosten

Die Relativkosten können zwar nicht direkt zur Kalkulation verwendet werden, aber sie können den Konstrukteur bei Auswahlproblemen unterstützen. "Denn Relativkosten sind Bewertungszahlen zum Kostenvergleich von Lösungsvarianten. Eine Lösung, meist die kostengünstigste oder am häufigsten verwendete, wird

335 Vgl. Scheer, A.-W.: Wirtschaftsinformatik, Informationssysteme im Industriebetrieb, 2., verbesserte Auflage, Berlin-Heidelberg-New York-London-Paris-Tokyo 1988, S. 350-353.

als Bezugsobjekt (Basis) gewählt und die Verhältnisse der Kosten der anderen Lösungen zu den Kosten des Bezugsobjektes als Relativwerte angegeben"[336].

Es stellt sich die Frage, für welche Lösungsvarianten solche Relativkostenkataloge erstellt werden sollen. Ein Auswahlkriterium hierfür ergibt sich aus einem Nachteil der Relativkosten. Dieser Nachteil ist die geringe Kostentransparenz der Relativkosten, da keine Aussage über die absolute Höhe der Kostenunterschiede bei verschiedenen Alternativen möglich ist.[337] Da für sämtliche Lösungsvarianten innerhalb eines Unternehmens die absoluten Kosten vorliegen und der Konstrukteur aufgrund der Datenintegration jederzeit auf diese Kosten zurückgreifen kann, scheint die Erstellung von innerbetrieblichen Relativkosten nicht notwendig.[338]

Somit kommt nur noch die Übernahme von überbetrieblichen Relativkosten in Frage. Diese beschränkt sich auf die Relativkosten für Teile, da die Übernahme von Relativkosten für Fertigungsoperationen nicht sinnvoll ist. Eine Begründung dafür ist, daß für die firmenintern durchführbaren Fertigungsoperationen Absolutkosten vorliegen und für Neuanschaffungen ebenfalls Absolutwerte mit Hilfe der Investitionsrechnung ermittelt werden.

Im ERM wird der RELATIVKOSTENKATALOG für Teile als 1:n Beziehung innerhalb des Entitytyps TEIL dargestellt, wobei ein Teil als Basis definiert wird. Als Attribute werden in dieser Beziehung die TNR, das Aktualisierungsdatum und der Relativkostenanteil erfaßt. Deshalb wird die Beziehung zum Entitytyp uminterpretiert und über die 1:N Beziehung ZUORDNUNG mit der ZEIT verbunden.
Da es sich hier um einen überbetrieblichen Relativkostenkatalog handelt, kann es vorkommen, daß ein Teil laut Katalog günstiger ist als ein anderes, aber nach der Einholung von konkreten Angeboten genau der umgekehrte Tatbestand vorliegt. Dies kann daran liegen, daß für das günstigere Teil laut Relativkostenkatalog hohe Bezugsaufwendungen anfallen und vielleicht keine Rabatte gewährt werden, während das andere Teil von einem Lieferanten bezogen wird, zu dem schon längerfristige Geschäftsbeziehungen bestehen und der Lieferant am Ort vertreten ist. Hieraus ergibt sich, daß man bei einem Rückgriff auf überbetriebliche Relativkostenkataloge umsichtig vorgehen muß.

336 Ehrlenspiel, K.: Kostengünstig Konstruieren, in: G. Pahl (Hrsg.): Konstruktionsbücher, Band 35, Berlin-Heidelberg-New York-Tokyo 1985, S. 270.

337 Vgl. Kreisfeld, P.: Kostenbestimmung mit CAD-Systemen, in: G. Spur (Hrsg.): Forschungsberichte für die Praxis, Bd. 41, München 1985, S. 25.

338 Vgl. Ehrlenspiel, K.: Kostengünstig Konstruieren, in: G. Pahl (Hrsg): Konstruktionsbücher, Bd.35, Berlin-Heidelberg-New York-Tokyo 1985, S. 269-273.

In Abbildung 5.11 sind die oben beschriebenen Methoden und Hilfsmittel im ERM dargestellt.

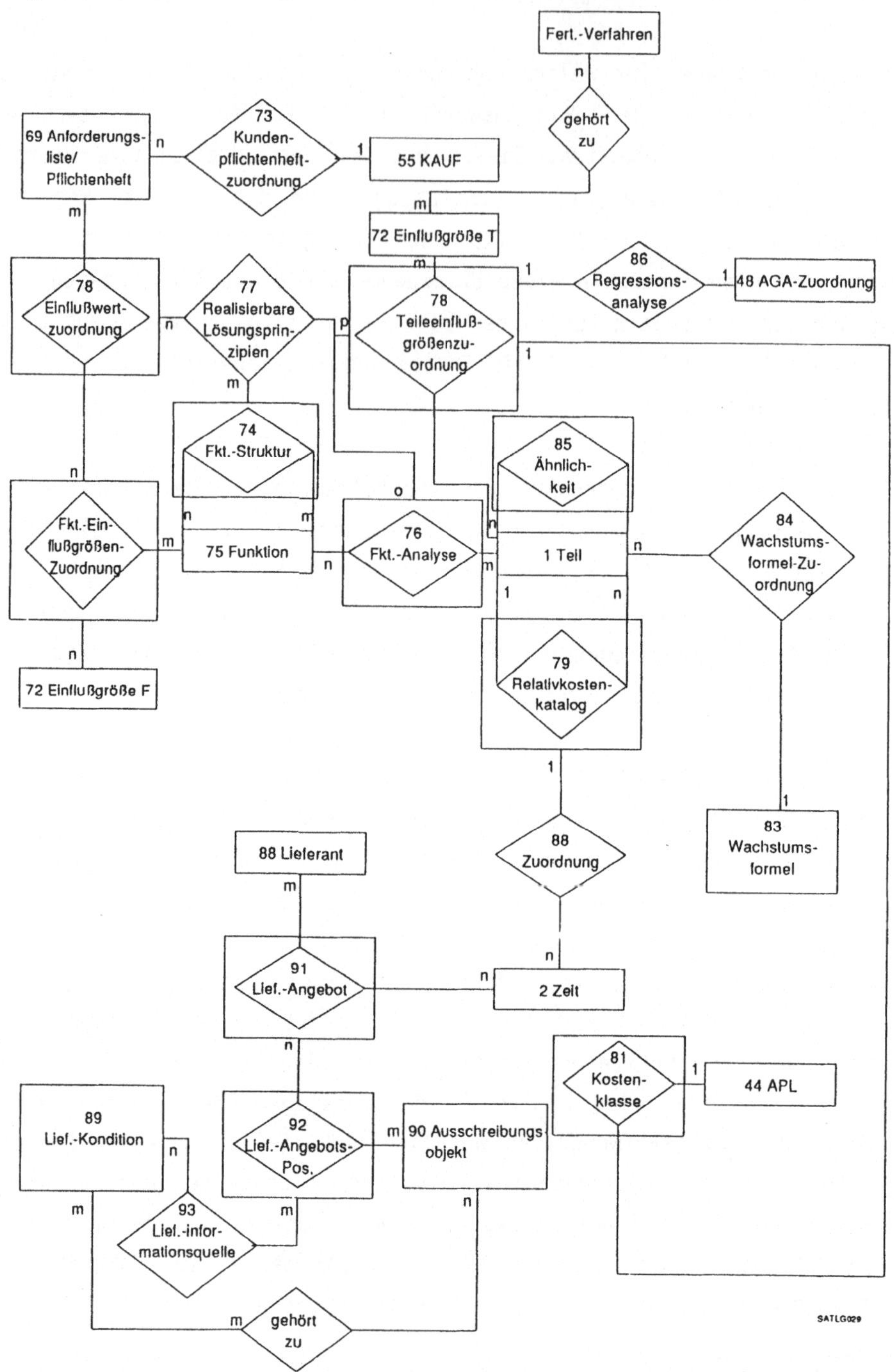

Abb. 5.11: ERM zur konstruktionsbegleitenden Kalkulation

5.6 Anbindung der Investitionsrechnung

Wie bereits im Kapitel 3 bereits diskutiert, soll der Entwickler nicht nur im Unternehmen vorhandene Fertigungsmittel in seinem Entscheidungsprozeß berücksichtigen, sondern auch noch nicht vorhandene Betriebsmittel in Überlegungen hinsichtlich der Kosten mit einbeziehen.

Mit den im Kapitel 5 bisher aufgezeigten Daten ist es möglich, die in der Produktion auf vorhandenen Betriebsmitteln anfallenden Kosten für eine konstruktive Lösung zu kalkulieren. Hinzukommen soll eine Prüfung auf kostengünstigere Produktion mit Hilfe neuer Fertigungsmittel, so daß eine konstruktive Lösung darauf abstimmbar ist.
Der Entwickler/Konstrukteur soll auch neue Verfahren oder kostengünstigere Ersatzverfahren in der entwicklungsbegleitenden Vorkalkulation berücksichtigen können.

Das Kapitel 3.3 zeigt, daß im Rahmen der Verfahren zur Investitionsrechnung Daten erarbeitet werden, die den Datenbedarf für eine entwicklungsbegleitende Kalkulation decken. Es ist möglich, Bezugsgrößen für neue Betriebsmittel zu erarbeiten. Korrespondierend zu diesen Bezugsgrößen müssen Einflußgrößen gesucht werden, anhand derer die Auswirkungen der konstruktiven Lösung auf Kosten sichtbar werden. Die Ermittlung erfolgt analytisch, da keine Vergangenheitsdaten vorliegen.
Die entsprechenden Entitytypen BEZUGSRÖßE und EINFLUßGRÖßE sind bereits berücksichtigt.
Weiterhin stellt die Einbindung der Investitionsrechnung auch organisatorische Anforderungen. Die für eine Kalkulation benötigten Daten können bereitgestellt werden. Im folgenden soll nunmehr die ablauforganisatorische Einbindung der Datenbereitstellung wiedergegeben werden.

5.7 Vorgangskette von Anregungs- bis Optimierungsphase

Hierbei wird mit der Vergabe eines Auftrags an das Unternehmen begonnen. Dieser Auftrag beinhaltet ein Produkt (Teil, Erzeugnis), das bisher noch nicht produziert wurde. Deshalb wird nach der Auftragsannahme eine Pflichtenheftdatei erstellt. In dieser werden alle Forderungen erfaßt, die an das neue Pro-

dukt gestellt werden. Diese sind jetzt der Ausgangspunkt des Konstruktionsvorganges.
Der Konstrukteur greift auf die Zeichnungsarchivdatei, Betriebsmitteldatei und Teiledatei zurück, um nach ähnlichen Produkten (Teilen, Erzeugnissen) zu suchen. Findet er keine ähnlichen Produkte, so beginnt er mit einem neuen Konzeptentwurf. Ergibt es sich jetzt, daß die Anforderungen des Pflichtenheftes nach zwei unterschiedlichen Konzepten gelöst werden können, wobei nur eins aufgrund des vorhandenen Betriebsmittelbestands realisiert werden kann, so kann der Konstrukteur durch einen Investitionsantrag eine Investition in ein neues Betriebsmittel anregen, mit dem auch das andere Konzept realisiert werden kann. Hierzu füllt er ein Investitionsantragsformular (vgl. Abbildung 5.12) aus, das er an die Investitionsabteilung weiterleitet.

<table>
<tr><td colspan="2">INVESTITIONSANTRAG
Formblatt 1: Projektbeschreibung</td></tr>
<tr><td>(1) Projektbeschreibung</td><td>(2) Art der Investition
Neuinvestition ( )
Erweiterungsinvestition ( )
Ersatz- oder Rationalisierungsinvestition ( )
Investition aufgrund gesetzlicher Auflagen ( )
Sonstige Investitionen ( )</td></tr>
<tr><td colspan="2">(3) Beschreibung des Projektes und seiner wesentlichen technischen, wirtschaftlichen und sonstigen Wirkungen</td></tr>
<tr><td>(4) Antragsteller:
Bearbeiter:</td><td>Projektnr.:
Datum:</td></tr>
<tr><td colspan="2">(5) Genehmigungsvermerke:</td></tr>
</table>

Abb. 5.12: Investitionsantragsformular[339]

Die Aufgabe der Investitionsabteilung besteht darin, sich die entscheidungsrelevanten Daten zu besorgen. Hierbei gibt sie zunächst eine Beschreibung des Ausschreibungsobjektes an die Einkaufsabteilung, die Angebote von mehreren Lieferanten einholt und die eingehenden Angebote als Angebotspositionsdaten und Lieferantenkonditionendaten erfaßt.

339 Blohm, H. und Lüder, K.: Investition, 5. Aufl., München 1983, S. 135.

Aufgrund der in der Entwicklungs-/Konstruktionsabteilung vorliegenden Daten kann jetzt die vorläufige Stückliste und der vorläufige Arbeitsplan für die nach dem neuen Verfahren zu produzierende Komponente an dem Mischarbeitsplatz zwischen Konstruktion und Arbeitsvorbereitung erstellt werden. Dazu wird von diesem Arbeitsplatz aus auf die Lieferantenkonditionen- und Angebotspositionen-, Werkzeug-, Vorrichtungs- und Betriebsmitteldaten sowie auf die Ergebnisse der Konzeptphase zurückgegriffen. Die Ergebnisse werden in die Stücklisten- und APL-Daten eingestellt.

Sofern es nicht möglich ist, die Entwicklung einer neuen Komponente bis auf die Ebene eines Arbeitsplanes zu detaillieren, sind kostenverursachende Maßgrößen der Komponente auf dem neuen Betriebsmittel grob auszuarbeiten. Entwicklung/Konstruktion erstellen vorläufige Arbeitsplandaten und Stücklistendaten. Somit bilden diese Daten für den vorliegenden Zusammenhang die Schnittstelle zu den betriebswirtschaftlichen Vorgängen.

In der Kostenrechnungsabteilung wird für das neue Betriebsmittel eine neue fiktive Kostenstelle eröffnet, deshalb muß im ERM der Entitytyp KOSTENSTELLE um ein Statusattribut erweitert werden, das kennzeichnet, ob es sich um eine reale oder fiktive Kostenstelle handelt. Hier werden die Planbezugrößen und die Planzuschlagssätze ermittelt, indem auf die Lieferantenkonditionen-, Angebotsposition-, APL- Stücklisten- und Prognosedaten des Vertriebs zurückgegriffen wird.

Aus der Prognosedatei erhält man die Planabsatzmengen für die folgenden Planungsperioden (Jahre), denn die Bestimmung der Einnahmen findet parallel zur Angebotsausschreibung statt, da hierfür nur die Produktart bekannt sein muß, die mit der neuen Maschine gefertigt werden soll. Diese Daten werden der Pflichtenheftdatei entnommen.
Hieraus ergibt sich nun, daß es von den Eingangsterminen der Angebote abhängt, wann die Ergebnisse der Investitionsrechnung vorliegen. Dies ist auch unabhängig von den angewandten Investitionsrechnungsverfahren, da sowohl bei den statischen als auch dynamischen Methoden die konkreten Maschinendaten benötigt werden. So braucht man z.B. bei der Kostenvergleichsrechnung zur Bestimmung der Abschreibungshöhe die technische Nutzungsdauer und den Einstandspreis.

Weil man bei der Investitionsrechnung von Einzahlungen und Auszahlungen ausgeht, müssen die Forderungen zu den Anfangsausgaben hinzugerechnet werden. Da

Forderungen Einnahmen, aber keine Einzahlungen sind, wird in der Periode der Realisierung des Investitionsprojektes diese Differenz zwischen Einnahmen und Einzahlungen auf der Ausgabenseite korrigiert.
In der Vorgangskette (vgl. Abbildung 5.13) ist die Ermittlung solcher Ausgabenarten nur beispielhaft für zwei Ausgabenarten angedeutet.

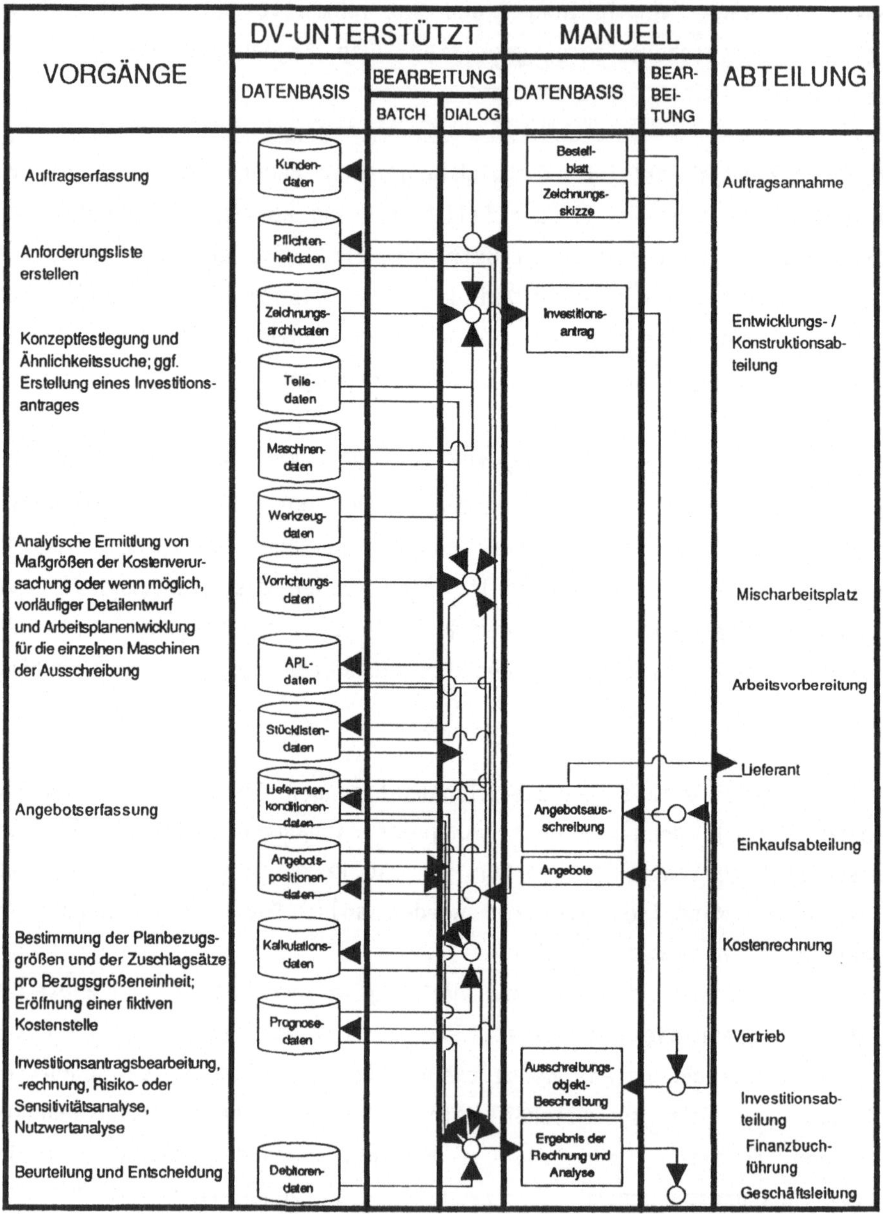

Abb. 5.13: Vorgangskette zur Anbindung der Investitionsrechnung

Wenn die Investitionsabteilung alle Ausgaben ermittelt hat, die zu bzw. von den Anfangsausgaben hinzuzurechnen oder abzuziehen sind, wird die Investitionsrechnung durchgeführt und die Wirkung der Veränderung unsicherer Variablen auf das Ergebnis, z.B. mit Hilfe der Sensitivitätsanalyse, untersucht. Die hierbei erzielten Ergebnisse werden zusammen mit den Ergebnissen der Nutzwertanalyse der Geschäftsleitung vorgelegt, damit diese eine Entscheidung fällen kann.

6. Modell eines Kalkulationssystems für den Einsatz im Produktentwicklungsprozeß

6.1 Prämissen des Systems

Das Kosteninformationssystem wird für Unternehmen mit Stückfertigung entwikkelt. Spezielle Berücksichtigung finden Auftrags- und Einzelfertiger, die ganz besonders auf Kosteninformationen schon während der Konstruktion angewiesen sind, da keine Plankalkulationen aufgrund ständig wechselnder Aufträge zur Verfügung stehen. Unterstützt wird die Konstruktion mehrteiliger Stückgüter, die in einem unverbundenen, mehrstufigen Produktionsprozeß hergestellt werden.

In diesen Unternehmen muß ein CAD-System, ein Softwareprodukt für die Kostenrechnung, das die Plankostenrechnung unterstützt (z. B. SAP-RK[340]) sowie ein PPS-System vorhanden sein. Das hier vorgestellte EVKS benötigt Schnittstellen zu diesen Systemen, um auf die dort vorhandenen und gespeicherten Daten zugreifen zu können (vgl. Abbildung 6.1).

Für den Zugriff auf diese Daten wird ein Datenserver entwickelt. Dieser erlaubt es, alle für eine Kalkulation notwendigen Daten an einem Kalkulationsarbeitsplatz zusammenzuführen.

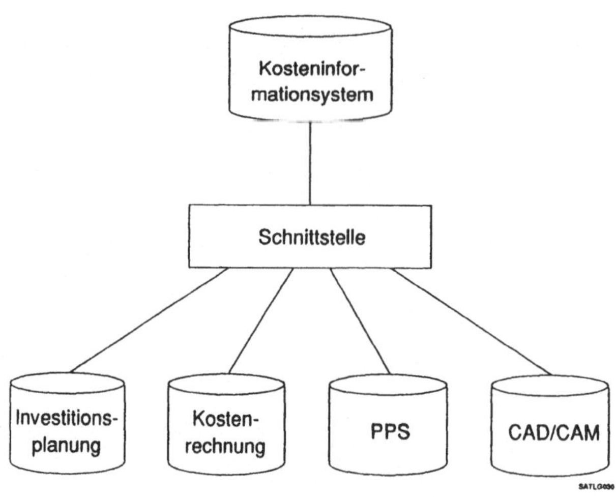

Abb. 6.1: Schnittstelle zu vorhandenen Systemen

340 System RK, SAP (Systeme, Anwendung, Produkte), Walldorf/Baden.

Weiterhin wird die bereits angesprochene organisatorische Integration der Abteilungen der Konstruktion und der Arbeitsvorbereitung gefordert. Bei konventioneller Gliederung dieser Bereiche endet der Konstruktionsvorgang mit der Fertigstellung der Konstruktionszeichnungen und -stücklisten. Die Arbeitsvorbereitung legt anschließend die Arbeitspläne und Fertigungsstücklisten fest. Sie vervollständigt somit die fertigungstechnischen Gesichtspunkte. Der Konstrukteur sollte aber bei jedem Entscheidungsschritt auch auf die kostenmäßigen Konsequenzen fertigungstechnischer Möglichkeiten hingewiesen werden.
Dies ist heute möglich beim Einsatz einer integrierten CAD/CAM-Informationsverarbeitung. Es entsteht ein CAD/CAM-Arbeitsplatz, an dem während der Konstruktion die kostenrelevanten Detailentscheidungen auch unter Berücksichtigung der fertigungstechnischen Realisierung getroffen werden können. So können z. B. aus Geometriedaten des CAD-Systems NC-Programme generiert werden oder Funktionen der Fertigung können im CAD-System simuliert werden.[341] Bei der Generierung von NC-Programmen errechnen die dazu verwendeten Algorithmen alle Zeiten, die auf einem bestimmten Betriebsmittel für die Fertigung eines Teils anfallen. Diese Zeiten können auf der Einzelteilebene, also in der Ausarbeitungsphase der Konstruktion, für eine Kalkulation bereitgestellt werden.
In den betrachteten Unternehmen muß weiterhin die Plankalkulation bzw. die Kostenplanung eingesetzt werden.

Die Einteilung in Kostenstellen wird als Platzkostenrechnung durchgeführt. Bei dieser ist es zwar möglich, in einer Kostenstelle mehrere Maschinengruppen mit unterschiedlicher Kostenstruktur zusammenzufassen, jedoch werden für jede Maschinengruppe gesonderte Bezugsgrößen, Kostenpläne und Kalkulationssätze ermittelt. Bei der Kostenplanung kann beliebig weit nach Maschinengruppen und Betriebsmitteln differenziert werden.

Für standardisierte, genormte oder oft benutzte selbsterstellte Teile oder Baugruppen müssen Plankalkulationen vorliegen. Für ständig verwendete Zukaufteile sind Planpreise zu Beginn der Planungsperiode zu ermitteln.
Für jeden Auftrag eines Einzel- und Auftragsfertigers wird eine mitlaufende Standardnachkalkulation durchgeführt, um die angefallenen Istherstellkosten zu ermitteln. Dafür muß das Verfahren der Bezugsgrößenkalkulation mehrteiliger Erzeugnisse angewendet werden, da dieses Verfahren im Kosteninformationssystem durchgängig benutzt wird und auf die Standardnachkalkulation abgerechneter Aufträge zurückgegriffen wird.

---
341 Vgl.: Scheer, A.-W.: Konstruktionsbegleitende Kalkulation in CIM-Systemen, Veröffentlichungen des Instituts für Wirtschaftsinformatik, Saarbrücken 1985, S. 17.

Die Sichtweise des Rechnungswesens auf die Produktion zeigen die Bezugsgrößen.
Komplementär zu den für die Bezugsgrößenkalkulation verwendeten Bezugsgrößen, sind Einflußgrößen zu erarbeiten. Der Bearbeiter (Konstrukteur) verändert durch Modifikationen am Produkt gleichzeitig die Einflußgrößen. Dadurch werden auch die im Betrieb auf vorhandenen Betriebsmitteln entstehenden Kosten beeinflußt. Damit entsprechen die Einflußgrößen einer detaillierteren Sichtweise auf die Kosten als die in der Betriebswirtschaftslehre verwendeten Bezugsgrößen. Diese Einflußgrößen repräsentieren die Sicht der Konstruktion auf die Produktion.

Im Falle von Konstruktionsänderungen, die den Einsatz eines bestimmten neuen Fertigungsverfahrens determinieren, sind im Rahmen der Investitionsrechnung ebenfalls Bezugsgrößen zu erarbeiten. Abgeleitet davon werden dann wiederum Einflußgrößen. Dieses Zusammenwirken, auf dem die vorliegende Arbeit aufbaut, zeigt die Abbildung 6.2.

6.2 Systemtechnische Voraussetzungen

Insgesamt gesehen ist für alle Konstruktionsphasen die Kalkulation nicht losgelöst von der elektronischen Datenverarbeitung in der Konstruktion zu betrachten. Nach Möglichkeit sollten alle EDV-gestützten Vorgänge so gestaltet sein, daß die eingehenden und entstehenden Daten systemunterstützt weiter zu verarbeiten sind. Dies hat vor allem für algorithmierbare Tätigkeiten Vorrang, da nach Wegfall dieser Arbeiten den heuristischen Tätigkeiten verstärkt Zeit gewidmet werden kann.
Kosten, die die Konstruktion festlegt, haben immer starken Bezug zu der Fertigungstechnik. Sind die Belange der Fertigungstechnik optimal berücksichtigt, um eine technische Funktion zu realisieren, ist es ausgehend von der Konstruktion nicht mehr möglich, kostensenkend einzugreifen. Im weiteren Sinne gehören hierzu auch Regeln, wie beispielsweise die Entscheidung, ob eine Integralbauweise oder eine Differentialbauweise kostengünstiger ist. Dies bedeutet, daß alle Konstruktionsregeln, hierunter seien sämtliche denkbaren und realisierten Empfehlungen bezüglich des kostengünstigen Konstruie-

rens verstanden, letztendlich einen Bezug zu den Herstellkosten (Fertigungs-, Material-, Sondereinzelkosten der Fertigung) haben.[342]

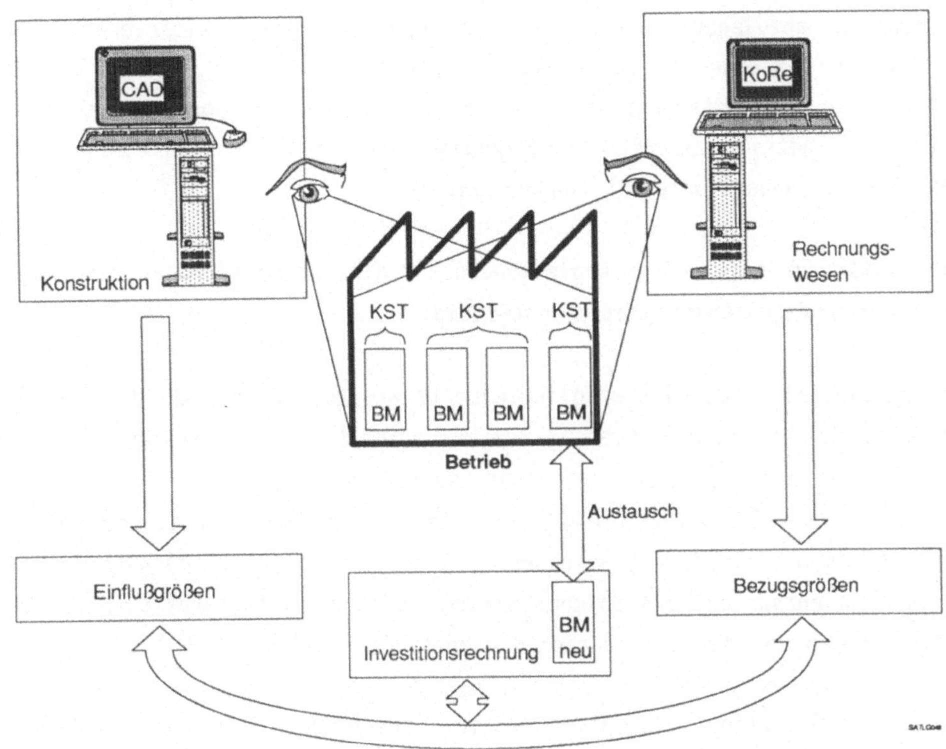

Abb. 6.2: Sichtweise des Rechnungswesens durch Bezugsgrößen und Sichtweise der Konstruktion durch Einflußgrößen auf den Betrieb

Alle Informationen, die sich auf Kosten beziehen, hängen somit eng mit der Unterstützung des Konstruktionsbereichs mit technologischen Daten zusammen. Technologische Daten wiederum determinieren die Bezugsgrößen, die in der Kostenrechnung gebildet werden.

Um kostengünstig zu konstruieren, müssen dem Konstrukteur neben Kosteninformationen, wie dies viele mehr technisch orientierte Arbeiten zeigen, auch Informationen über die im Unternehmen existierenden Fertigungsmöglichkeiten zur Verfügung gestellt werden.

342 Vgl. Ehrlenspiel, K.: Kostengünstig Konstruieren, in: G. Pahl (Hrsg.): Konstruktionsbücher, Bd. 35, Berlin-Heidelberg-New York-Tokyo 1985, S. 13-36, der auch auf die betriebswirtschaftlichen Aspekte der Kalkulation im Rahmen der Konstruktion eingeht.

Zusätzlich zu den Kommunikationsgrenzen zwischen einzelnen Softwaresystemen und durch die bestehende Ablauforganisation, Konstruktion - Arbeitsvorbereitung - Fertigung, erlauben es die CAD-Systeme kaum, Kosteninformationen und fertigungstechnische Informationen für Konstruktionsobjekte (Bauteile, Funktionen) so abzulegen, daß diese Informationen direkt weiterverarbeitet werden können. Hierdurch wären dem Konstrukteur Informationen direkt zugänglich, die ein kostengünstiges und fertigungsgerechtes Konstruieren nach den jeweiligen betriebsspezifischen Gegebenheiten (vorhandene Werkzeuge, Maschinen, Vorrichtungen) unterstützen würden.

Für ein System zur entwicklungsbegleitenden Vorkalkulation ist aber eine möglichst weitgehende Datenintegration notwendig.

Im vierten Kapitel wurde diesbezüglich eine Datenstruktur entwickelt, wie sie idealerweise für ein integriertes System zur entwicklungsbegleitenden Vorkalkulation (EVKS) in ein Datenbanksystem umzusetzen ist.
Folgt man bei der Entwicklung einer Datenbasis für ein EVKS dieser Datenstruktur und entwickelt darauf aufbauend ein von den Daten unabhängiges Softwaresystem, so entspricht ein solches System dem fünften Integrationsgrad der von Scheer[343] entwickelten Integrationsstufen (vgl. Abbildung 6.3).

Die derzeitige Situation zeigt aber, daß für verschiedene betriebliche Bereiche ganz dedizierte Anwendungen am Markt verfügbar sind. In den unterschiedlichen Systemen für betriebliche Funktionalbereiche existieren Softwarekomponenten, die bereits viele der für ein EVKS benötigten Daten und Algorithmen beinhalten. Es handelt sich hierbei um:

- das Kostenrechnungssystem,
- das CAD-System und
- das PPS-System.

---

343 Scheer, A.-W.: Strategie zur Entwicklung eines CIM-Konzeptes, Organisatorische Entscheidungen bei der CIM-Implementierung, Veröffentlichungen des Instituts für Wirtschaftsinformatik, Heft 51, Saarbrücken 1986,S. 9.

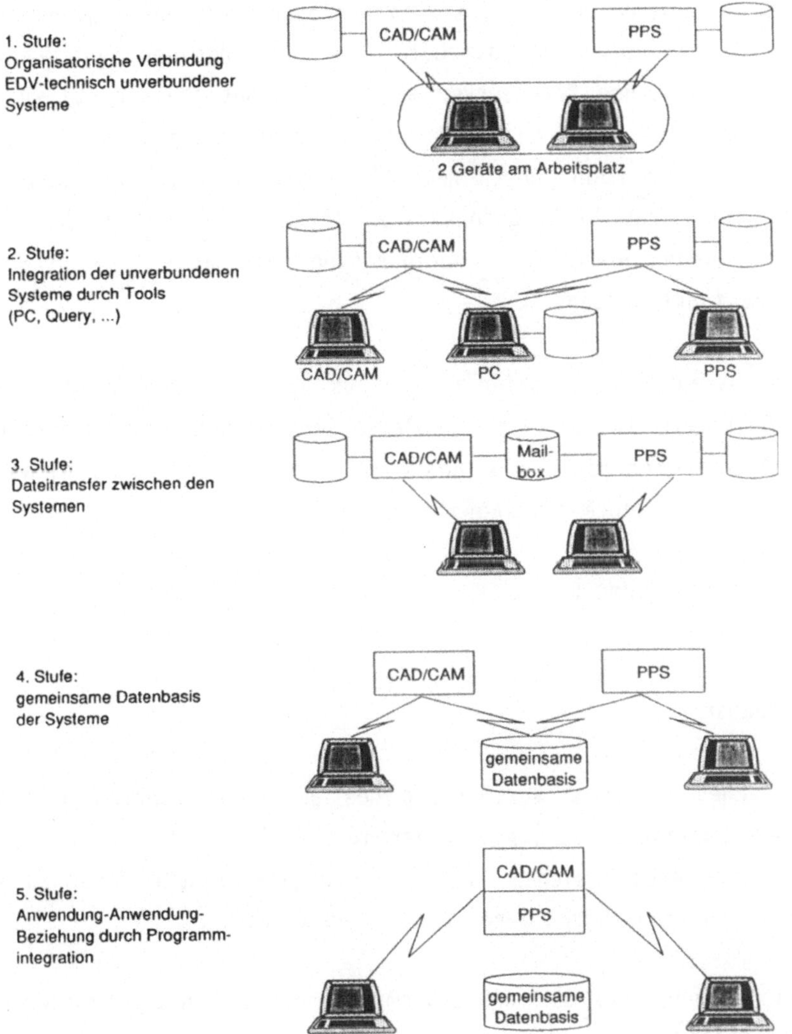

Abb. 6.3: CIM-Integrationsgrade und -möglichkeiten[344]

Die Investitionsrechnung wird weitgehend manuell durchgeführt. Entsprechend der Diskussion in Kapitel 5.5 müssen aus der Investitionsrechnung Daten für eine Kalkulation bereitgestellt werden. Bei diesen Daten handelt es sich um Datentypen, die schon in einem Kostenrechnungssystem benötigt bzw. abgelegt werden.

344 Scheer, A.-W.: Strategie zur Entwicklung eines CIM-Konzeptes, Organisatorische Entscheidungen bei der CIM-Implementierung, Veröffentlichungen des Instituts für Wirtschaftsinformatik, Heft 51, Saarbrücken 1986,S. 9.

Aus dieser Situation heraus und um die Praxisrelevanz des vorliegenden Ansatzes zu wahren, ist es notwendig, die Daten aus den einzelnen Systemen der Funktionalbereiche über einen Datenserver am Kalkulationsarbeitsplatz zusammenzuführen. Dies schließt nicht aus, daß auch der CAD-Arbeitsplatz der Kalkulationsarbeitsplatz sein kann. Durch neutrale Datenschnittstellen kann der Datenserver, und damit das Kalkulationssystem (EVKS), in verschiedene Systemumgebungen mit unterschiedlicher Konfiguration der Hard- und Softwarekomponenten implementiert werden.

Der Einsatz eines Datenservers empfiehlt sich aus verschiedenen Gründen. Zum einen kann in CAD-Systeme dieser leicht implementiert werden, zum anderen erhält das Kalkulationssystem dadurch allgemeingültigen Charakter. Es sind damit alle CAD-Systeme, die die Minimalanforderungen:

- Attributverwaltung und
- User-Exits

besitzen, anschließbar.

User-Exits ermöglichen es, ohne Veränderung des Quellcodes innerhalb eines CAD-Systems weitere Funktionen zu implementieren.
Die Attributverwaltung stellt sicher, daß auch organisatorische Daten zu einem beliebigen Konstruktionsobjekt verwaltet werden können.

So ist es möglich, innerhalb des CAD-Systems zu einem Konstruktionsobjekt beispielsweise identifizierende und klassifizierende Parameter zu verwalten. Als Minimalforderung wird dabei vorausgesetzt, daß die Teilenummer zur Identifikation eines Teils als Attribut zugeordnet werden kann. Ausgehend davon kann dann, beispielsweise im Falle einer Klassifizierung von Komponenten, auf die Objektklasse verwiesen werden.

Teileinformationen aus dem PPS-System und dem Kostenrechnungssystem sind über den Teilestammsatz[345] am Kalkulationsterminal/CAD-Terminal mit den Zeichnungsinformationen zusammenzuführen. Hier werden dem Entwickler die Bezugsgrößen und die korrespondierenden Einflußgrößen pro zu bearbeitendem Objekt angezeigt (vgl. hierzu auch Kapitel 5.3.2.2).

345 Der Teilestammsatz enthält die Teilenummer.

Die User-Exits garantieren die Schnittstellen zu externen Systemen oder für eine externe Programmierung und sind deshalb hier genannt, da sich offene Systeme erst in der jüngeren Vergangenheit durchgesetzt haben.
Spezielle Anforderungen an ein Datenspeicherungskonzept für organisatorische Daten im CAD-System werden nicht erhoben. Eine Verknüpfung der geometrischen und organisatorischen Daten erfolgt über Verfahren, die die CAD-Systeme ermöglichen. Weitergehende Forderungen an Datenaustausch- und Informationstransaktionen deckt der Datenserver ab.

Da auch andere Bereiche als die Konstruktion auf ein System zur entwicklungsbegleitenden Kalkulation zugreifen, wie dies aus Kapitel 3 hervorgeht, muß das Kalkulationssystem nicht direkt unter dem CAD-System implementiert sein. Sofern ein eigener Kalkulationsarbeitsplatz zum Einsatz kommt, muß der Zugriff auf alle Daten des CAD-Systems gewährleistet sein.

Somit wird ein System vorgeschlagen das als Stand-alone System oder unterhalb eines CAD-Systems Daten aus den angesprochenen Systemen:

- CAD,
- PPS und
- Kostenrechnung,

entsprechend der in Kapitel 5 definierten Datenstruktur erhält.
Die Konstruktion kann so angebunden werden, daß eine Kalkulation während der Arbeit am CAD-System durchführbar ist, ohne daß dieses verlassen werden muß. Dies bedeutet, daß keine Abmelde- und Anmeldeprozeduren zum Verlassen eines Systems oder zur Anmeldung in ein System durchzuführen sind. Dies gilt für alle mit dem Datenserver verbundenen Systeme. Eine moderne Alternative ist die Windowtechnik.

6.2.1 Realisierung des Datenaustausches

Die Möglichkeit, Daten aus einem 2D-CAD-System zu generieren und zur weiteren Verarbeitung bereitzustellen, wurde entsprechend dem in Abbildung 6.4 gezeigten Prototyp realisiert. Zur Extraktion von Daten aus Zeichnungen, sind verschiedene konstruktive Elemente jeweils einem "Pattern" zugeordnet.

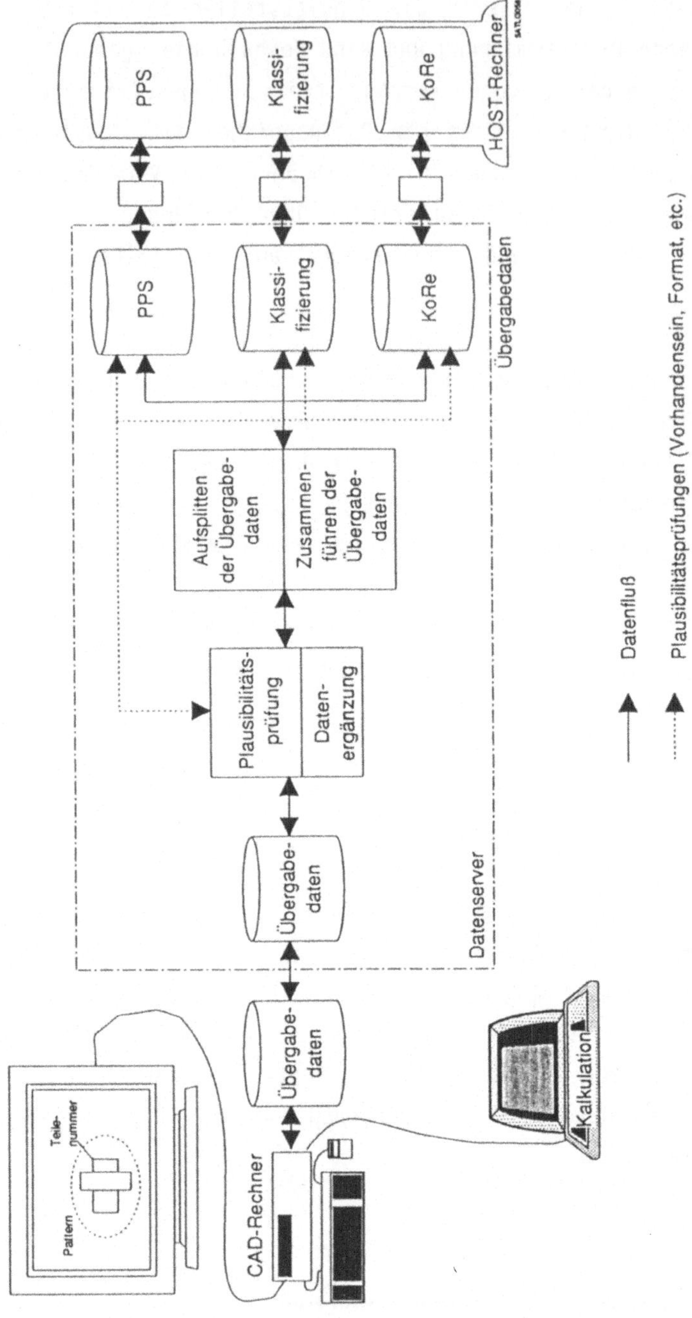

Abb. 6.4: Datenaustausch zwischen dediziert eingesetzten betrieblichen Systemen in einem realisierten Prototyp

An jedes Pattern kann ein Attribut frei vergeben werden. Damit stehen die Daten für eine weitere Verwendung in anderen Systemen bereit. Die Begrenzung auf ein Attribut im vorliegenden Prototyp für den Datenserver ist von dem eingesetzten CAD-System, HP Draft, abhängig.

Sobald die konstruktive Arbeit soweit fortgeschritten ist, daß eine Kalkulation angestoßen werden kann, werden durch das CAD-System alle für eine Kalkulation erarbeiteten Daten automatisch bereitgestellt und an den Datenserver übergeben. Hierzu ist lediglich eine Funktion auf dem Funktionstablett des CAD-Systems anzuwählen. Der Datenserver führt erforderliche Plausibilitätsprüfungen bezüglich Formaten und Vollständigkeit auf die Datenbasis des Kalkulationssystems durch, splittet die vom CAD-System gelieferten Daten in Änderungsdaten und neue Daten auf und übergibt sie zur automatischen Übernahme in das Kalkulationssystem.

Als Kontrollfunktion für einen vollständigen Datenaustausch dient eine systemübergreifende Statusverwaltung. Diese hat die Aufgabe, Auskunft über den Stand der Entwicklung und die Datenübertragung zwischen den angeschlossenen Systemen zu geben.

Basisfunktionen des Datenservers sind:[346]

Datenaustauschtransaktionen:
Die Datenaustauschtransaktionen stellen die vollständige Datenübertragung aktuell generierter Daten zwischen einem CAD-System und einem angeschlossenen Kalkulationssystem sicher. Gleichfalls wird auf diesem Weg eine Kalkulation von dem CAD-System aus angestoßen. Dies erfolgt durch ein über die User-Exits implementiertes Transaktionsmenu, aus dem mit Hilfe des Cursors die gewünschte Datenaustauschtransaktion angewählt und gestartet wird.
Die implementierten Plausibilitätsprüfungen ermöglichen einen Dialog. Sofern nicht alle für eine Kalkulation relevanten Daten übergeben werden konnten, ist es dem Entwickler möglich, Daten nachzuführen.

Terminalemulation:
Die Transaktionen zwischen dem für kommerzielle Zwecke eingesetzten Rechner (PPS, Kostenrechnung) und dem für technische Zwecke eingesetzten Rechner (CAD) steuert ein Terminalemulator, der somit die Basis für die Kommunikation zwischen den Anwendungen übernimmt. Es ist möglich, aus einer Anwendung heraus mit anderen Systemen zu kommunizieren, ohne die primäre Anwendung zu ver-

346 Gröner, L.; Roth, L.: CIM-Handler für die Verbindung von Softwaresystemen, in: CIM-Management, Nr.4 (1987), S. 14-19.

lassen. Der Emulator bildet die Brücke für eine Anwendung - zu - Anwendung Beziehung[347] und bietet:

- einen normalen Bildschirmdialog,
- automatische Programmstarts und
- automatische Dialoge.

Der Terminalemulator hat die Aufgabe, für alle Phasen der Systemintegration die Datenverbindung zu schaffen. Dies gilt für die möglichen innerbetrieblichen Systemkonfigurationen:

- CAD-System auf technischer Hardware,
  Kalkulationssystem auf kommerzieller Hardware,
  wobei die unterschiedlichen Protokolle der Betriebssysteme, bei bestehender hardwaretechnischer Verbindung, umgesetzt werden müssen.[348]

- CAD-System auf kommerzieller Hardware,
  Kalkulationssystem auf kommerzieller Hardware,
  unterschiedliche Betriebssysteme.

- CAD-Sytem und Kalkulationssystem unter gleichem Betriebssystem.
  Der Terminalemulator steuert noch die Kommunikation zwischen den Anwendungen
    - automatische Programmstarts,
    - automatische Dialoge.

Informationstransaktionen:
Entsprechend den Anforderungen der Benutzer erzeugt das System automatisch ein Menu für Informationstransaktionen.
Informationstransaktionen ermöglichen es dem CAD-Benutzer oder dem Benutzer des Kalkulationssystems (EVKS), über vorformulierte oder freie Abfragen Daten aus den angeschlossenen Systemen zu erhalten. Die Funktion ist vor allem für die Erarbeitung von Entscheidungsalternativen wichtig, die durch Suchen in abgelegten Konstruktionsalternativen und Relativkostenkatalogen gefunden wer-

347 Vgl. Scheer,A.-W.: CIM - Der computergesteuerte Industriebetrieb, 3., erweiterte Auflage, Berlin-Heidelberg-New York-London-Paris-Tokyo 1988, S. 117.

348 Traditionell besitzen kommerzielle Rechner leistungsfähige Input-/Outputprozessoren und technische Rechner auf komplexe Rechenoperationen ausgelegte Prozessoren.

den. Funktionskataloge und Konstruktionsregeln für kostenarmes Konstruieren können im EVKS aufgebaut werden.
Um den Katalog abrufbarer Kosteninformationen ausbaufähig zu gestalten, ist das Kalkulationssystem modular aufgebaut. So sind neben der reinen Kalkulation einer erarbeiteten Lösung oder Teillösung auch Informationen zur Kostenoptimierung dem Benutzer zugänglich.

Unter Informationstransaktionen ist die Nutzung von:

- Anfragesprachen,
- Berichtsgeneratoren,
- vorformulierte strukturierte Transaktionen,
- Query-Jobs und
- File-Transfer

zu verstehen.

Vorformulierte strukturierte Transaktionen:
Hierbei handelt es sich um frei programmierte, dialoggesteuerte Transaktionen, z.B. Cobol- oder Pascalprogramme, die Zugriffe auf die Datenbasen angeschlossener Systeme ermöglichen. Im Vordergrund steht der Zugriff auf die Datenbasis des Kalkulationssystems. Hierin sind alle Kalkulationsalgorithmen abgelegt. Benötigt der Entwickler Kostendaten von Kaufteilen, so muß das System automatisch auf die PPS-Datenbasis zugreifen, da diese Daten nicht in der Datenbasis des Kalkulationssystems gespeichert werden.
Der Benutzer erhält trotz verschiedener angeschlossener Systeme eine einheitliche Benutzeroberfläche. Implementiert wurden in einem Prototyp der Zugriff auf Stücklistendaten, die aus der PPS-Datenbank ausgelesen und am CAD-/Kalkulations-Terminal angezeigt werden.
Da sowohl freiprogrammierte als auch festprogrammierte Abfragen möglich sind und zudem eine Datenbankabfragesprache (Query-Language) implementierbar ist, genügen die Informationstransaktionen allen Anforderungen an Modularität und sind universell in ein Kalkulationssystem einzubinden.

6.2.2 Systemkonfiguration

Die Systemkonzeption enthält alle Datenaustauschtransaktionen und notwendigen Feldinhalte.
So sind für das EVKS folgende Transaktionen vorgesehen:

- Kalkulationstransaktion:
  Anstoßen einer Kalkulation mit Datenübergabe vom Kalkulationsterminal aus;

- Kalkulationsdialog:
  Bei fehlenden Daten oder alternativen Möglichkeiten der Gestaltung muß ein Dialog möglich sein, um so optimierend in den Konstruktionsprozeß einwirken zu können;

- Stücklisteninformationen:
  Bereitstellen der im Produktionsplanungs- und -steuerungssystem vorhandenen Stücklistendaten eines Teiles. Wahlweise Baukasten- oder Strukturstückliste;

- Teileverwendungsinformationen:
  In welche Komponenten gehen einzelne Teile ein;

- Klassifizierungsinformationen:
  Auffinden ähnlicher Teile, automatisch oder dialoggesteuert;

- Betriebsmittel- und Kapazitätsinformationen:
  Technische Spezifikationen, die die Kapazitäten der Fertigungseinrichtungen beeinflussen, besonders bei Eilaufträgen, müssen in der Konstruktion berücksichtigt werden. Es muß möglich sein, auf Betriebsmitteldaten (Kalkulationsdatenbasis, Technologiedatenbasis) und Kapazitätsdatan (PPS-Datenbasis), zur Abschätzung einer termingerechten Fertigung, zuzugreifen.

Unter Technologiedatenbasis ist die strukturierte Ablage von technologischen Daten, wie:

- Schnittwerte unterschiedlicher Werkstoff-/Schneidstoffkombinationen,

- Werkzeugdaten,
- Maschinendaten,
- Anforderungen an die Oberflächenbearbeitung

zu verstehen.

Durch einen modularen Aufbau besteht die Möglichkeit, weitere Datenaustauschtransaktionen, Informationstransaktionen und Verwaltungstransaktionen hinzuzufügen. Dies wird über Initialisierungstabellen erreicht, die jeweils alle Transaktionen und Feldinhalte beinhalten.

6.2.3 Beurteilung

Durch den vorgestellten EDV-technischen Ablauf in einem Prototypen für ein EVKS konnte gezeigt werden, daß mit heute vorhandenen Hard- und Softwarekomponenten ein Integrationsgrad mit folgenden Merkmalen erreicht werden kann:

- Dateitransfer,
- Dialogfähigkeit,
- Start von Anwendungen aus einem anderen System heraus,
- Alternativer Einsatz unterschiedlicher Verbindungsterminals,
  - alphanumerisches Terminal,
  - PC als Workstation,
  - CAD-Terminal.

Die Anforderungen an die beteiligten CAD-Systeme sind für eine erste Ausbaustufe sind gering. Zu unterschiedlichen Konstruktionsobjekten müssen unterschiedliche Attribute verwaltet werden können. Erweiterte Möglichkeiten ergeben sich, wenn die Feldlängen variabel anpaßbar ("customizeable") sind.
Die entwickelte Vorgehensweise für einen Datenaustausch zwischen unterschiedlichen Systemen ermöglicht einen universellen Einsatz und hat allgemeingültigen Charakter. Bei der Nutzung von CAD-Systemen innerhalb der konstruktionsbegleitenden Kalkulation eignet sich der Datenserver für den Datentransfer in allen Konstruktionsphasen.
Für die Erstellung eines solchen Kalkulationssystems und für die Tätigkeiten der Datenwartung und -aufbereitung im späteren Betrieb zeigt sich der Daten-

server von Vorteil. Immer müssen aus mehreren Systemen (PPS, Kostenrechnung, CAD) Daten übernommen und aufbereitet werden. Dies erfordert durchgängige Zugriffe ohne umständliche Anmelde- und Abmeldeprozeduren. Da innerhalb des Terminalemulators für alle Datenzugriffe, automatischen Dialoge und Programmstarts Schreib-/Leseberechtigungen und Paßwörter vergeben werden können, ist auch die Datensicherheit gewahrt.

Entsprechend den angesprochenen Integrationsgraden und -möglichkeiten (vgl. Abbildung 6.3) ist das System auf Stufe vier anzusiedeln. Dabei beinhaltet diese Stufe auch die Merkmale der Stufe zwei und drei. Durch die Trennung der Datenbestände für das Kalkulationssystem einerseits und dem CAD-System andererseits kann auch ein Microrechner (PC) als Kalkulationsarbeitsplatz eingesetzt werden. Dies trägt auch der Forderung Rechnung, daß nicht unbedingt ein CAD-System vorhanden sein muß. In den frühen Konstruktionsphasen wird zum Teil noch keines eingesetzt.

Ferner kann jeder Benutzer über eine Datenbankabfragesprache (Query) freie oder für bestimmte Probleme vorformulierte Datenbankanfragen starten. Kostendaten, Konstruktionsregeln, Optmierungsregeln, etc. sind somit vom Konstruktionsarbeitspatz aus abrufbar.

6.3 Aufbau des Modells

Nachfolgend wird die Aufbereitung von Daten für eine entwicklungsbegleitende Kalkulation und der Ablauf für die Durchführung der Kalkulation erarbeitet. Der Zugriff auf zusätzliche Informationen wie Konstruktionskataloge, Relativkosten, etc. dient der Information des Konstrukteurs und nicht der Kalkulation. Das vorangegangene Kapitel zeigt, daß der Zugriff auf solche Daten möglich ist, sofern diese systemgestützt vorgehalten werden.
Der Schwerpunkt liegt im folgenden auf dem zu implementierenden Kalkulationsalgorithmus.

6.3.1 Vorbereitungsteil

Im ersten Schritt des EVKS werden die in den vergangenen Perioden konstruierten und kalkulierten Einzelteile in Kostenfamilien (vgl. Abb. 6.5) eingeteilt. Hierbei wird davon ausgegangen, daß Teile, die unter ähnlichen technologischen Bedingungen gefertigt werden, zu Teilefamilien zusammengefaßt werden können.[349]
Unter ähnlichen technologischen Bedingungen sind die abzuarbeitenden Fertigungsoperationen zu verstehen. Dies bedeutet, daß im wesentlichen dieselben Betriebsmittel mit ähnlichen technologischen Anforderungen zum Einsatz kommen. Somit sind auch die zu durchlaufenden Kostenstellen und die entstehenden Kosten pro Teil determiniert. Durch eine solche Gruppenbildung kommt man zu Kostenfamilien, für deren Erstellung die Clusteranalyse eingesetzt werden kann.

Unter dem Begriff Clusteranalyse werden mathematisch-statistische und heuristische Verfahren zusammengefaßt, die sich mit dem Problem Gruppierung von Elementen beschäftigen.[350]
Für die Clusteranalyse werden außerdem die Bezeichnungen "Klassifikation" oder "Taxonomie" verwendet.[351]

Kostenfamilien sind Gruppen, die eine ähnliche Kostenstruktur bzw. ein ähnliches Kostenverhalten aufweisen. Ein solche Klassifizierung dient zur Steigerung der Qualität der Informationen über Kosten.[352]

Das Ergebnis dieses Verfahrens ist somit die Einteilung der Endprodukte oder Baugruppen in Kostenfamilien, die möglichst gleiche geometrisch und technologisch begründete Kostenabhängigkeiten aufweisen.
Hierzu ist die Auswertung von konstruktiven und technologischen Daten und Kostendaten der in den vergangenen Perioden hergestellten Produkte oder Aufträge erforderlich. Die in der Konstruktion festgelegten fertigungstechnischen Daten vorhandener Produkte/Teile sind in den Arbeitsplänen abgelegt. Die Kostendaten und Kalkulationen dieser Erzeugnisse sind in der Stan-

349 Vgl. Strauch, R. von: Variantenanalyse und Anwendung in der Serienfertigung, in: Späth, H. (Hrsg.): Fallstudien Operations-Research, Bd. 3, München-Wien 1980, S. 93-104.

350 Vgl.: Steinhausen, D.; Langer, K.: Clusteranalyse, Berlin-New York 1977, S. 11.

351 Vgl.: Steinhausen, D.; Langer, K.: Clusteranalyse, Berlin-New York 1977, S. 14, und Bock, H. H.: Automatische Klassifikation, Göttingen 1974, S. 4.

352 Vgl.: Kreisfeld, P.: Kostenbestimmung mit CAD-Systemen für Rotationsteile, in: Spur, G. (Hrsg.): Forschungsberichte für die Praxis, Bd. 41, München-Wien 1985, S. 100-107.

dardnachkalkulation ermittelt worden und können aus dem Kostenrechnungssystem abgerufen werden.

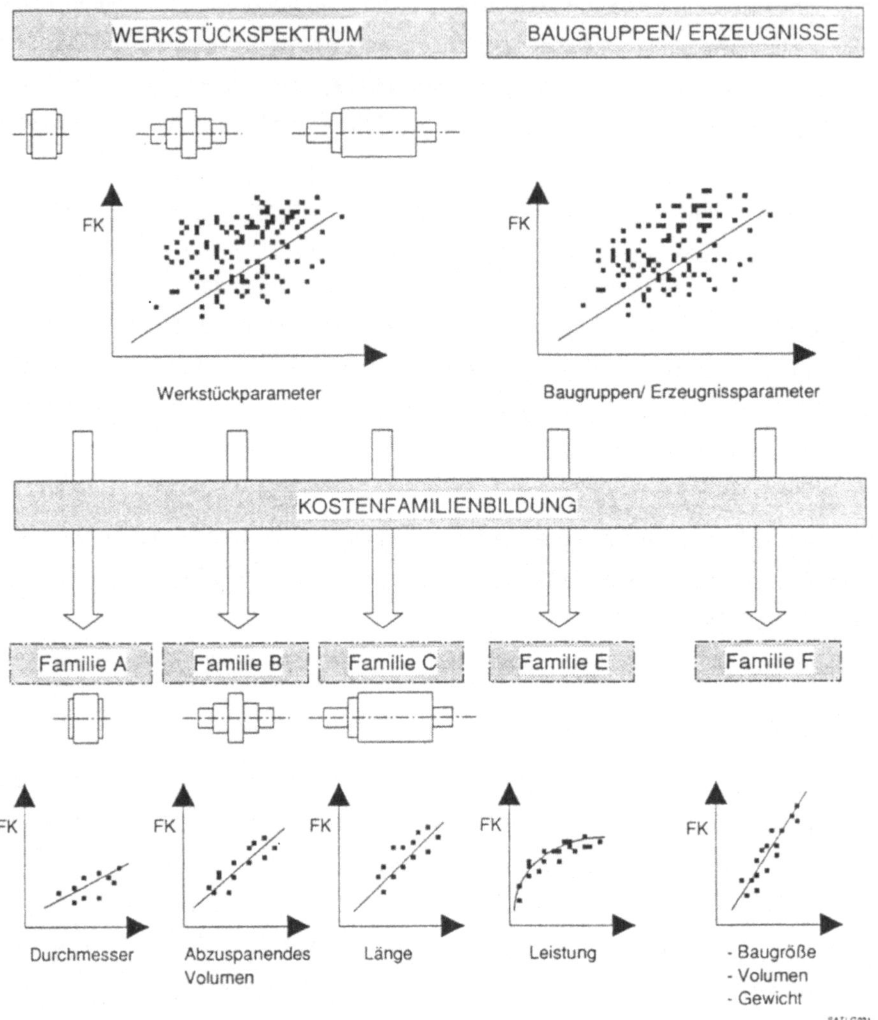

FK = Fertigungskosten

Abb. 6.5: Kostenfamilienbildung

Für die Ebenen höherer Dispositionsstufen[353] (vgl. Abbildung 6.6) sind ebenfalls Gruppen zu bilden, für die dann je Produkt und Baugruppe ein bestimmter

353 Zum Begriff Dispositionsstufen vgl. Scheer, A.-W.: Wirtschaftsinformatik, Informationssysteme im Industriebetrieb, 2., verb. Aufl., Berlin-Heidelberg-New York-London-Paris-Tokyo 1988, S. 120-121.

Kostenverlauf angegeben werden kann. Hierbei werden die Produkte nach Merkmalen gruppiert, die eine Ähnlichkeit innerhalb der Produktgruppe definieren. Für so gruppierte Produkte wird dann nach Größen gesucht, die maßgeblich die Kosten der einzelnen Produkte beeinflussen.

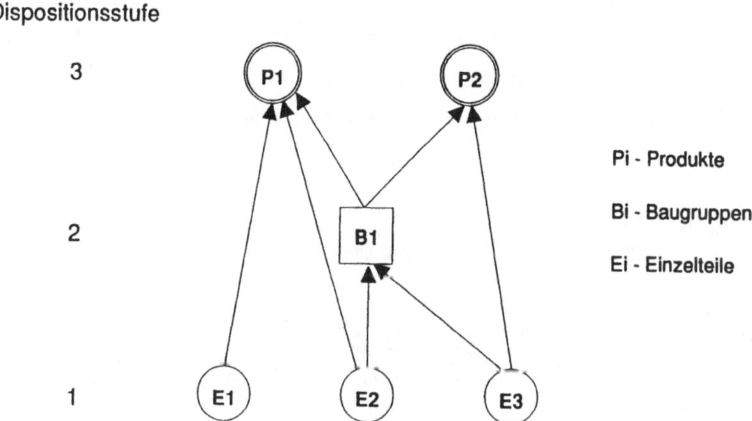

Abb. 6.6: Erläuterung der Dispositionsstufen

Im einfachsten Fall sind solche Produktgruppen von der Bauart her abzuleiten, wie dies die Abbildung 6.7 an einem Beispiel zeigt. Entsprechend der Bauart für Kolbenverdichter lassen sich Kostenverläufe in Abhängigkeit der Ansaugleistung angeben.

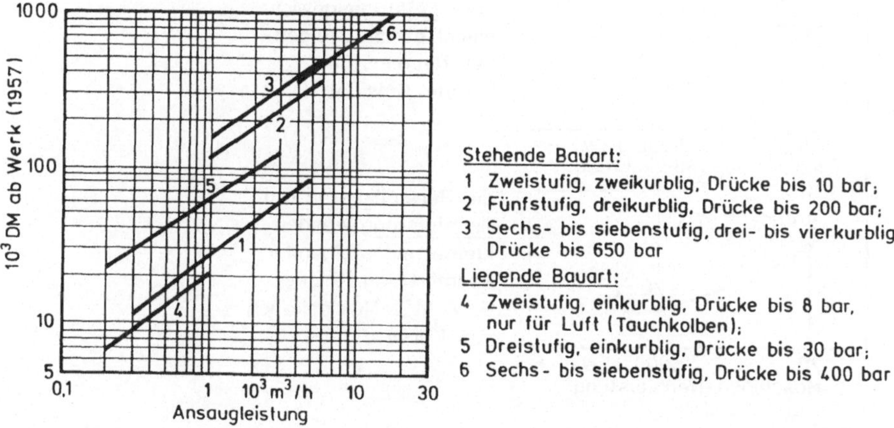

Abb. 6.7: Preise für Kolbenverdichter in Abhängigkeit von der Ansaugleistung (Einzelfertigung)[354]

[354] Vgl. Kölbel, H. und Schulze, I.: Projektierung und Vorkalkulation in der chemischen Industrie, Berlin 1960, S. 63.

Ehrlenspiel untersucht mehrere Kostendaten und deren Abhängigkeit für gleichartige Produkte, wie dies die Abbildung 6.8 darstellt.

Sind Ähnlichkeiten von Produkten und Baugruppen nicht von vornherein zu definieren, können solche Gruppenbildungen wiederum mittels der Clusteranalyse durchgeführt werden. Als Produktgruppe wird eine Anzahl von Endprodukten bezeichnet, die sich durch ihre Einsatzmöglichkeiten und ihre Herstellungsart nur unwesentlich unterscheiden.[355] Im weiteren soll diese Definition auch für Baugruppen gelten.

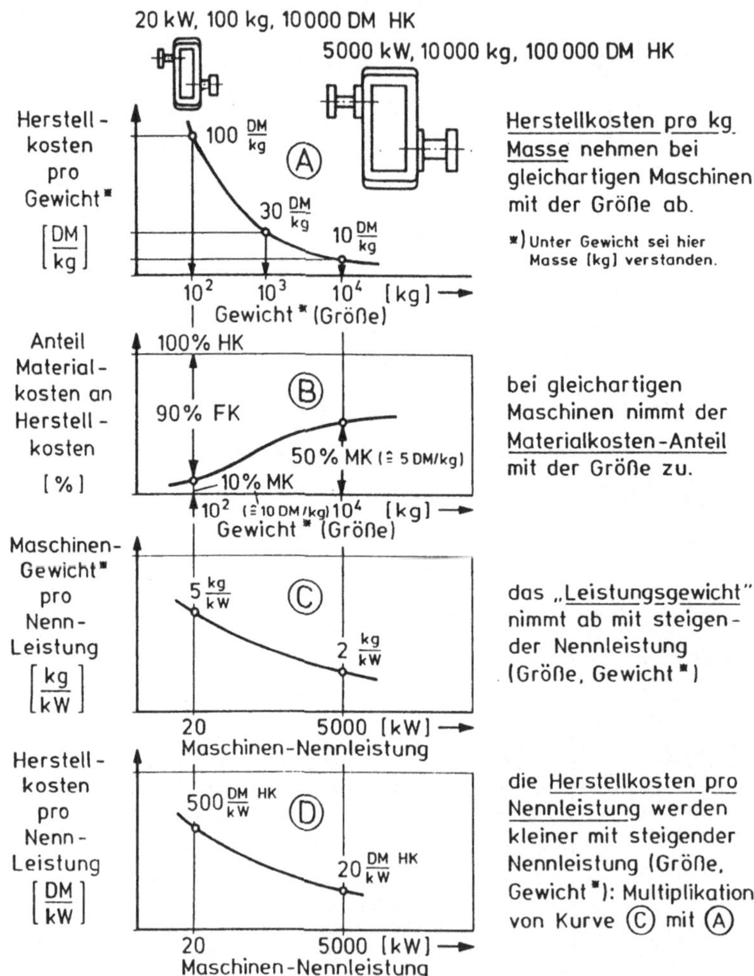

Abb. 6.8: Charakteristische Kostendaten bei gleichartigen Produkten[356]

355 Vgl. Manz, I.: Anwendung der Aggregation auf mehrperiodische lineare Produktionsprogrammplanungsprobleme, Frankfurt am Main-Bern-New York 1983, S. 41 f. und S. 130 f.

356 Ehrlenspiel, K.: Kostengünstig Konstruieren, in: G. Pahl (Hrsg.): Konstruktionsbücher, Bd. 35, Berlin-Heidelberg-New York-Tokyo 1985, S. 284.

Die Bildung von Produktgruppen anhand von technologischen Parametern ist in der Literatur ausführlich beschrieben.[357]

Im zweiten Schritt des Vorbereitungsteils werden dann innerhalb der Kostenfamilien mit Hilfe der Regressionsrechnung diejenigen Einflußgrößen ermittelt, die die Hauptmaßgrößen der Kostenverursachung sind. Dabei wird für Endprodukte, Baugruppen und Einzelteile bei der Bestimmung der Einflußgrößen folgendermaßen vorgegangen:
Zuerst erfolgt eine Sammlung der Einflußparameter. Dies können Geometrieparameter wie Baugröße (Abmessungen) oder Werkstoffdaten wie z. B. benutzte Werkstoffart oder Werkstoffmengen sein. Ferner können fertigungstechnische Größen wie z. B. abzuspanendes Volumen, Fertigungsanforderungen oder Fertigungszeiten verwendet werden. Letzteres gilt für die Einzelteilebene. Weiterhin sind für Komponenten höherer Dispositionsstufen physikalische Größen wie Leistung, wirkende Kräfte oder ebenso wie bei Einzelteilen geometrische Größen (vgl. Abbildung 6.9) mögliche kostenbeeinflussende Parameter.

Anschließend wird die Sammlung der Einflußgrößen von Überschneidungen bereinigt. Die Haupteinflußgrößen werden mit Hilfe der einfachen Regression aus der Parametersammlung herausgefiltert.
Die Kostenabhängigkeit dieser Haupteinflußgrößen wird durch Anwendung der Regressionsrechnung ermittelt. Die Regressionskoeffizienten der Regressionsgleichung geben die Gewichtung der einzelnen Einflußgrößenarten an.
So werden über die Endproduktebene, Baugruppenebene und Einzelteilebene eines Produktes kostenbestimmende Größen ermittelt, die einer entwicklungsbegleitenden Kalkulation dienen. Entsprechend des top-down-Vorgehens in der Konstruktion (vgl. Kapitel 3.2.2) befindet sich der Konstrukteur während der Entwicklung jeweils auf einer dieser Ebenen. Die dort vorhandenen Daten müssen einer Kalkulation bereitgestellt werden. Die Genauigkeit der Kalkulationswerte richtet sich dabei an der jeweiligen Ebene aus, die dem Wissen über das neue Produkt entspricht.

357 Vgl. Wittemann, N.: Produktionsplanung mit verdichteten Daten, Berlin-Heidelberg-New York-Tokyo 1984, S. 133 f. und Manz, I.: Anwendung der Aggregation auf mehrperiodische lineare Produktionsprogrammplanungsprobleme, Frankfurt am Main-Bern-New York 1983, S. 41 f. und S. 130 f.

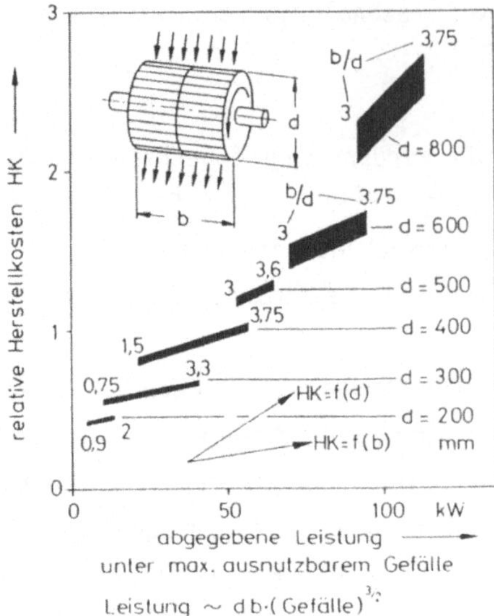

Abb. 6.9: Einfluß von Durchmesser d und Breite b auf die Herstellkosten[358] (Beispiel: Durchström-Turbinen)

Auf Endproduktebene werden die Herstellkosten (HK) in die Bestandteile

$$HK = MK + FK \quad \text{(Gl. 6.1)}$$

aufgeteilt. Für Materialkosten (MK) und Fertigungskosten (FK) ist dann die Abhängigkeit von kostenbeeinflussenden Größen darzustellen, z. B.:

$$\begin{aligned} HK &= f\ (\text{Leistung, Gewicht, Volumen, etc.}) \\ &= MK\ (\text{Leistung, Gewicht, Volumen, etc.}) \\ &\quad + FK\ (\text{Leistung, Gewicht, Volumen, etc.}) \quad \text{(Gl. 6.2)} \end{aligned}$$

Für veränderte Einflußgrößen wie z. B. Leistung kann so eine grobe Kostenabschätzung vorgenommen werden.

Die Aufteilung in Materialkosten und Fertigungskosten ist notwendig, um so zu weiteren Kalkulationsalgorithmen auf nachfolgenden Ebenen der Konstruktionsphasen die Durchgängigkeit zu wahren. In nachgeschalteten Konstruktionsphasen sollen bereits anhand von Ähnlichkeiten auf Baugruppenebene aggregierte Ein-

358 Vgl. Ehrlenspiel, K.: Kostengünstig Konstruieren, in: G. Pahl (Hrsg.): Konstruktionsbücher, Bd. 35, Berlin-Heidelberg-New York-Tokyo 1985, S. 101.

zelteilkosten ähnlicher Baugruppen kalkuliert werden. Hier wird die Bezugsgrößenkalkulation eingesetzt, mit Hilfe derer auch Material- und Fertigungskosten ermittelt werden. Die auf oberster Ebene festgelegten Kosten dienen als Vorgabegrößen und Vergleichsgrößen für nachgeschaltete detaillierter kalkulierbare Kosten.

Allerdings kann auch auf Baugruppenebene noch eine gröbere Kalkulation anhand von Gewichts-, Volumen- und Leistungsdaten oder weiteren Größen erfolgen, wenn dies sich als sinnvoll oder ausreichend erweist.

Für die Ebene der Einzelteile ist dann auf die für ähnliche Teile ermittelten Einflußgrößen zurückzugreifen und damit eine Kalkulation durchzuführen. Der Zusammenhang zwischen betriebwirtschaftlicher Bezugsgröße und technischen Einflußgrößen wurde in Kapitel 5.5.5 diskutiert. Die Verknüpfung für die Kalkulationen auf den unterschiedlichen Ebenen Endprodukt, Hauptbaugruppe, Baugruppe und Einzelteile stellen die folgenden Abschnitte vor.

Eine schematische Darstellung zeigt die Abbildung 6.10.

Endproduktebene:	HK = MK + FK = f (Gewicht, Leistung, Volumen) (Gl.6.3)	
Hauptbaugruppenebene:	HBG 1:	FK = f (Leistung...) (Gl.6.4)
		MK = f (Volumen...) (Gl.6.5)
	HBG 2:	FK = f (Kostenwachstumsgesetz) (Gl.6.6)
		Mk = f (Kostenwachstumsgesetz) (Gl.6.7)
Baugruppen/ Einzelteilebene:		FK = $b_{ij}d_{ij}$ (Gl.6.8)
		MK = $m_{ij}M_{ij}$ (Gl.6.9)

Abb. 6.10: Kalkulation mit Einflußgrößen im EVKS

Sind im Unternehmen auf betriebswirtschaftlicher Seite bereits Bezugsgrößen definiert, so muß die Erarbeitung der Einflußgrößen komplementär zu diesen Größen erfolgen. Dies bedeutet, daß die Einflußgrößen einer weiteren Detaillierung der Bezugsgrößen entsprechen (vgl. Kapitel 5.5.5).
Wenn Bezugsgrößen nicht vorliegen, sind zunächst diese ebenfalls mittels Regressionsrechnung festzulegen. Für die Bezugsgrößenfestlegung sieht die Gleichung bei linearer Regression folgendermaßen aus:

$$FK_j = a + \sum_{i=1}^{n} b_i \; x_i \qquad \text{(Gl. 6.10)}$$

FK_j = Fertigungskosten eines Endproduktes oder einer Baugruppe
a = Regressionskonstante
i = Index der Einflußgrößenart
b_i = Regressionskoeffizient pro Einflußgrößenart
x_i = Einflußgrößenmenge der Einflußgrößenart

Ausgehend von der Formel werden die Einflußgrößen erarbeitet.
Hat die Bezugsgröße die Einheit Fertigungszeit pro Komponente in einer Kostenstelle, so stellt dies die Zielgröße dar, die über die Regressionsformel für die Einflußgrößen zu errechnen ist.

Schon bei der Einteilung in Kostenfamilien werden zur Bestimmung der Kostenabhängigkeiten kostenrelevante Einflußgrößen der Objekte bestimmt. Im zweiten Schritt werden alle Haupteinflußgrößen der Endprodukte und Baugruppen aber wieder gesondert und exakt innerhalb der Kostenfamilien bestimmt, da die Genauigkeit der Grobkalkulation maßgeblich von der Wahl der Einflußgrößen beeinflußt wird.
Als Programm zur multiplen Regression kann das Softwarepaket 'Biomedical Computer Programs'[359] eingesetzt werden.
Ergebnis des Vorbereitungsteils ist die Kostenfamiliendatei (Kofa), die neben der Einteilung in Kostenfamilien auch die ermittelten Regressionsgleichungen der Endprodukte und Baugruppen enthält (vgl. Abbildung 6.11).

[359] BMO-Biomedical Computer Programs, Berkeley, University Press 1977.

Eine weitere Möglichkeit, auf einer hohen Dispositionsstufe Kosten abzuschätzen, bieten Kostenwachstumsgesetze (vgl. Kapitel 2), die im Vorbereitungsteil erstellt werden.
Auf Endprodukt- oder Baugruppenebene ist es möglich, daß die Veränderung von Materialkosten und Fertigungskosten durch solche Kostenwachstumsgesetze angegeben werden können.[360] Dies gilt für ähnliche Komponenten. Ein Beispiel zeigt hier die Veränderlichkeit der beiden Kostenarten durch geometrische Größen, die über Ähnlichkeitsgesetze mit den Kosten verknüpft sind.[361]

$$HK_1 = \frac{RKo}{n} \varphi_L^{0,5} + FKE_o \varphi_L^2 + MK_o \varphi_L^3 \quad \text{(Gl. 6.11)}$$

HK_1 = Herstellkosten des Folgeentwurfs
FKE_o = Fertigungseinzelkosten des Grundentwurfs
RK_o = Rüstkosten des Grundentwurfs
MK_o = Materialkosten des Grundentwurfs
φ_L = Größenverhältnis des Folgeentwurfs zum Grundentwurf
n = Losgröße

Für dieses Beispiel haben die Rüstkosten (RK_0) einen bestimmten Anteil an den Herstellkosten (HK_1) des Folgeentwurfs. Für das Modell der vorliegenden Arbeit sollen Ähnlichkeitgesetze, die lediglich Fertigungskosten und Materialkosten berücksichtigen, angewendet werden können.

Der Aufwand zur Erstellung des Vorbereitungsteils ist relativ hoch, wird aber durch automatisierbaren Dialog weitgehend vom System unterstützt. Die Funktionen sind in Abbildung 6.11 dargestellt.

360 Vgl. Pahl, G.; Beitz, W.: Konstruktionslehre, Berlin-Heidelberg-New York 1977 und
Vgl. Pahl, G.; Rieg, F.P.: Kostenwachstumsgesetze und Ähnlichkeitsbeziehungen für Baureihen, in: VDI-Bericht 457 (1982), S. 61-69.

361 Vgl. Ehrlenspiel, K.: Kostengünstig Konstruieren, in: G. Pahl (Hrsg.): Konstruktionsbücher, Bd. 35, Berlin-Heidelberg-New York-Tokyo 1985, S. 243.

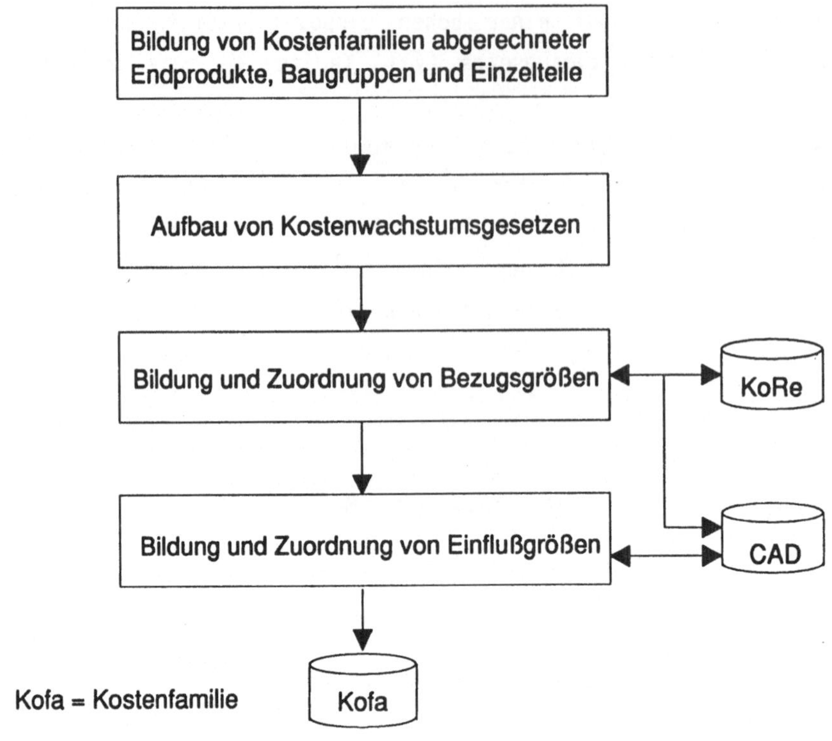

Abb. 6.11: Funktionen des Vorbereitungsteils

6.3.2 Analyseteil

Bei der Beschreibung der Methoden[362] und Hilfsmittel zur Entwicklung des EVKS wird phasenweise vorgegangen, da aus den Auftragsvorkalkulationen bereits gefertigter Teile und den vorhandenen Objektdaten (alle technischen Daten über das zu konstruierende Produkt) Kostenfunktionen ermittelt werden, die einen funktionalen Zusammenhang zwischen den relevanten Objektdaten bereits gefertigter Erzeugnisse und ihren geplanten Kosten ausdrücken. Da sich nun von Phase zu Phase das Datenvolumen erhöht, sollten die Verfahren der konstruktionsbegleitenden Kalkulation dieser Situation angepaßt werden.[363]
Während in der Planungsphase als Objektdaten mehr allgemeine Daten zur Verfügung stehen, die man auch als einzuhaltende Solleigenschaften bezeichnen kann und die vom Konstrukteur nicht zu beeinflussen sind, liegen in der Entwurfs-

362 Unter Methoden werden Vorgehensweisen und Anleitungen zum Handeln verstanden, die z.B. durch Ablaufpläne oder Berechnungsalgorithmen beschrieben werden.

363 Vgl. Ehrlenspiel, K.: Kostengünstig Konstruieren, in G.Pahl (Hrsg.): Konstruktionsbücher, Band 35, Berlin-Heidelberg-New York-Tokyo 1985, S. 254 und Scheer, A.-W.: Konstruktionsbegleitende Kalkulation in CIM-Systemen, Veröffentlichungen des Instituts für Wirtschaftsinformatik, Heft 50, Saarbrücken 1985, S. 6.

und Ausarbeitungsphase doch sehr konkrete technische Einzelheiten vor. Dementsprechend arbeitet man in den ersten Phasen mehr mit pauschalen Kalkulationsverfahren, während man in den letzten beiden Phasen die Kosten anhand systematischer Kalkulationsschemata aus geometrischen oder fertigungstechnischen Detailinformationen ermittelt.[364]

6.3.2.1 Kalkulation in der Planungsphase

In dieser ersten Phase des Konstruktionsprozesses wird in einem Pflichtenheft die Gesamtfunktion eines zu fertigenden Produktes beschrieben. Es wird ein Grobentwurf des Objektes erstellt. Schon auf dieser Ebene kann mit Hilfe des EVKS eine Grobkalkulation durchgeführt werden, die ungefähr die Material- und Fertigungskosten angeben kann. Mit Hilfe dieser Kalkulation kann z. B. abgeschätzt werden, ob das Kostenziel des Auftrags realisierbar ist.
Anhand der geometrischen, technologischen Daten des Grobentwurfes, der mit Unterstützung des CAD-Systems erstellt wird, wird das neu zu konstruierende Objekt mit Hilfe des Klassifizierungsverfahrens einer Kostenfamilie zugeordnet. Dabei wird auf die im Vorbereitungsteil ermittelte Kostenfamiliendatei zugegriffen.
Aus der entsprechenden Kostenfamilie wird ein Objekt ausgewählt, das dem neu zu produzierenden Erzeugnis konstruktiv am ähnlichsten ist. Dies kann automatisch vom System übernommen werden, indem mit Hilfe der Clusteranalyse anhand quantitativer Merkmale ähnliche Teile gesucht werden.

Das EVKS greift nun auf die entsprechenden Daten der Kostenrechnung zu und sucht die Standardnachkalkulation dieses ähnlichen, bereits hergestellten und kalkulierten Endproduktes.
Die Konstruktionsstückliste dieses Objektes kann aus dem CAD-System abgerufen werden.
Die Nachkalkulationsformel, die mit Hilfe der stufenweise durchgeführten Bezugsgrößenkalkulation für mehrteilige Stückgüter ermittelt wurde, wird vom Kosteninformationssystem in das Mengen- und Wertgerüst aufgespalten. Die Bezugsgrößenkalkulation enthält ausschließlich Mengen- und Kostendaten (vgl. Abbildung 6.12).

---

364 Vgl. Scheer, A.-W.: Konstruktionsbegleitende Kalkulation in CIM-Systemen, Veröffentlichungen des Instituts für Wirtschaftsinformatik, Heft 50, Saarbrücken 1985, S. 20.

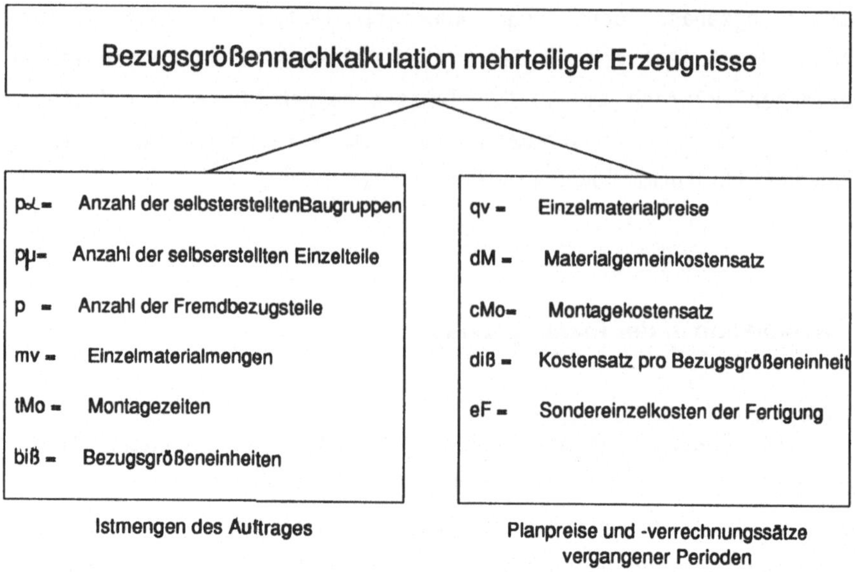

Bezugsgrößennachkalkulation mehrteiliger Erzeugnisse

pαl = Anzahl der selbsterstelltenBaugruppen
pμ = Anzahl der selbserstellten Einzelteile
p = Anzahl der Fremdbezugsteile
mv = Einzelmaterialmengen
tMo = Montagezeiten
biß = Bezugsgrößeneinheiten

Istmengen des Auftrages

qv = Einzelmaterialpreise
dM = Materialgemeinkostensatz
cMo = Montagekostensatz
diß = Kostensatz pro Bezugsgrößeneinheit
eF = Sondereinzelkosten der Fertigung

Planpreise und -verrechnungssätze vergangener Perioden

SATGL036

Abb. 6.12: Daten der Bezugsgrößenkalkulation

Die Nachkalkulation des aus der Kostenfamilie ausgewählten und dem neu zu konstruierenden Objekt ähnlichen Endprodukt enthält Planpreise (geplante Preise für Zukaufteile) und Planverrechnungs- oder Plankalkulationssätze der Kostenplätze aus der entsprechenden vergangenen Periode. In der Kostenplanung stehen aber die aktuellen Planpreise und Planverrechnungssätze der jeweiligen Periode, in der der neu zu konstruierende Auftrag gefertigt wird, zur Verfügung. Die Plankosten der Kostenplätze, die in der Kostenplanung im voraus geschätzten Planbezugsgrößen (vgl. Kapitel 3.3.8, Abbildung 3.7: Für die Fertigungsstelle A wird beispielsweise geschätzt, daß sie in der Planungsperiode je Monat durchschnittlich 4500 Fertigungsstunden im Einsatz ist), werden nun an die Istbeschäftigung, die während der Auftragsabwicklung vorliegt, angepaßt. Aus den Sollkosten der Istbeschäftigung werden die Verrechnungs- oder Kostensätze der Kostenplätze ermittelt.

Da in der Planungsperiode das Mengengerüst des neu zu konstruierenden Endproduktes noch nicht bis auf Einzelteilebene bekannt ist, die Kalkulation diese Mengendaten aber benötigt, werden in der Grobkalkulation die Mengendaten des kostenmäßig und konstruktiv ähnlichen Objektes zugrunde gelegt.

Die Bezugsgrößenkalkulation des ähnlichen Endproduktes wird im nächsten Schritt noch einmal von der Einzelteil- bis hin zur Endproduktebene durchgeführt, jedoch werden die Mengendaten dieses Auftrags mit den aktuellen Planpreisen und den aktuellen angepaßten Planverrechnungssätzen bewertet. Ergebnis dieser Rechnung sind die Material- und Fertigungskosten, die für das bereits in einer vergangenen Periode erzeugte Produkt in der jetzigen Periode anfallen würden.

Im Vorbereitungsteil wurden mit Hilfe der Regressionsrechnung für jedes Endprodukt einer Kostenfamilie die primär technischen Haupteinflußgrößen der Kostenverursachung ermittelt.
Auf Produktebene bildet das EVKS nun Kostensätze k, indem die im letzten Schritt neu bewerteten Material- und Fertigungskosten des ähnlichen Objektes durch die ermittelte Einflußgrößenmenge der Einflußgrößenart i dividiert werden.

$$k_{mj} = \frac{MK_{neu}{}^{j}}{x_j} \; ; \text{(Gl. 6.12)} \qquad k_{fj} = \frac{FK_{neu}{}^{j}}{x_j} \; ; \text{(Gl. 6.13)}$$

k_{mj} = Materialkostensatz einer Einflußgrößenart des Objektes j
k_{fj} = Fertigungskostensatz einer Einflußgrößenart des Objektes j
x_j = Einflußgrößenmenge der Einflußgrößenart des Objektes j
MK_{neuj} = neu bewertete Materialkosten
FK_{neuj} = neu bewertete Fertigungskosten

Diese Kostensätze geben die Material- und Fertigungskosten des ähnlichen Endproduktes pro Einheit einer Einflußgrößenart an.

Der Konstrukteur muß nun die Einflußgrößenmenge der Einflußgrößenart $x_{j'}$ des neu zu konstruierenden Endproduktes j' angeben. Je nach Einflußgrößenart kann diese Einflußgrößenmenge schon bekannt sein, oder sie muß geschätzt werden.

In der ersten Konstruktionsphase können so Kosten eines ähnlichen Gesamtentwurfs oder einer ähnlichen Baugruppe abgeschätzt werden. Für die Material- und Fertigungskosten erhält man Kostenziele, die in den nachfolgenden Phasen als Vorgaben dienen. Die Größen MK (Materialkosten) und FK (Fertigungskosten) können dort durch technische Einflußgrößen verändert werden.

Für die Anwendung eines Kostenwachstumsgesetzes wird dann eine Neubewertung der Material- und Fertigungskosten, wie beschrieben, durchgeführt. Der Entwickler/Konstrukteur gibt noch den Faktor an, durch den sich der Folgeentwurf vom Grundentwurf unterscheidet. Ein Kostensatz k muß hier nicht gebildet werden.

In der ersten Konstruktionsphase kann das EVKS auf Endprodukt- und Hauptbaugruppenbene eine Kalkulation durchführen. Eine entsprechende Datenaufbereitung ist im Vorbereitungsteil vorgesehen.

Diese Kalkulation, deren Ablauf die Abbildung 6.13 widergibt, ist noch ungenau, wird aber in den folgenden Konstruktionsphasen schrittweise verfeinert.

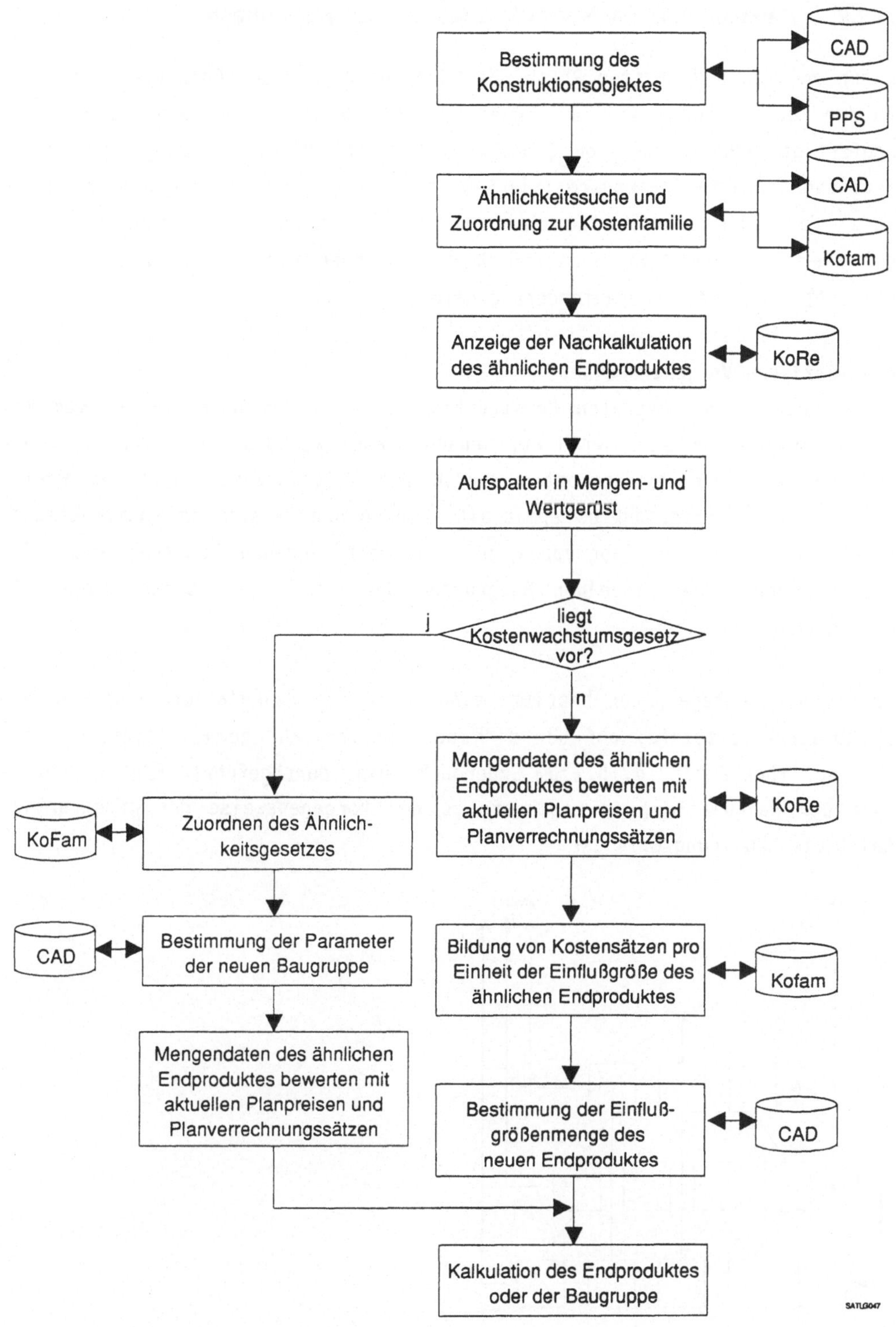

Abb. 6.13: Ablaufplan der Kalkulation in der Planungsphase

6.3.2.2 Kalkulation in der Konzipierungs- und Entwurfsphase

In der zweiten und dritten Phase, der Konzipierungs- und Entwurfsphase, werden die Funktionen in Teilfunktionen aufgegliedert und maßstäbliche Entwürfe angefertigt. Für mehrteilige Stückgüter bedeutet dies, daß Baugruppen definiert und schrittweise konkretisiert werden. Im CAD-System liegen nach Durchlaufen der Arbeitsphasen "Konzipierung" und "Entwurf" schon genauere Daten über die einzelnen Baugruppen und Unterbaugruppen vor, wie z.B. Geometrie-, Werkstoff- und Fertigungsanforderungsdaten.

Grundsätzliche Vorgehensweise:
Die Baugruppen der obersten Konstruktionsstufe werden nacheinander vom Kosteninformationssystem kalkuliert. Anhand dieser Kalkulationen und unter Berücksichtigung der Montagekosten werden die Materialkosten und die Fertigungskosten des Endproduktes ermittelt. Liegen dann später im Konstruktionsablauf die Daten der Baugruppen auf den nachfolgenden Konstruktionsstufen vor, so werden die einzelnen Baugruppen der jeweiligen Konstruktionsstufe nacheinander kalkuliert.

Nachdem die Montagekosten bestimmt sind, wird die Kalkulation ausgehend von der Konstruktionsstufe, auf der sich der Konstrukteur gerade befindet, stufenweise 'rückwärts', d. h. zum Endprodukt hin, durchgeführt. Die Vorgehensweise der Kalkulation, im Gegensatz zu der Vorgehensweise der Konstruktion stellt die Abbildung 6.14 dar.

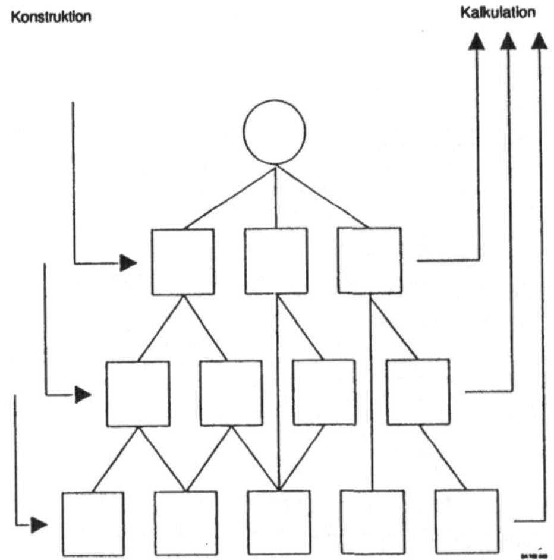

Abb. 6.14: Vorgehensweise der Kalkulation im Gegensatz zur Vorgehensweise der Konstruktion

Wird mit der Konstruktion auf einer bestimmten Konstruktionsstufe begonnen, muß entschieden werden, ob standardisierte selbsterstellte Baugruppen verwendet werden können. Da diese während der Planungsperiode immer wieder im Unternehmen produziert werden, liegen aus der Kostenrechnung Plankalkulationen für diese Komponenten vor. Es muß keine Grobkalkulation mit Hilfe des Kosteninformationssystems durchgeführt werden. Weiterhin muß über den Fremdbezug von Bau- und Unterbaugruppen entschieden werden. Baugruppen, die nicht selbst gefertigt werden können, z. B. aufgrund nicht vorhandener Betriebsmittel, müssen zugekauft werden. Für Baugruppen, die selbst gefertigt werden sollen, muß geprüft werden, ob diese nicht billiger fremdbezogen werden könnten.

Für sehr komplexe Baugruppen kalkuliert das Kosteninformationssystem die Fertigungs- und Materialkosten in gleicher Weise wie in der Planungsphase auf Endproduktebene, jedoch differenzierter und mit Daten auf Bau- bzw. auf Unterbaugruppenebene. Eine Voraussetzung hierfür ist, daß auf Baugruppenebene Kostenfamilien oder Kostenwachstumsgesetze vorliegen.

Liegen für eine oder mehrere Baugruppen keine Kostenwachstumsgesetze oder Einflußgrößengleichungen vor, sind die komplexen Baugruppen in einfachere Komponenten zu zerlegen. Dazu benötigt der Entwickler/Konstrukteur Stücklisteninformationen einer ähnlichen Baugruppe. Neben der Zerlegung in einfachere Baugruppen entstehen hier schon weitergehende Informationen darüber, ob bestimmte einfache Baugruppen bestehen bleiben, verändert werden oder gegebenenfalls das Lösungsprinzip der Baugruppe stark verändert wird. Die benötigten Stücklisteninformationen enthält das PPS-System.

Für weniger komplexe Baugruppen kann der Konstrukteur die Mengendaten der aus der Kostenfamilie ausgewählten kostenmäßig und konstruktiv ähnlichen Baugruppe im Dialog an die tatsächlichen, für die zu konstruierende Baugruppe benötigten Mengendaten bis auf Einzelteilebene anpassen. Dies ist nur bei einfachen Baugruppen möglich, da bei komplexen Baugruppen die Mengendaten nicht ohne weiteres durch die noch zu bestimmende Stückliste hindurch bis auf Einzelteilebene abschätzbar sind.

Zur Anpassung der Mengendaten bearbeitet der Konstrukteur die einfache Baugruppe am Bildschirm seines CAD-Terminals oder eines grafikfähigen Kalkulationsterminals.

Unter Zuhilfenahme der Strukturstückliste aus dem PPS-System und den damit verknüpften Zeichnungsinformationen, erhält der Bearbeiter die in die einzelnen Komponenten zerlegte Baugruppe angezeigt. Die Verknüpfung wird über die Teilestammnummer realisiert.

Pro Einzelteil, das in eine solche Baugruppe eingeht, zeigt das EVKS die Bezugsgrößen und deren Abhängigkeit von einzelnen Einflußgrößen an (vgl. Abbildung 6.15).

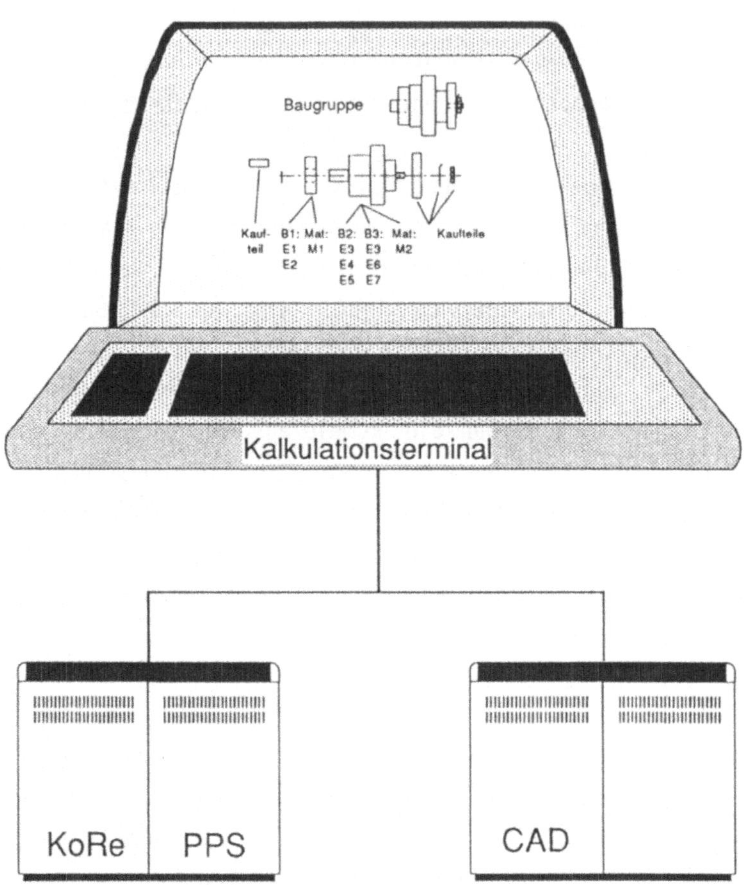

B1...B3 = Bezugsgrößen
E1...E3 = Einflußgrößen
M1...M2 = Materialarten

Abb. 6.15: Bearbeitung einer Baugruppe am Kalkulationsterminal

Fallen Änderungen an einzelnen Bauteilen an, verändern sich damit auch die Einflußgrößen. Den Zusammenhang zwischen Einflußgrößen und Bezugsgrößen gibt eine Gleichung an, die im Rahmen des Vorbereitungsteils erarbeitet wurde.

Da für jedes Teil die Bezugsgrößen aller zu durchlaufenden Kostenstellen angezeigt werden, ist es möglich, alle Einflußgrößen entsprechend der konstruktiven Veränderungen anzupassen. Das System bietet dem Konstrukteur, der in dieser Konstruktionsphase nicht jedes Teil exakt ausarbeitet, die Möglichkeit, die Einflußgrößen gemäß dem Bearbeitungsfortschritt so genau wie bekannt anzugeben und so eine Kalkulation durchzuführen.
Die veränderten Größen werden hierzu in ein Kalkulationsschema, das pro Bezugsgröße den formelmäßigen Zusammenhang mit den Einflußgrößen kennt, übernommen. Dieses Kalkulationsschema stellt die Abbildung 6.16 dar. Das Blatt zeigt, daß ein Teil mehrere Bearbeitungen und somit Kostenstellen mit dedizierten Einflußgrößen durchläuft.

Pro Kostenstelle sind eine oder mehrere Einflußgrößen angegeben. Zu jeder Bezugsgröße existieren mehrere Einflußgrößen, die je nach deren Ausprägung die Bezugsgrößen verändern.
In der Spalte "Planbezugsgrößeneinheit" errechnet sich die Planbezugsgröße aus den Einflußgrößen. Hierzu repräsentiert eine Gleichung, die den Zusammenhang zwischen Bezugsgröße und Einflußgrößen wiedergibt, die Planbezugsgröße pro Produkt in einer Kostenstelle.

Die proportionalen Verrechnungssätze stellt die Kostenrechnung zur Verfügung. Es können somit die proportionalen Fertigungskosten errechnet werden.
Die Möglichkeit zur Beeinflussung einzelner Größen des Schemas und die zur Errechnung einer Bezugsgröße hinterlegte Gleichung zeigen beispielhaft die Abbildungen 6.17 und 6.18.
Die für die Kostenstelle 2, Drehen, eingesetzte Gleichung wurde der Literatur[365] entnommen.

---

[365] Lindemann, U.: Systemtechnische Betrachtung des Konstruktionsprozesses unter besonderer Berücksichtigung der Herstellkostenbeeinflussung beim Festlegen der Gestalt, Düsseldorf 1980, S. 89.

Baugruppenkalkulation

		Plan-Einzel-materialmenge	Planpreis Material	prop.Plan-Mat.kosten
1 Materialkosten				
11 Material 1	m (Stangenmaterial)	0.5	85.00	42.50
12 Material 2	kg			0.00
13 Material 3	m3			0.00
prop.Plan-Mat.einzelkosten	DM	-----	-----	42.50
prop.Plan-Mat-gemeinkosten	8% auf prop.Plan-MEK	-----	-----	3.40
prop.Plan-Materialkosten	DM	-----	-----	45.90

	Bezugsgröße/ Einflußgröße	Plan-Bezugs-größeneinheit	prop. Plan-verr.satz	prop.Plan-Fert.kosten
2 Fertigungskosten				
21 Kost.Sägen	min		0.42	
211 Durchmesser	mm		---	---
212 Werkstoff	Werkst.schlüssel		---	---
213 Werkzeug	Werkzeugschlüssel		---	---
22 Kost. Drehen				33.35
221 Bezgr.Hauptzeit	min	23.528898917	0.65	---
2211 Länge	mm	50	---	---
2212 max.Durchm.	mm	20	---	---
2213 min. Durchm.	mm	10	---	---
2214 Absätze	Anzahl	8	---	---
2215 Rauhtiefe	um	5	---	---
2216 Werkstoff	Werkstoffschlüssel	1.18	---	---
2217 Werkzeug	Werkzeugschlüssel			
222 Bezgr.Nebenzeit	min	21.754753059	0.83	---
2221 Länge	mm		---	---
2222 max.Durchm.	mm		---	---
2223 min. Durchm.	mm		---	---
2224 Absätze	Anzahl		---	---
2225 Rauhtiefe	um		---	---
2226 Rüstzeit	min	10	---	---
2227 Losgröße	Stück	200	---	---
23 Kost.Bohren	min	0.4766949153	0.55	0.26
231 Bohrtiefe	mm	30	---	---
232 Bohrtiefeneinflußfaktor	mm/mm	1	---	---
233 Durchmesser	mm	15	---	---
234 Werkstoff	Werkstoffschlüssel	1.18	---	---
235 Werkzeug	Werkzeugschlüssel			
24 Kost.Fräsen		5.6221228575	1.05	5.90
241 Länge	mm	20	---	---
242 Breite	mm	40	---	---
243 Zustellungen	Anzahl	5	---	---
244 Flächen	Anzahl	2	---	---
Summe prop. Plan-Fertigungskosten	DM	---	---	39.52
Plan-Sondereinzel-kosten der Fertigun_	DM	---	---	5.30
prop. Plan-Herstellkosten	DM	---	---	90.72

Abb 6.16: Kalkulationsschema mit Einflußgrößen (Beispiel mit Lotus[366] erstellt)

366 Tabellenkalkulationsprogramm LOTUS, Version 2, Lotus Development Corporation, Consort House.

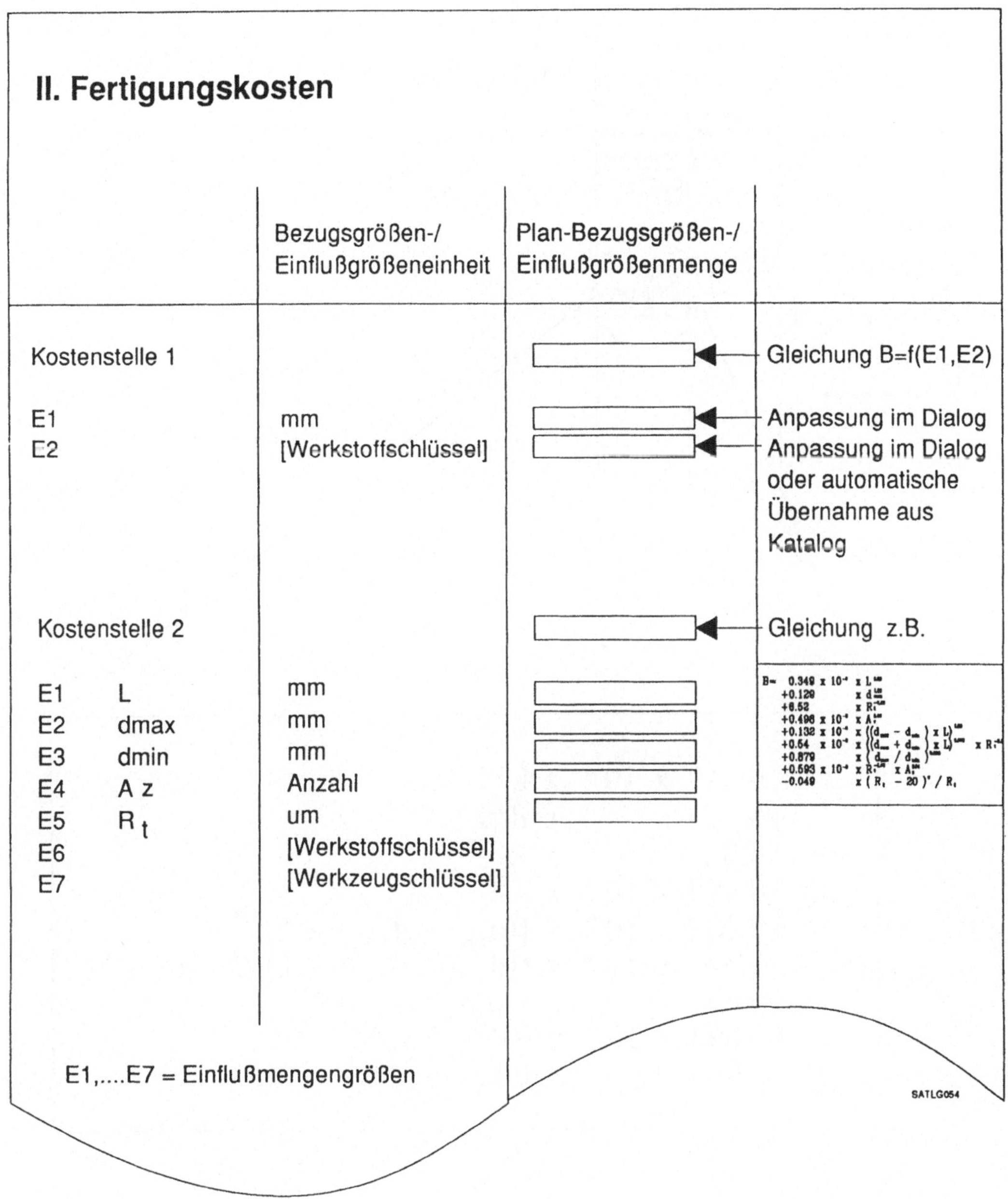

Abb. 6.17: Bereitstellung der Einflußgrößen für die Fertigung und Ableitung der Bezugsgröße

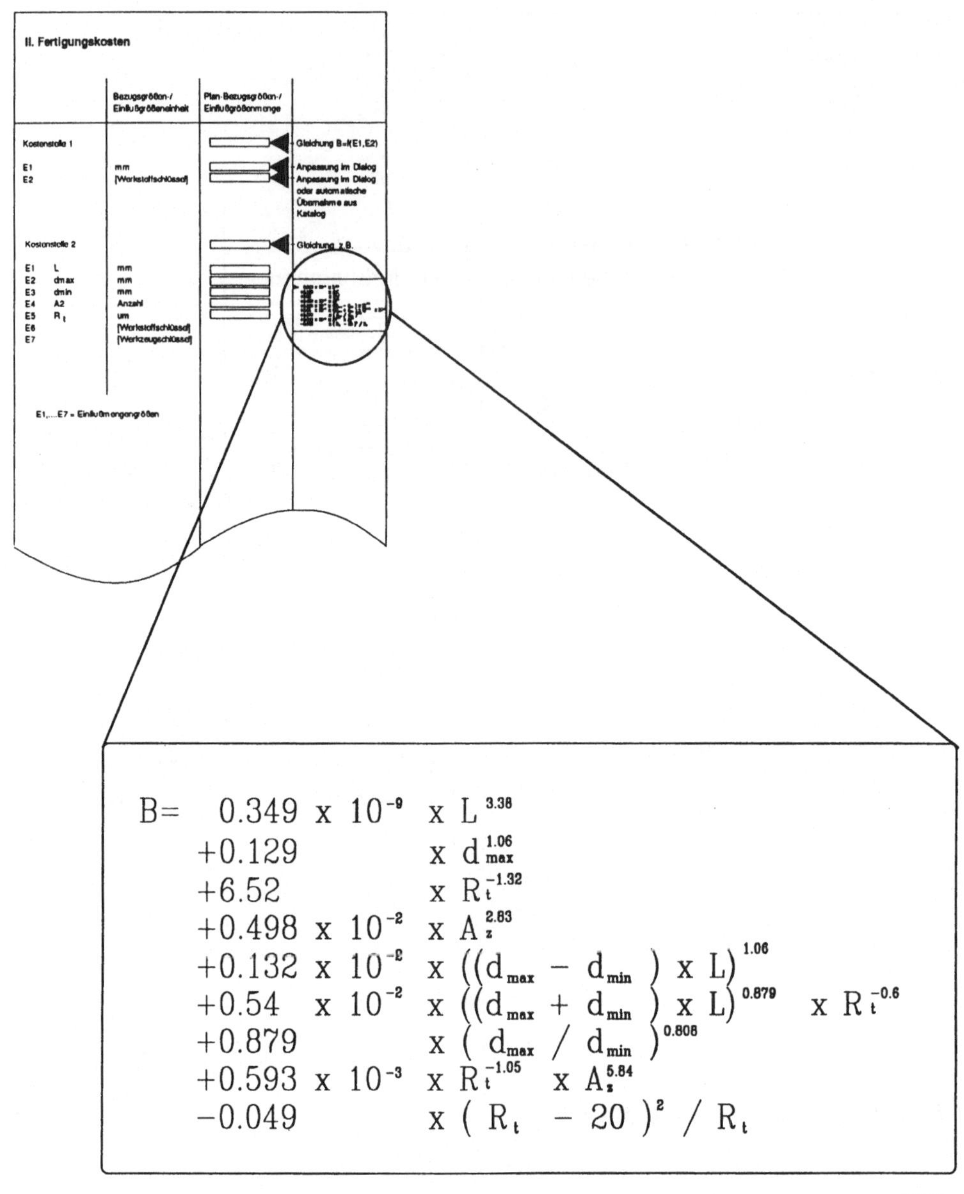

Abb. 6.18: Darstellung des Zusammenhangs zwischen Einflußgrößen und Bezugsgröße

Gleichfalls können die Einflußgrößen für Material angegeben werden. Wird Material nach der Längeneinheit berechnet (z.B. Stangenmaterial), so kann die Planeinzelmaterialmenge direkt aus dem CAD-System übernommen werden. Im CAD-System sind hierzu die Rohmaterialmaße anzugeben. Den Planpreis stellt die Kostenrechnung entsprechend der angegebenen Materialart bereit. Die Materialart ist ebenfalls aus der Zeichnung (CAD-System) zu übernehmen oder kann für Simulationszwecke im Schema verändert werden.
Ist die Bezugsgröße das Gewicht, stellt ein 3D-CAD-System (Volumenmodell) das Volumen bereit und das EVKS berechnet das Gewicht anhand der physikalischen Formel hierfür:

Masse = spezifisches Gewicht x Volumen.

Gemäß der angegebenen Materialart setzt das System den Wert für das spezifische Gewicht ein. Entsprechende Tabellen sind mit dem Materialstammsatz des PPS-Systems zu verknüpfen.

Die Möglichkeit zur Anpassung der Materialkosten einer veränderten Konstruktion zeigt die Abbildung 6.19.

Diese aktuellen, für die neu zu konstruierende Baugruppe ermittelten Mengendaten werden dann mit den Planpreisen und den Planverrechnungssätzen von der Einzelteilebene an mit Hilfe der stufenweisen Bezugsgrößenkalkulation bis zur betrachteten Baugruppe hin bewertet. Die Vorkalkulation dieser Baugruppe ist somit erstellt.

Können Funktionen oder Baugruppen mit verschiedenen Verfahren, Betriebsmitteln oder Lösungsprinzipien, z. B. Integral- oder Differentialbauweise, realisiert werden, so ist für jede Möglichkeit eine Alternativkalkulation durchzuführen. Die kostenmäßig günstigste Alternative ist vom Konstrukteur zu wählen. Hier sind vor allem für neue Verfahren, sofern diese mitbetrachtet werden sollen, die Bezugsgrößeneinheiten der neuen Betriebsmittel wichtig, die zuvor zusammen mit der Investitionsrechnung erarbeitet wurden (vgl. Kapitel 5.5.5).
Ist die Bezugsgrößeneinheit bekannt, kann in einem ersten Schritt die Bezugsgröße pro Produkt bezüglich des neuen Betriebsmittels geschätzt werden.

Meist kommt der Anstoß für eine Investition auch aus der Konstruktion, so daß Bezugsgrößen schon geplant vorliegen können.[367]
Für das neue Betriebsmittel sind Einflußgrößen zu erarbeiten, die aufgrund von Nachkalkulationen sukzessive optimiert werden.

Sind alle neu zu konstruierenden Baugruppen einer Konstruktionsstufe abgerechnet, werden die Planherstellkosten der benötigten standardisierten Positionen aus der Plankalkulation der Kostenrechnung aufgerufen. Für fremd zu beziehende Teile liegen entweder in der Kostenplanung Planpreise vor, oder die Preise werden anhand von Angeboten, Preislisten oder Schätzungen ermittelt.

Nun müssen die Montagekosten der Konstruktionsstufe bestimmt werden. Die Montage vereinigt Systeme niederer Komplexität (Einzelteile, Unterbaugruppen) zu Einheiten höherer Komplexität (Baugruppen, Enderzeugnisse).[368] Die Montage kleinerer Stückzahlen bei Einzel- und Auftragsfertigern wird bestimmt durch die Vielfalt unterschiedlicher Montagevorgänge und deren häufigen Wechsel. Eine Automatisierung, Arbeitsteilung oder Fließarbeit kann nicht stattfinden. Da die Montagevorgänge unter Umständen einen Großteil der Herstellkosten ausmachen können, muß schon bei der konstruktiven Gestaltung der Produkte die montagegerechte Optimierung berücksichtigt werden. Der Konstrukteur muß einen umfassenden Kenntnis- und Erfahrungsstand für die Montageaufgaben besitzen.

Die Kosten der Montage können ermittelt werden, indem Zeitrichtwerte eines Vorgangs mit den Montagestundensätzen der ausführenden Kostenstellen bewertet werden. Zur Bestimmung der Zeitrichtwerte existieren überbetriebliche Lösungsansätze. Mit Hilfe des MTM-MEK-Systems können unternehmensspezifische und überbetrieblich verwendbare Zeitrichtwerte gebildet werden, sowie Zeitberechnungsgrundlagen, z. B. Kalkulationsblätter entwickelt werden.[369]
Zeitrichtwerte für Montagevorgänge in einzelnen Kostenstellen können im Rahmen der Bearbeitung einer einfachen Baugruppe ebenfalls angezeigt (vgl. Abbildung 6.20) und vom Bearbeiter verändert werden.

367 Vgl. hierzu auch Schleppegrell, J.: Ein System zur Investitionsrechnung auf der Grundlage einer Werkstück- und Maschinenklassifizierung, Diss., Oldenburg 1969, der zeigt, daß eingehende Untersuchungen einer Investition vorausgehen. Dabei werden auch die auf einem Betriebsmittel zu fertigenden Produkte betrachtet.

368 Vgl.: Rauschenbach, T.: Kostenoptimierung konstruktiver Lösungen, Diss., TH Darmstadt 1978, S. 75.

369 Vgl.: Radermacher, W.: Entwicklung eines Kosteninformationssystems für den Konstruktionsbereich, Diss., TH Aachen 1982, S. 48.

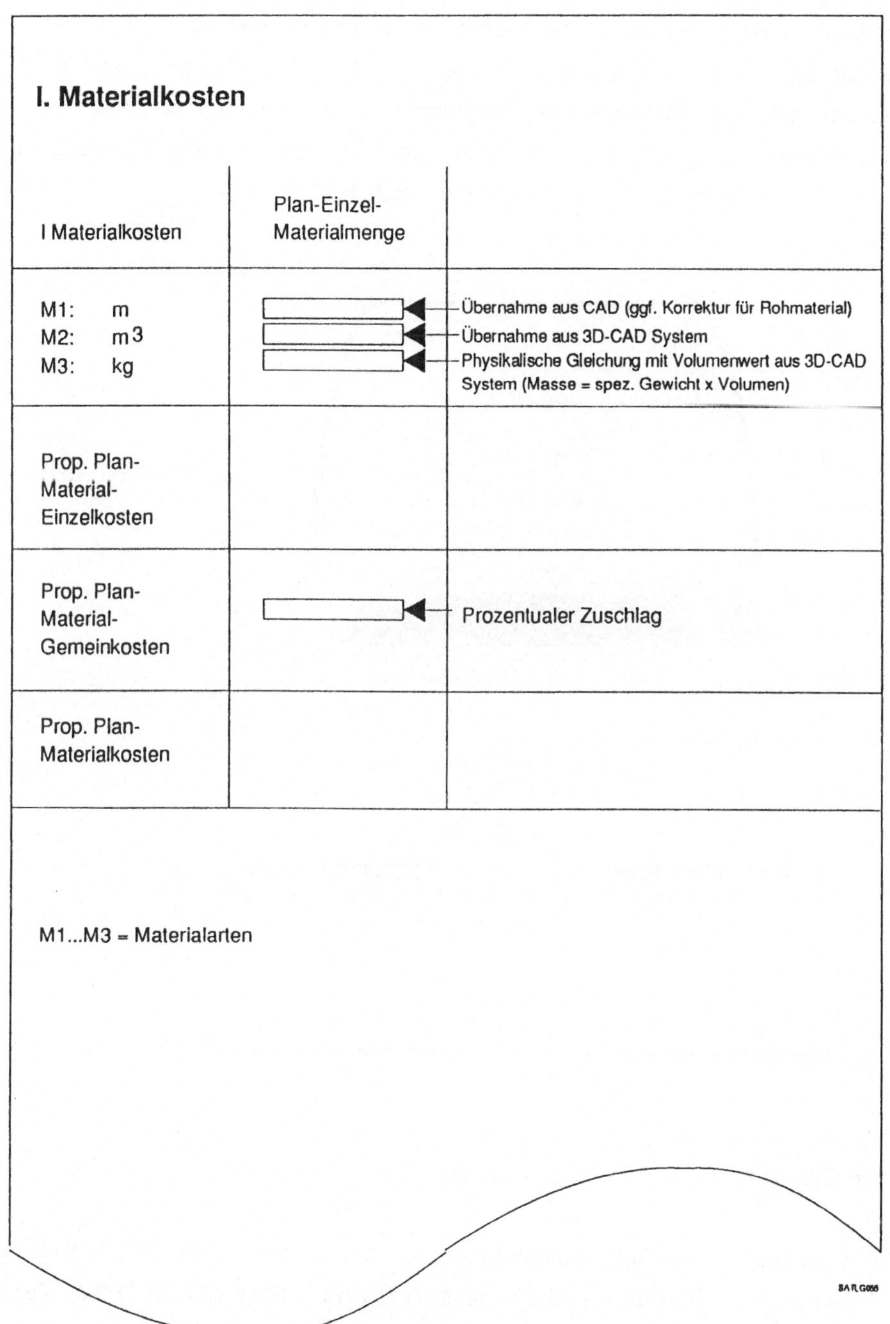

Abb. 6.19: Bereitstellung der Einflußgrößen für Material

Um diese Zeitrichtwerte in das Kalkulationsblatt (vgl. Abbildung 6.16) zu übernehmen, ist dieses um die notwendigen Zeilen für Werte $t_{mßi}$ (vgl. Gleichung 6.14: Zeitrichtwert ß in Kostenstelle i) zu erweitern. Für eine einfache Handhabung dieses Instrumentariums soll so vorgegeangen werden, daß für die Betrachtung der Montage für Baugruppen jeweils nur eine Stufe betrachtet wird. Somit werden die Zeitrichtwerte für eine Fertigungsstufe, z.B. Einzelteile zu Unterbaugruppen, dem Bearbeiter gezeigt.

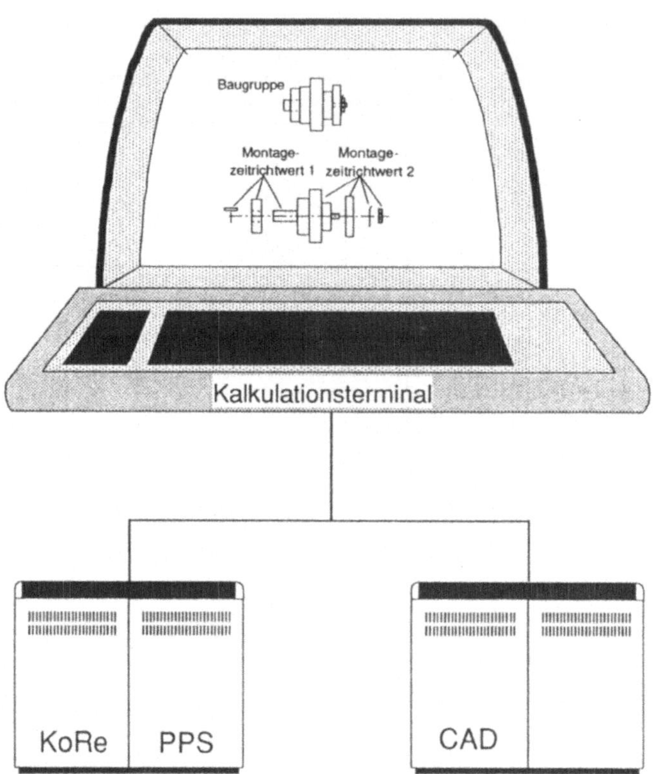

Abb.: 6.20: Anzeige von Zeitrichtwerten für die Montage

Für die Montage von Schraubverbindungen mit unterschiedlichen Hilfsmitteln und Schwierigkeitsgraden stehen beispielsweise überbetriebliche Zeitrichtwerte zur Verfügung. Für komplexe Montagevorgänge bietet das MTM-MEK-System Hilfestellungen bei der Ermittlung von Zeitrichtwerten.

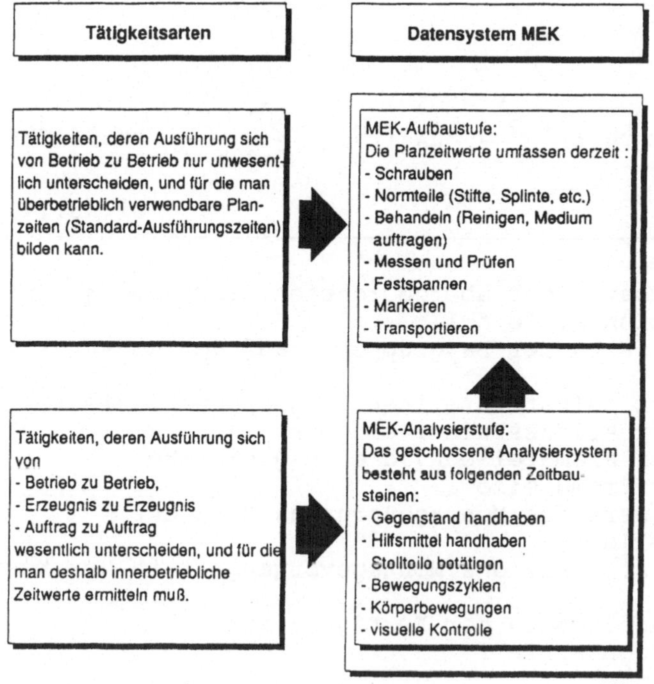

Abb. 6.21: MTM-MEK-System[370]

Die Zeitrichtwerte der einzelnen Montagevorgänge werden mit den Montageverrechnungssätzen der Montagekostenstellen, die ebenfalls in der Kostenplanung ermittelt werden, multipliziert.

Die Sondereinzelkosten der Fertigung, wie z. B. Kosten für Modelle oder Spezialwerkzeuge, müssen vom Konstrukteur bestimmt werden. Beim Fremdbezug werden die Kosten wie bei fremd zu beziehenden Einzelteilen oder Baugruppen ermittelt. Bei Eigenerstellung werden die Sondereinzelkosten der Fertigung in einer vorgeschalteten Sonderkalkulation mit dem Kosteninformationssystem kalkuliert. Es wird derselbe Ablauf, wie ihn die Abbildung 6.23 darstellt, durchlaufen.
Nun kann das Endprodukt mit dem Stufenverfahren der Bezugsgrößenkalkulation aus den ermittelten Herstellkosten der Baugruppen einer Konstruktionsstufe kalkuliert werden (siehe Abb. 6.22):

370 Radermacher, W.: Entwicklung eines Kosteninformationssystems für den Konstruktionsbereich, Diss., TH Aachen 1982, S. 49.

$$k_{Hjf+1} = \sum_{\alpha=1}^{w} p_{\alpha jf} \; k_{H\alpha f} + \sum_{\delta=1}^{v} p_{\ddot{u}\delta jf} \; q_{\delta} + \sum_{\beta=1}^{r} \sum_{i=1}^{m} t_{M\beta if} \; d_{M\beta i} + e_{Ff}$$

Gl. 6.14

k_{Hjf+1} = Herstellkosten der übergeordneten Baugruppe j, auf der Konstruktionsstufe f+1

$k_{H\alpha f}$ = Herstellkosten der Baugruppen α auf der Konstruktionsstufe f

$p_{\alpha jf}$ = Anzahl der selbsterstellten Baugruppen α, die in j in der Konstruktionsstufe f eingehen

$p_{\delta jf}$ = Anzahl der Fremdteile δ, die in j eingehen

q_{δ} = Preis der Fremdteile

$t_{M\beta if}$ = Zeitrichtwert des Montagevorgangs ß in der Kostenstelle i

$d_{M\beta i}$ = Montagekostensatz des Montagevorgangs ß in der Kostenstelle i

e_{Ff} = Sondereinzelkosten der Fertigung auf Konstruktionsstufe f

Abb. 6.22: Stufenweise Bezugsgrößenkalkulation

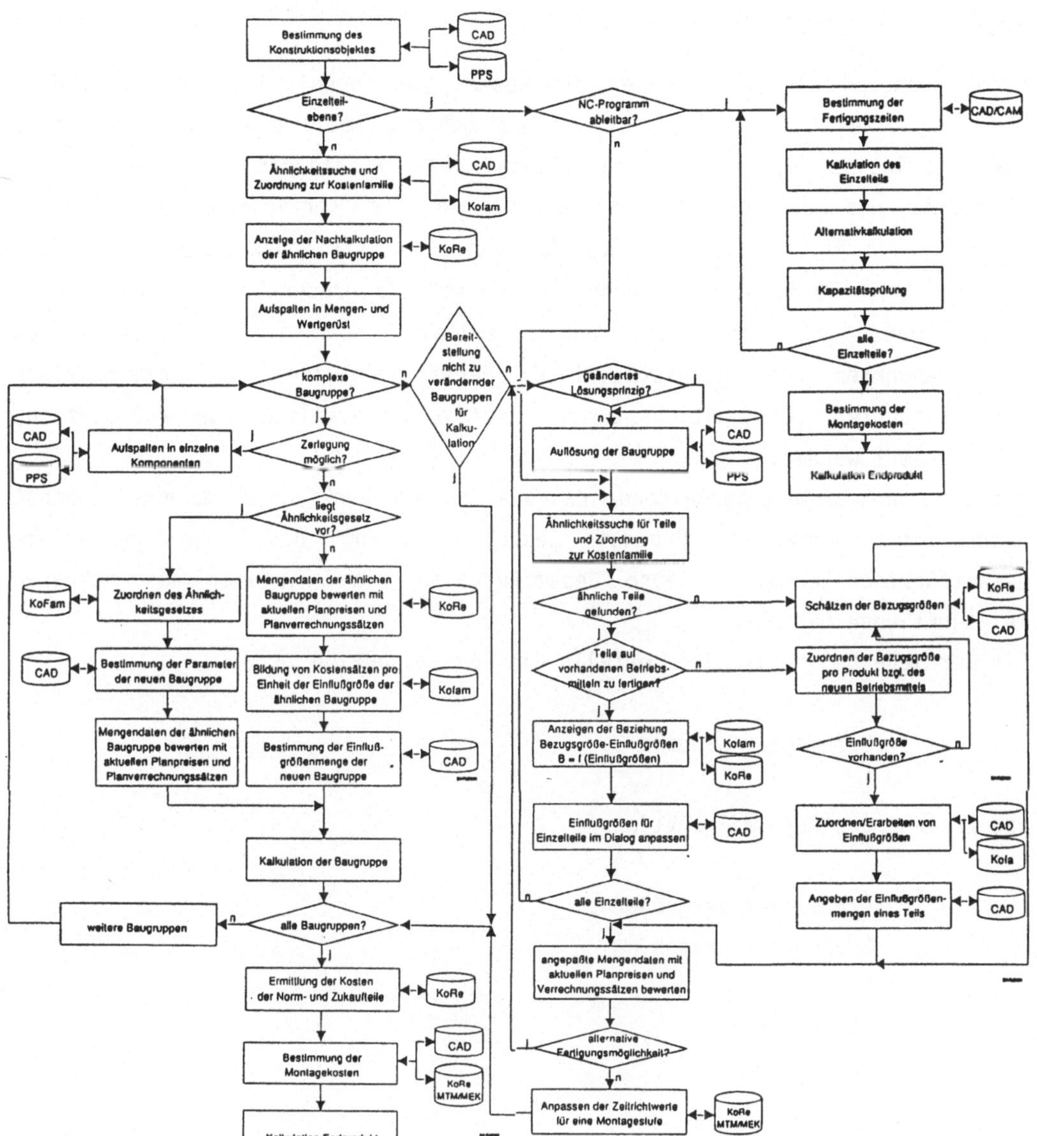

Abb. 6.23: Ablaufplan der Kalkulation in der Konzipierungs-, Entwurfs- und Ausarbeitungsphase

6.3.2.3 Funktionskosten

Eine eigene Problematik stellen die Kosten von technischen Funktionen dar. Wie im Kapitel 2.4.3 aufgezeigt, tragen mehrere Teile oder Baugruppen ganz oder teilweise zur Funktionserfüllung bei. Funktionen entsprechen der Denkweise des Entwicklers/Konstrukteurs in der Konzipierungsphase. Erst später, wenn für ein technisches Gebilde alle Funktionen konzipiert sind, sind auch die Teile oder Baugruppen insgesamt als grober Entwurf bekannt. Es können jetzt die Baugruppen und Einzelteile nach fertigungstechnischen Gesichtspunkten (Fertigungsstückliste, Fertigungsstufen) und kommerziellen Gesichtspunkten (Dispositionsstufen, Fertigungsstückliste zur Kalkulation) strukturiert werden.

Für eine entwicklungsbegleitende Kalkulation auf Funktionsebene muß zunächst nach einem ähnlichen Produkt gesucht werden, das eine gewünschte Gesamtfunktion erfüllt. Diese Gesamtfunktion kann wiederum aus mehreren Teilfunktionen bestehen.

Ein Getriebe beispielsweise, erfüllt die Gesamtfunktion

- Drehmoment wandeln

und besteht aus den Teilfunktionen

- Drehmoment vergrößern,
- Drehmoment leiten,
- Lagern,
- Abdichten und
- Schmieren.[371]

Aufgrund der erstellten Funktionskostenstrukturen (vgl. Kapitel 2.4.3,), kann der Entwickler erkennen, welche Teile in welchem Umfang an einer Funktion teilhaben. Ebenso sind die Funktionskosten ersichtlich, die einen Hinweis darauf geben, welche Funktionen besonders stark zu den Herstellkosten beitragen. Hier werden Entwicklungsschwerpunkte gesetzt, indem besonders teure Funktionen kostengünstiger gestaltet werden.

Tauscht man eine teure Lösung für eine Funktion gegen eine weniger teure Lösung aus, bedeutet dies nicht, daß die Kosten aller Komponenten, die teilweise zur Funktionserfüllung beitragen, sinken.

---

371 Vgl. Ehrlenspiel, K.: Kostengünstig Konstruieren, in: G. Pahl (Hrsg.): Konstruktionsbücher, Bd. 35, Berlin-Heidelberg-New York-Tokyo 1985, S. 265.

Die Abbildung 6.24 verdeutlicht dies.[372] Bei Modifikation der Funktion fallen hauptsächlich Änderungen an der Welle an, die zu einem bestimmten Teil an den Funktionskosten beteiligt ist. Wird die dargestellte Funktion "Axialsicherung eines Kugellagers" als Teil der Funktion "Lagern" gesehen, so hat auch das Gehäuse einen Anteil an den Funktionskosten "Lagern". Bei der aufgezeigten Änderung der Teilfunktion "Axialsicherung ..." würde die Gesamtfunktion Lagern zwar billiger, aber der Anteil, den das Gehäuse daran hat, bliebe gleich. Es muß keine technische Änderung am Gehäuse vorgenommen werden. Das heißt, die Funktionskostenstruktur (Anteile der Komponenten an den Funktionskosten) ändert sich.

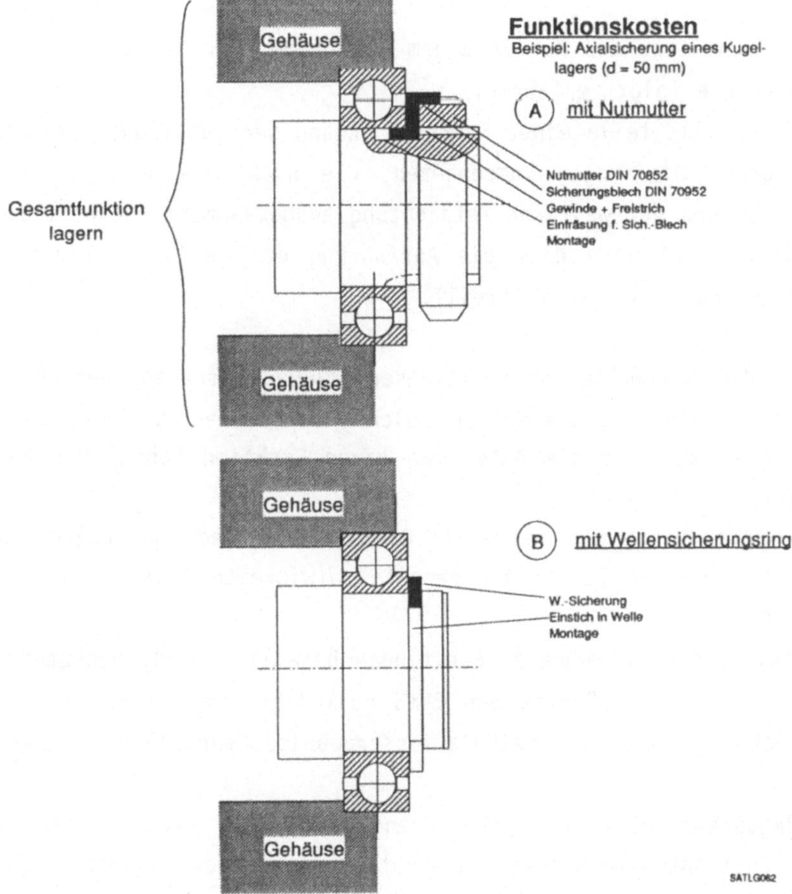

Abb. 6.24: Funktionskostenveränderung der Funktion "Lagern" durch Ändern der Teilfunktion "Axialsicherung"

372 Die Abbildung ist dem Kapitel 2.1.2.3 entnommen.

Der retrograde Schluß, die Funktionskosten bei Veränderung der Funktion wieder entsprechend der früheren Anteile der Einzelteile auf diese aufzuspalten, ist nicht zulässig. Es muß immer die Auswirkung der Veränderungen an der Funktion auf jedes einzelne Teil betrachtet werden.

Im Fall von Einzelteilen, die ganz in die Funktion eingehen, ist dies einfach. Sofern ein Kaufteil vorliegt, kann für eine Kalkulation auf den Preis im PPS-System zugegriffen werden. Im Beispiel der Abbildung 6.24 ist dies der Wellensicherungsring und das Kugellager.
Für Eigenfertigungsteile, die zu 100% in die Funktion eingehen und modifiziert werden, kann der Ablauf für Einzelteile des EVKS durchlaufen werden.

Für die Komponenten, die nur zu einem bestimmten Teil zu einer Funktion beitragen, wird wie folgt verfahren:
Zunächst sind alle Teile einer Funktion anhand der Funktionskostenstruktur zu identifizieren. Diejenigen Komponenten, die nicht verändert werden müssen, können danach von der weiteren Betrachtung ausgeklammert bleiben. Im Beispiel der Abbildung 6.24 wäre dies die Ausführung des Gehäuses (Eigenfertigungsteil) und des Kugellagers (Kaufteil).

Die Teile, die teilweise zur Funktionserfüllung beitragen, werden als ganzes betrachtet. Veränderungen erfahren solche Komponenten zunächst aber nur lokal, das heißt dort wo sie Anteil an einer Funktion haben. Der Rest bleibt unverändert.
Durch die Betrachtung der Teile als Ganzes kann wiederum, beginnend mit der Ähnlichkeitssuche für Teile, der bereits entwickelte Ablauf des EVKS abgearbeitet werden.
Für die Teile, die an mehreren Funktionen beteiligt sind, bedeutet dies, daß sie auch mehrfach als Ganzes vom EVKS kalkuliert werden müssen. Es erfolgt ein mehrfaches Erneuern der Kalkulationsergebnisse für solche Komponenten.

Beim Zerlegungsprozeß eines technischen Gebildes in seine Funktionseinheiten sind die Funktionskostenstrukturen wichtig, da sie den Zusammenhang von Funktionen und Teilen der Baugruppen beinhalten.
Weder die technischen Softwaresysteme, beginnend mit den CAD-Systemen, noch die betriebswirtschftlichen Softwaresysteme stellen Funktionsstrukturen dar. Diese müssen dann für das EVKS erarbeitet und bereitgestellt werden.

Der Aufbau der Funktionskostenstrukturen bezieht zunächst alle Produkte mit ein. Produkte erfüllen immer eine oder mehrere übergeordnete Funktionen. Diese beinhalten weitere Funktionen bis zu einem Niveau, auf dem nicht mehr der übergeordnete Produktbezug ausschließlich wichtig ist. Funktionen und deren unterschiedlichen Ausführungen können in verschiedenen Produkten vorkommen. Beispielsweise existiert die Funktion "Lagern" oder "Axialsicherung eines Lagers" nicht nur in Getrieben, sondern auch in anderen technischen Gebilden, wie Motoren, Turbinen, etc.
Koppelt man, nach Erstellen der produktbezogenen Funktionskostenstrukturen, solche Detailfunktionen vom Produktbezug ab, können Funktionen mit gleicher Funktionserfüllung, aber unterschiedlicher technischer Ausführung in einem Katalog gruppiert werden.
Ein solcher Katalog bietet dem Entwickler/Konstrukteur Hinweise auf mögliche Lösungsalternativen zur Erfüllung einer funktionalen Anforderung an ein Produkt.[373]
Als weiterer Schritt können die notwendigen Bearbeitungen und somit die Bearbeitungsverfahren für einzelne Teile einer Funktion festgestellt werden. Es sollen nur diejenigen Bearbeitungen identifiziert werden, die unmittelbar zur Funktionserfüllung auszuführen sind. Gleiches gilt für die darin enthaltenen Montagearbeitsgänge.

Aus diesen Daten lassen sich für jede Funktion die Kosten errechnen. Legt man innerhalb einer Gruppe gleicher Funktionen eine repräsentative als Basis fest, lassen sich die anderen dazu in Relation setzen. Damit erhält man einen Relativkostenktalog für Funktionen, der der Arbeit eines Konstrukteurs als Unterstützung angeboten werden kann. Es ist ersichtlich, mittels welcher Ausführung einer Funktion unter Einhaltung technischer Randbedingungen die Kosten tendenziell steigen oder sinken. Zur Kalkulation selbst wird das EVKS eingesetzt.

6.3.2.4 Kalkulation in der Ausarbeitungsphase

In der Ausarbeitungsphase, der letzten Phase des Konstruktionsprozesses, werden die Einzelteile betrachtet. Die endgültige Gestalt und Dimension wird

373 Roth, K.; Franke, H.-J.; Simonek, R.: Aufbau und Verwendung von Katalogen für das methodische Konstruieren, in: Konstruktion 24 (1972) H. 11, S. 449-458.

festgelegt, optimiert und überprüft. Der Konkretisierungsgrad ist in dieser Phase am höchsten. Die Objektdaten sind in der Ausarbeitungsphase bis auf Einzelteilebene vom Konstrukteur erarbeitet worden. Während der Konstruktion werden durch die organisatorische Integration mit der Arbeitsvorbereitung schon Fertigungsdaten ermittelt. Nun ist eine Genaukalkulation auch von Neukonstruktionen möglich.

Dies kann mit dem im vorausgegangenen Kapitel entwickelten Verfahren geschehen. Die Einflußgrößen sind nun genau ausgearbeitet und führen zu einer exakteren Kalkulation.
Der Ablauf ist immmer zu durchlaufen, wenn keine NC-Fertigung vorgesehen ist. Werden computerunterstützte Systeme in Konstruktion und Fertigung eingesetzt, können Objektdaten des CAD-Systems an die Erstellungsprogramme für die Steuerung von NC-Maschinen übergeben werden. Anhand der NC-Programme werden die Fertigungsdaten, z. B. Fertigungszeiten pro Erzeugniseinheit und Kostenplatz, bestimmt.

Die Planverrechnungs- bzw. Plankalkulationssätze der einzelnen Kostenplätze i und Bezugsgrößenarten ß werden aus der Kostenplanung eingelesen.
Die Einzelmaterialmengen m , die zugekauft werden müssen, sind für alle selbst zu erstellenden Baugruppen und Einzelteile in den Konstruktionszeichnungen und -stücklisten enthalten. Die zugehörigen Planpreise q_v sind in der Kostenplanung festgelegt.
Der Gemeinmaterialverrechnungssatz d_M wird bestimmt, indem die Plankosten der Materialkostenstellen, z. B. Einkauf, Lager etc., in Bezug zu den Planmaterialkosten, die in der Einzelmaterialplanung ermittelt worden sind, gesetzt werden. Es ergibt sich ein prozentualer Zuschlag.[374]
Die Herstellkosten selbst zu erstellender Einzelteile werden nach der Bezugsgrößenkalkulation für einteilige Stückgüter ermittelt (vgl. Gl. 3.3):

$$k_{h\mu} = \sum_{v=1}^{z} m_v \, q_{v(p)} \left(1 + \frac{dM}{100} \right) + \sum_{i=1}^{m} \sum_{ß=1}^{s} b_{iß\mu} \, d_{iß(p)} + e_F \qquad \text{(Gl. 6.15)}$$

374 Vgl.: Kilger, W.: Flexible Plankostenrechnung und Deckungsbeitragsrechnung, 9. Aufl., Wiesbaden 1988, S. 493.

Anhand der Konstruktionsstückliste und der daraus ermittelten Materialbedarfsberechnung können wiederum Kapazitätsprüfungen im PPS-System durchgeführt werden, damit Umplanungen bzgl. Betriebsmittel und Fertigungsverfahren auch in der Konstruktion berücksichtigt und die Auswirkungen von Kapazitätsengpässen auf die Herstellkosten ermittelt werden können.

Das Kosteninformationssystem ermittelt jedoch nicht nur die Herstellkosten der Produkte, sondern unterstützt den Konstrukteur auch bei Entscheidungssituationen. Sind verschiedene Werkstoffe, Verfahren oder Betriebsmittel einsetzbar, so können für jede Realisierungsmöglichkeit Alternativkalkulationen vom System erstellt werden und der Konstrukteur kann die günstigste Alternative auswählen.

Nach Kalkulation der Einzelteile aller Baugruppen und Bestimmung der Montagekosten und der Sondereinzelkosten der Fertigung, erfolgt die Endproduktkalkulation mit dem Stufenverfahren für mehrteilige Erzeugnisse. Die Stufenkalkulation hat den Vorteil, daß die Kosten aller Baugruppen transparent werden.

Die Kalkulation ist aufgrund des vorhandenen Datengerüstes relativ exakt und kann mit der Genauigkeit einer Plankalkulation durchaus verglichen werden.

Das hier vorgestellte EVKS verwendet wie die Plankalkulation die aktuellen Planpreise und -verrechnungssätze der entsprechenden Planungsperioden. Die Mengendaten sind ebenfalls vom Konstrukteur bestimmte Plandaten. Der Unterschied zu einer Plankalkulation ist jedoch, daß die Mengendaten nur für ein Endprodukt oder einen Auftrag geplant werden, die einer ständigen Änderung unterliegen.

Das Kosteninformationssystem berücksichtigt auch die Problematik der Einzel- und Auftragsfertiger, die bei jedem Auftrag andere Erzeugnisse konstruieren und produzieren müssen. Das EVKS kann aber auch bei Serienfertigern eingesetzt werden, falls das Produktionsprogramm geändert werden soll und neue Produkte konstruiert werden müssen. Die Durchlaufzeiten in der Konstruktion und Arbeitsvorbereitung können beim Einsatz dieses Kosteninformationssystems verkürzt werden, da die kostenrelevanten Entscheidungen des Konstrukteurs unterstützt werden. Gehen die Produkte dann in Serie, werden Plankalkulationen aufgestellt.

Das Kosteninformationssystem stellt hohe Anforderungen an das produktionstechnische Wissen des Konstrukteurs. Der Konstrukteur muß über das Fertigungspotential des Unternehmens informiert sein. Diese Informationen reichen von Bearbeitungsverfahren, Betriebsmitteln und Werkzeugen über Oberflächenbehandlungen und Qualitätsanforderungen bis hin zu Montageprinzipien, die darüber hinaus einer häufigen Änderung unterliegen.

6.4 Kostenkontrolle

Nach der Auftragsabwicklung wird die Standardnachkalkulation von der Kostenrechnung durchgeführt, die das tatsächlich angefallene Istmengengerüst ausweist. Somit ist die Kostenkontrolle mit der Kostenplanung, dem EVKS und der Standardnachkalkulation möglich, indem eine Abweichungsanalyse durchgeführt wird. Kalkulationsfehler, Verfahrens-, Verbrauchs-, Preis-, Lohn- und Kalkulationssatzabweichungen können erkannt und analysiert werden. Es ist die Kostenkontrolle der einzelnen Stellen möglich, d. h. Unwirtschaftlichkeiten in einzelnen Kostenstellen können aufgedeckt werden. Darüber hinaus ist auch die kostengünstigste Produktion der Aufträge möglich.

6.5 Durchführung der Kalkulation als Voll- und Grenzkostenrechnung

Das vorgestellte EVKS unterstützt parallel die Voll- und die Grenzkostenrechnung.
Bei der Vollkostenrechnung werden die gesamten Herstellkosten, also die proportionalen und die fixen Kosten ausgewiesen. Die Vollkostenermittlung wird benötigt zur Preispolitik und für offizielle Aufträge, die zu Selbsterstattungspreisen abgerechnet werden.[375]
Bei der Grenzkostenrechnung werden für die Kalkulation nur die proportionalen Kosten aus der Kostenplanung herangezogen. Die Grenzkostenkalkulation ist relevant, wenn entschieden werden soll, ob ein Auftrag angenommen wird, da die Grenzherstellkosten die absolute Preisuntergrenze angeben. Bei Unterbeschäftigung kann es bei gegebener Kapazität z. B. sinnvoll sein, einen

[375] Vgl : Kilger, W.: Einführung in die Kostenrechnung, 2., durchgesehene Aufl., Wiesbaden 1980, S. 68.

Auftrag anzunehmen, der zwar nach der Vollkostenkalkulation zu Verlusten führt, aber zur Deckung der fixen Kosten wenigstens teilweise beiträgt. Die Vollkostenkalkulation führt hier zu Fehlentscheidungen.
Die Grenzkostenkalkulation unterstützt den Konstrukteur weiterhin bei Entscheidungen bezüglich der Verfahrens- oder Betriebsmittelwahl. Bei kurzfristig gegebener Kapazität sind nur die Grenzkosten für die Betriebsmittel oder die Verfahrenswahl relevant.[376] Die fixen Kosten sind mit der Investitionsentscheidung entstanden und solange die Kapazität nicht verändert wird, bleiben die fixen Kosten in ihrer Höhe bestehen, unabhängig davon, auf welchem Betriebsmittel produziert wird (vgl. Abbildung 6.25).

	Vollkostenrechnung	Grenzkostenrechnung
BM I :	60 min * 5 DM/min = 300 DM	60 min * 4,2 DM/min = 252 DM
BM II:	45 min * 7 DM/min = 315 DM	45 min * 4,6 DM/min = 207 DM

Abb. 6.25: Beispiel 1: Vergleich von Voll- und Grenzkostenrechnung

Das Beispiel verdeutlicht, daß die Betriebsmittelwahl aufgrund der Vollkostenrechnung zu Fehlentscheidungen führt. Die Kostenplanung stellt die notwendigen Daten sowohl für die Voll- als auch für die Grenzkostenrechnung zur Verfügung. Pro Kostenplatz werden Proportional- und Vollkostensatz bereitgestellt (siehe Kapitel 3.3.8, Abbildung 3.7).

6.6 Zusammenfassung

Das Kosteninformationssystem ermittelt nur die Herstellkosten, nicht die Selbstkosten der Objekte, da der Konstrukteur keinen oder nur einen ganz unwesentlichen Einfluß auf die Verwaltungs- und Vertriebskosten hat.
Die Materialkosten werden im Kosteninformationssystem ermittelt, indem die in der Konstruktion festgelegten Materialmengen mit den Planpreisen der Kosten-

376 Vgl.: Plaut, H.G.: Grenzplankosten- und Deckungsbeitragsrechnung als modernes Kostenrechnungssystem, Kostenrechnungspraxis Heft 1 (1984), S. 22.

planung bewertet werden und die Materialgemeinkosten über prozentuale Zuschläge hinzugerechnet werden.

Die Fertigungskosten werden in drei Gruppen aufgeteilt: Betriebsmittelkosten, Lohnkosten und Sondereinzelkosten der Fertigung.

Die Betriebsmittelkosten sind in der Kostenplanung der Kostenstellenrechnung für die entsprechende Periode geplant und sind in den Planverrechnungs- oder Plankalkulationssätzen enthalten.

Die Lohnkosten werden in der Bezugsgrößenkalkulation der Plankostenrechnung über die Kostenstellen abgerechnet und werden nicht als Einzelkosten direkt den Kostenträgern zugeordnet. Demnach sind auch die Lohnkosten in den Planverrechnungssätzen der Kostenplanung enthalten.

Die Sondereinzelkosten der Fertigung müssen vom Konstrukteur je nach Auftrag oder Produkt gesondert ermittelt werden.

<table>
<tr><td colspan="14">Selbstkosten</td></tr>
<tr><td colspan="11">Herstellkosten</td><td>Verwaltungskosten</td><td colspan="2">Vertriebskosten</td></tr>
<tr><td colspan="9">Fertigungskosten</td><td colspan="2">Materialkosten</td><td rowspan="3">Verwaltungsgemeinkosten</td><td rowspan="3">Vertriebsgemeinkosten</td><td rowspan="3">Vertriebseinezlkosten</td></tr>
<tr><td colspan="6">Betriebsmittelkosten</td><td colspan="2">Lohnkosten</td><td>Sondereinzelkosten d. Fertigung</td><td rowspan="2">Materialeinzelkosten</td><td rowspan="2">Materialgemeinkosten</td></tr>
<tr><td>Abschreibungen</td><td>Zinskosten</td><td>Raumkosten</td><td>Energiekosten</td><td>Instandhaltungskosten</td><td>Werkzeugkosten</td><td>Lohneinzelkosten</td><td>Lohngemeinkosten</td><td>Sondereinzelkosten</td></tr>
</table>

Abb. 6.26: Gliederung der Selbstkosten[377]

Mit der Entwicklung des EVKS konnte gezeigt werden, daß einmal in der Produktentwicklung erzeugte Daten betriebswirtschaftlichen Verfahren zur Produktkalkulation zugeführt werden können. Die organisatorischen Voraussetzungen hierzu wurden diskutiert.

Das erarbeitete Kalkulationsschema kann vom Entwickler als Simulationswerkzeug verwendet werden, wodurch neben der Datenintegration auch eine Funktionsintegration erreicht wurde.

377 Kreisfeld, P.: Kostenbestimmung mit CAD-Systemen für Rotationsteile, in: Spur, G. (Hrsg.): Forschungsberichte für die Praxis, Bd. 41, München-Wien 1985, S. 39.

Weiterführend könnte der Kalkulationsarbeitsplatz zu einem Instrumentarium zur Konstruktionsberatung ausgebaut werden. Neben Kalkulationsalgorithmen wären auch qualitative Angaben, wie z.B. Konstruktionsregeln, zu hinterlegen. Nach Anwendung solcher quantitativer Anleitungen könnten die daraus resultierenden konstruktiven Lösungen mittels dem EVKS quantifiziert werden. Eingebunden in den iterativen Prozeß zwischen Konstruktion und Kalkulation kommt der Entwickler zu einer optimalen Lösung zwischen technischen Anforderungen, deren konstruktiven Lösungen und dem Kostenziel des entwickelten Produkts.

Auflistung der Objekttypen und ihrer Attribute

AGA (B/E): VNR, APLNR, TNR, Plan- und Ist-Gesamtmaterialkosten.

AGA-KOMPONENTENZUORDNUNG (B): TNR, APLNR, VNR, Bruttoverbrauchsmenge, Istverbrauchsmenge.

AGA-ZUORDNUNG (B/E): VNR, BMGNR, APLNR, TNR, variable und volle Plan- und Istfertigungskosten, Plan- und Ist-Sondereinzelkosten der Fertigung, Plan- und Ist-Fertigungseinzelkosten, variable und volle Plan- und Ist-Fertigungsgemeinkosten, Grenzplanfertigungsstückkosten, Plan- und Ist-Rüst-, Arbeits- und Maschinenzeit.

ANFORDERUNGSLISTE/PFLICHTENHEFT (E): ANPLNR, Leistungs- und Geometriedaten.

APL (E): TNR, APLNR, Fertigungsstückkosten, Menge, volle und variable Plan- und Ist-Fertigungsgemeinkosten, Sondereinzelkosten der Fertigung, Fertigungseinzelkosten, gesamte Auflagekosten, Statusattribut fiktiv oder real, Plan- und Ist-Gesamtmaterialkosten, Herstellkosten (Voll- und Grenzkostenbasis).

BELEGKOPF (E/B): BDATUM, UBLGNR, Zahlungsregelung.

BELEGZEILE/BUCHUNG (E/B): UBLGNR, ZNR, KTONR, BDATUM, Soll-Haben-Kennung, Mehrwertsteuerkennung, Betrag, Statusattribut zur Kennung, ob die Einzelkosten auf den Kostenträger verrechnet worden sind.

BESETZUNG (B): PERSNR, STNR.

BEZUGSGRÖßE (E): BZGRNR, Bezeichnung, Dimension, in der die Bezugsgröße gemessen wird, Erhebungsart.

BM (E): BMNR, Bezeichnung, Einstandspreis, Lieferant, technische Daten.

BMG (E): BMGNR, Bezeichnung.

BUCHUNGSZEIT (E): BDATUM.

EINFLUßGRÖßE (E): EFNR, Bezeichnung.

EINFLUßWERTZUORDNUNG (B/E): ANPLNR, FNR, EFNR, Einflußwerte, Statusattribut (Fest-, Mindestforderung oder Wunsch).

FKT-STRUKTUR (B/E): OFNR, UFNR, Anteilskoeffizient.

FKT.-ANALYSE (B/E): TNR, FNR, LÖSPNR, prozentualer Anteil.

FKT.-EINFLUßGRÖßENZUORDNUNG (B/E): FNR, EFNR.

FUNKTION (E): FNR, Bezeichnung.

KAUF (B/E): KNR, KDATUM.

KAUF-POS. (B/E): KNR, KDATUM, TNR, Bestellmenge.

KONTO (E): KTONR, Bezeichnung, Sollsumme, Habensumme, Saldovortag, aktueller Saldo.

<u>KOSTENART (E):</u> KARNR, Bezeichnung, Planpreis, variable und volle Planverrechnungspreise, realisierte variable und volle Verrechnungspreise, tatsächlicher Preis, Erfassungsweise (Einzel-, unechte Gemein- oder Gemeinkosten)

<u>KOSTENKLASSE (B/E):</u> TNR, EFNR; APLNR, Regressionsgleichung für Voll- und Grenzkosten, Gültigkeitsbereich pro Einflußsgröße.

<u>KOSTENSTELLE (E):</u> KSTNR, Bezeichnung, Name des Kostenstellenleiters, Kennzeichnung sekundär oder primär, Planbezugsgröße, Statusattribut real oder fiktiv.

<u>KOSTENSTRUKTUR (B/E):</u> KSTNR, KARNR, Planmenge, Planwert, fixer, variabler Anteil, Erhebungsart (gemessen, errechnet, geschätzt), Istmenge, Verbrauchsabweichung, Istwert, Sollkosten, Istmenge x Planpreis, Verbrauchsabweichung in Prozent vom Sollwert, Sollkosten zu Istpreisen, Preisabweichung, Summe-Verbrauchsabweichungen, Statusattribut, welche Kostenart zu Ausgaben führt.

<u>KOSTENTRÄGER (E):</u> KTRNR, Herstell- und Selbstkosten.

<u>KOSTENVERRECHNUNG (B/E):</u> KARNR, KSTNR, BZGRNR, DATUM, Grenzplankalkulationssatz, Plan-Vollkostensatz, Grenzplankalkulationssatz zu Istpreise, Ist-Vollkostensatz.

<u>KTO-STRUKTUR (B):</u> OKTNR, UKTONR.

<u>KUNDE (E):</u> KNR, Name, Adresse.

<u>KUNDENPFLICHTENHEFT-ZUORDNUNG (B):</u> KNR, KDATUM, ANPLNR, Bestellmenge.

<u>LEISTUNGSMESSUNG (B/E):</u> URBLNR, ZNR, KSTNR, BZGRNR, DATUM, Leistungsart, Leistungsmenge.

<u>LEISTUNGSVERLFECHTUNG (B/E):</u> BZGRNR; DATUM, EKSTNR, AKSTNR, Planmenge, Istmenge.

<u>LIEFERANT (E):</u> LNR, Lieferantenname mit Rechnungsadresse, Bankverbindung, Vorjahres- und aufgelaufener Umsatz, allg. Rabattklassenregelung und ein Index für Termin -und Qualitätseinhaltung.

<u>LIEFERANTEN-ANGEBOT (B/E):</u> LNR, ADATUM.

<u>LIEFERANTEN-ANGEBOTSPOS. (B/E):</u> LNR, ADATUM, TNR.

<u>LIEFERANTENKONDITION (B/E):</u> LNR, Kapazität des Lieferanten, durchschnittliche Lieferzeit, ob konstruktive Änderungswünsche an Teilen durchgeführt werden, Qualitätsdaten aus dem Wareneingang.

<u>MITARBEITER (E):</u> PERSNR, Gehalt, Stundelohn.

<u>MITARBEITER-ZUORDNUNG (B):</u> VNR, TNR, APLNR, BMGNR, PERSNR, Plan- und Ist-Arbeitszeit.

<u>OBJEKT-EINFLUßGRÖßENZUORDNUNG (B/E):</u> ONR, EFNR, Einflußgrößenwert.

<u>ORGANISATIONSSTRUKTUR (B):</u> Ober- und Unterstellennummer.

<u>PERIODENLEISTUNG (B/E):</u> KSTNR; BZGRNR, VON...BIS..., Planbezugsgröße, Istbezugsgröße pro Auftrag und Teil, auf die Istbeschäftigung umgerechnete Planbezugsgröße.

<u>REALISIERBARE LÖSUNGSPRINZIPIEN (B)</u> TNR, EFNR, FNR, LÖSPNR.

<u>REGRESSIONSANALYSE (B):</u> TNR, BMGNR, VNR, APLNR, EFNR, größter und kleinster Einflußgrößenwert, Regressionsformel für Voll- und Grenzkostenrechnung.

<u>RELATIVKOSTENKATALOG (B/E):</u> TNR, Aktualisierungsdatum, Relativkostenanteil.

<u>STELLE (E):</u> STNR, KSTNR, weitere Attribute zur Stellenbeschreibung.

<u>STRUKTUR (B/E):</u> OTNR, UTNR, Produktionskoeffizient, Ausschußsatz, Gültigkeitsdatum und Auslauftermin.

<u>TECHNISCHE VERFAHREN (E):</u> VNR, technische Attribute.

<u>TEIL (E):</u> TNR, Dispositionsstufe, Teiletyp (Kennung für Enderzeugnis, Ersatzteil, Verkaufsteil, Baugruppe, Einzelteil, Fremdteil), Wert (ABC-Analyse), Bezeichnung, Statusdaten (Kennung, in welcher Phase des Betriebsprozesses sich das Teil befindet: Entwicklungs-, Produktions-, Auslaufphase), Sondereinzelkosten des Vertriebs, Selbstkosten, Verkaufspreis, Einstandspreis, Plan-und Ist-Materialkosten, Lagerkostensatz, Datum der letzten Kostenänderung.

<u>TEILEINFLUßGRÖßENZUORDNUNG (B/E):</u> TNR, EFNR, Einflußwerte.

<u>UMLAGESCHLÜSSEL (E):</u> USNR, Bezeichnung, Dimension.

<u>URBELEG/GESCHÄFTSVORFALL (E):</u> UBLGNR, Entstehungsdatum, Bezeichnung.

<u>URBELEGZEILE (E):</u> UBLGNR, ZNR, Menge, Wert, KNR, TNR, KDATUM.

<u>VERTEILUNG (B):</u> KARNR, KSTNR, USNR.

<u>VERURSACHUNG (B/E):</u> KRNR, BZGRNR.

<u>VORR (E):</u> VORRNR, Bezeichnung, Einstandspreis, Lieferant, vorhandene Menge, technische Daten.

<u>VORR-EINSATZ (B):</u> VORRNR, BMGNR.

<u>VORR-ZUORDNUNG (B):</u> VNR, APLNR, BMGNR, TNR, VORRNR, Plan- und Ist-Benutzung, Sondereinzelkostensatz.

<u>WACHSTUMSFORMEL (B/E):</u> APLNR, TNR, EFNR, Voll- und Grenz-Herstellkosten pro Einflußgrößeneinheit, Gültigkeitsbereich.

<u>WZ (E):</u> WZNR, Bezeichnung, Einstandspreis, Lieferant, vorhandene Menge, technische Daten.

<u>WZ-EINSATZ (B):</u> BMGNR, WZNR.

<u>WZ-ZUORDNUNG (B):</u> WZNR, TNR, VNR, APLNR, BMGNR, Plan- und Ist-Benutzung, Sondereinzelkostensatz.

<u>ZEIT (E):</u> DATUM.

Abbildungsverzeichnis:

Kapitel 1:

Kapitel 2:

Abkürzungsverzeichnis

Abb.	Abbildung
ADATUM	Angebotseingangsdatum
AGA	Arbeitsgang
AKSTNR	abgebende Kostenstellennummer
Allg.	Allgemein
ANPLNR	Anforderungslisten- oder Pflichtenheftnummer
APL	Arbeitsplan
APLNR	Arbeitsplannummer
Aufl.	Auflage
B	Beziehungstyp
Bd.	Band
BDATUM	Buchungsdatum
B/E	Uminterpretation
BMG	Betriebsmittelgruppe
BMGNR	Betriebsmittelgruppennummer
BM	Betriebsmittel
BMRN	Betriebsmittelnummer
BZGRNR	Bezugrößennummer
bzw.	beziehungsweise
ca.	circa
d.h.	das heißt
E	Entitytyp
EDV	Elektronische Datenverarbeitung
EFNR	Einflußgrößennummer
EKSTNR	empfangende Kostenstellennummer
ERLNR	Erlösartennummer
ERM	Entity-Relationship-Modell
EVKS	Entwicklungsbegleitendes Vorkalkulationssystem
f	folgend
Fkt.	Funktion
FNR	Funktionsnummer
Gmk	Gemeinkosten

Hrsg.	Herausgeber
incl.	inclusive
KARNR	Kostenartennummer
KAUF	Kundenauftrag
KAUF-POS.	Kundenauftragsposition
KDATUM	Kundenauftragsdatum
KIS	Kosteninformationssystem
KNR	Kundennummer
KST	Kostenstelle
KSTNR	Kostenstellennummer
KTONR	Kontonummer
KTR	Kostenträger
KTRNR	Kostenträgernummer
LNR	Lieferantennummer
LÖSPNR	Lösungsprinzipnummer
lt.	laut
OFNR	Oberfunktionsnummer
ONR	Objektnummer
OKTONR	Oberkontonummer
OSTNR	Oberstellennummer
OTNR	Oberteilnummer
PERSNR	Personalnummer
S.	Seite
s.bes.S.	Siehe besonders Seite
sog.	sogenannten
STNR	Stellennummer
TNR	Teilenummer
u.	und
UBLGNR	Urbelegnummer
UFNR	Unterfunktionsnummer
UKTONR	Unterkontonummer

USNR	Umlageschlüsselnummer
USTNR	Unterstellennummer
usw.	und so weiter
UTNR	Unterteilnummer
Vgl.	vergleiche
VNR	Verfahrensnummer
VORR	Vorrichtung
VORRNR	Vorrichtungsnummer
WZ	Werkzeug
WZNR	Werkzeugnummer
z.B.	zum Beispiel
ZNR	Zeilennummer
z.T.	zum Teil
Zuord	Zuordnung

Literaturverzeichnis

Albien, E.: Rechnerunterstütztes Konstruieren - Freie Gestaltung mechanischer Werkzeugmaschinenbaugruppen, Diss., TH Aachen 1980.

Baatz, U.: Bildschirmunterstütztes Konstruieren - Funktionsfindung, Prinziperarbeitung, Gestaltung und Dataillierung mit Hilfe Graphischer Datenverarbeitungsanlagen, Diss., TH Aachen 1971.

Balken, J.: Auswertung von Wertanalysen zur Ermittlung von Kosteneinflüssen und Hilfsmitteln zum kostenarmen Konstruieren, in DFG Abschlußbericht zu Projekt Eh 46/6, Lehrstuhl für Konstruktion, TU München 1978.

Baumann, G.: Ein Kosteninformationssystem für die Gestaltungsphase im Betriebsmittelbau, Diss., TU München 1982.

Bäuml, J.; Lukas, B.: EDV-gestützte Entscheidungstechniken zur Beurteilung von Investitionsalternativen, Sindelfingen 1986.

Bednarz, K.; u.a.: CAD/CAM und Qualifikation, Auswirkungen integrierter Computersysteme auf Arbeitsprozesse in Konstruktion und Fertigung, Frankfurt-New York 1984.

Beitz, W.; Klasmeier, U.: Kostenfrüherkennung bei komplexen Schweißgruppen, in: VDI-Berichte 457 (1982), S. 115-127.

Beitz, W.; u.a.: Kostenfrüherkennung bei Baugruppen, in: Kosteninformationssystem, Forschungsbericht KfK-PFT 48, Kernforschungszentrum Karlsruhe (1983), S. 235-289.

Beitz, W.; u.a.: Kosteninformationen zur Kostenfrüherkennung: Handbuch für Entwicklung, Konstruktion und Arbeitsvorbereitung, Sonderauflage für VDI-Gesellschaft Enwicklung Konstruktion Vertrieb (VDI-EKV) zur Tagung "Herstellkosten im Griff?" Neu-Ulm 1987, Hrsg.: DIN, Deutsches Institut für Normung e.V., Berlin-Köln 1987, S. 15, S. 32 f.

Bernhardt, R., Bernhardt, W.: CAD/CAM-Anwendungsbeispiele aus der Praxis, Berlin-Offenbach 1984.

Bernhardt, R.: CAD/CAM, eine Herausforderung an Theorie und Praxis: Technik-Methode-Praxis, Sindelfingen 1985

Bleymüller, J., Gehlert, G., Gülicher, H.: Statistik für Wirtschaftswissenschaftler, 3. verbesserte Aufl., München 1983.

Blohm, H. und Lüder, K.: Investition, 5. Aufl. München 1983.

BMO - Biomedical Computerprogramms, Berkeley, University Press 1977.

Bock, H.H.: Automatische Klassifikation, Göttingen 1974.

Borges, A., Bondroit, U., Paffenholz, B.: Entwicklung eines universell gültigen Regressionsmodells zur Ermittlung von Planzeitwerten für vorwiegend manuelle Arbeiten, Forschungsberichte des Landes Nordrhein-Westfalen Nr. 2216, Forschungsinstitut für Rationalisierung TH Aachen, 1979.

Bronner, A.: Wertanalyse als Grundlage der Erzeugnisplanung, in VDI-Z, 110 (1968), S.1583-1588.

Bronner, A.: Wertanalyse als integrierte Rationalisierung, in: wt-z. ind. Fertigung 58 (1968), H. 1, S. 16-21.

Busch, W.: Relativkostenkataloge als Hilfsmittel zur Kostenfrüherkennung, in: VDI-Bericht Nr. 347 (1979), S. 143.

Chen, P.P.: The Entity - Relationship Model: Towards a unified view of data, in: ACM Transactions on Database - Systems, Vol. 1 (1976), No. 1, S. 9 -36.

Cohen, J., Cohen, P.: Applied Multiple Regession/Correlation Analysis for the Behavioral Sciences, second edition, Lawrence Erlbaum Associates, Inc. Publishers 1983.

Diemer, W.R.: CAD kurz und bündig: Zeichnen und konstruieren mit dem PC, Würzburg 1986.

Dittrich, K. R. u.a.: Datenbankunterstützung für den Ingenieurwissenschaftlichen Entwurf. Eine Übersicht über den Stand der Entwicklung, in: Informatik Spektrum (Juni 1985) Bd. 8, Heft 3, Hpt.-Hrsg.: W. Brauer, S. 113-125, s. bes. S. 119.

Dogac, A., Chen, P.P.: Entity - Relationship Model in the ANSI/SPARC Framework, in: Entity - Relationship Approach to Information Modelling and Analysis, Proceedings of the second International Conference on Entity - Relationship Approach (1981), Hrsg.: P.P. Chen, Amsterdam-New York-Oxford, 1983, S. 357 - 374.

Ebert, G.: Kosten- und Leistungsrechnung, Wiesbaden 1978.

Ehrlenspiel K.: Möglichkeiten zum Senken der Produktkosten - Erkenntnisse aus einer Auswertung von Wertanalysen, in: Konstruktion 32 (1980), H. 5, S. 173-178, s. bes. S. 177.

Ehrlenspiel, K., Kiewert, A., Lindemann, U.: Produktkosten senken - eine Aufgabe der Konstruktion, in: Konstruktion 30 (1978), Heft 4, S. 149-154, s. bes. S. 150.

Ehrlenspiel, K.: Kostengünstig Konstruieren, in G.Pahl (Hrsg.): Konstruktionsbücher, Band 35, Berlin-Heidelberg-New York-Tokyo 1985.

Ehrlenspiel, K.; Kiewert, A.; Lindemann, U.: Erarbeitung von Hilfsmitteln zum kostengünstigen Konstruieren - eine Aufgabe für die Konstruktionslehre, in: VDI-Z 122 (1980) Nr. 17, S. 681-687.

Ehrlenspiel, K.; Rutz, A.: Drei Beispiele zur rechnerunterstützten Kostenberechnung in Konstruktion und Arbeitsvorbereitung, in VDI-Bericht Nr.492 (1983), S. 92-93.

Ehrlenspiel, K; Kiewert, A.; Lindemann, U.: Kostenfrüherkennung im Konstruktionsprozeß, in: VDI-Bericht Nr. 347 (1979), S. 135.

Ehrlenspiel, K.: Genauigkeit, Gültigkeit, Gültigkeitsgrenzen, Aktualisierung der Erkenntnisse und Hilfsmittel zum kostengünstigen Konstruieren, in: Konstruktion 32 (1980) Nr. 12, S. 490.

Ehrlenspiel,K.; Hillebrand, A.; Rutz, A.: Kostenvergleichssystem Gußteile, in: Kosteninformationssystem KfK-PFT 48, Karlsruhe, Kernforschungszentrum (1983), S. 79-84.

Eigner, M., Maier, H.: Einführung und Anwendung von CAD-Systemen: Leitfaden für die Praxis, München-Wien 1982.

Eigner, M., Maier, H.: Einstieg in CAD: Lehrbuch für CAD-Anwender, München-Wien 1986.

Eilenberger, G.: Betriebliches Rechnungswesen: Einführung in Grundlagen - Jahresabschluß Kosten- und Leistungsrechnung, 2., ergänzte Aufl., München-Wien 1985.

Eversheim, W., Minolla, W., Fischer, W.: Angebotskalkulation mit Kostenfunktionen in der Einzel- und Kleinserienfertigung, Berlin 1977.

Eversheim, W.; Fuchs, H.: Automatische Arbeitsplan- und NC-Lochstreifenerstellung für Blechteile, in: Industrie Anzeiger 99 (1977), S. 1393-1396.

Eversheim, W.; Rothenbücher, J.: Kurzkalkulation von Spannvorrichtungen für die mechanische Fertigung, ZWF 80 (1985) 6, S. 263-284.

Faux, I. D., Pratt, M.-J.: Computational Geometry for Design and Manufacture, Ellis Harwood Limited, 1980.

Fischer, D.: Kostenanalyse von Stirnzahnrädern - Erarbeitung und Vergleich von Hilfsmitteln zur Kostenfrüherkennung, Diss., TU München 1983.

Frischmuth, G.: Daten als Grundlage für Investitionsentscheidungen, Berlin 1969.

Goetze, H.: Kostenplanung technischer Systeme am Beispiel der Werkzeugmaschine, Diss., TU Berlin 1978.

Gorny, P., Viereck, A.: Interaktive graphische Datenverarbeitung, Stuttgart 1984.

Grabowski, H.; Maier, H.: Verwaltung von Methoden für interaktive Berechnung von Bauteilen in einem Datenbankorientierten CAD-System, in: R. Wilhelm (Hrsg.): CAD-Fachgespräch, GI-10.Jahrestagung, Saarbrücken 30. September-2.Oktober 1980, in: W. Brauer (Hrsg.): Informatik-Fachberichte, Band 34, Berlin-Heidelberg-New York 1980, S. 119-133, s. bes. S. 120.

Grabowski, H.: Unveröffentlichtes Manuskript zur Vorlesung: Rechnerunterstütztes Konstruieren und Herstellen von Fertigungsunterlagen I, Karlsruhe 1980.

Grauer, H.: Rechnerunterstütztes Entwickeln, Konstruieren und Fertigen (CAD-CAM): Ein wesentliches Anwendungsgebiet von Funktions- und Datenverbunden in der Zukunft?, in: Datennetze: 1. Treffen 1978 des German Chapter of the ACM am 2. Juni 1978 in Wiesbaden, Hrsg.: H.Karl, München Wien 1979, S. 167-197, s. bes. S. 169.

Gröner, L.; Roth, L.: CIM-Handler für die Verbindung von Softwaresystemen, in: CIM-Management, Nr. 4 (1987), S. 14-19.

Haberstock, L.: Kostenrechnung I, 7. Aufl., Hamburg 1983.

Haberstock, L.: Kostenrechnung II, Grenzplankostenrechung, 6., durchgesehene Aufl., Hamburg 1984.

Handwörterbuch des Rechnungswesens, Hrsg.: E. Kosiol, 2., völlig neu gestaltete Auflage, Stuttgart 1981, Spalte 1120.

Hansen, F.: Konstruktionssystematik, 3. Aufl., Berlin 1968.

Hansen, F.: Konstruktionswissenschaft, Münster-Wien 1974.

Heinen, E.: Industriebetriebslehre, 8. Aufl., Wiesbaden 1985.

Heinen, E.: Informationswirtschaft, in: E. Heinen (Hrsg.): Industriebetriebslehre, Entscheidungen im Industriebetrieb, 8., durchgesehene und verbesserte Auflage, Wiesbaden 1985.

Hochstrasser, A.: Kosten- und Investitionsrechnung für Betrieb und Marketing, Müchen-Wien 1974.

Hummel, S., Männel, W.: Kostenrechnung 1: Grundlagen, Aufbau und Anwendung, Wiesbaden 1978.

Hübel, H.: Datenbankorientierter 3D-Bauteilmodellierer, Stuttgart 1985.

Jacob, H.: Investitionsrechnung, in: Allgemeine Betriebswirtschaftlehre, 4. Aufl., Wiesbaden 1981.

Jajodia, S. u.a.: Entity - Relationship Diagramms 1983 - The Problem of Equivalence for Entity - Relationship Diagramms, in: IEEE Transactions on Software Engineering, Vol. SE-9 (1983), No. 5, S. 617.

Jorissen, H. D.; Kämpfer, S.; Schulte H. J.: Die neue Fabrik, Düsseldorf, 1986.

Kesselring, F.: Sinnvolle Technik, in: Konstruktion (1954) 5, S. 169-175.

Kesselring, F.: Technische Kompositionslehre, Berlin-Göttingen-Heidelberg 1954.

Keßler, M.: Konstruktionsberatung - ein Instrument zur Kosten- und Produktoptimierung, in VDI (Hrsg.): Herstellkosten im Griff? Konstrukteure und Fertiger packen's gemeinsam, VDI-Berichte 651, Düsseldorf 1987, S.75-90.

Kief, H.B.: NC-/CNC Handbuch 1989, Hrsg.: I. Kief, Michelstadt-Stockheim 1989.

Kiewert A.: Systematische Erarbeitung von Hilfsmitteln zum Kostenarmen Konstruieren, Diss., TU München 1979.

Kilger, W.: Betriebliches Rechnungswesen, in: H. Jacob (Hrsg.): Allgemeine Betriebswirtschaftslehre, München 1981, S. 925-929.

Kilger, W.: Die Konzeption der Grundrechnung als Grundlage einer datenbankorientierten Kostenrechnung, in: W. Kilger, A.-W. Scheer (Hrsg.), Rechnungswesen und EDV, Einsatz von Personal und Computern, Würzburg-Wien 1984, S. 412-414.

Kilger, W.: Einführung in die Kostenrechnung, 2., durchgesehene Aufl., Wiesbaden 1980.

Kilger, W.: Flexible Plankostenrechnung und Deckungsbeitragsrechnung, 9.,verbesserte Aufl., Wiesbaden 1988.

Kilger, W.: Flexible Plankostenrechnung und Deckungsbeitragsrechnung, 7. Aufl., Opladen 1977.

Knetsch, W.: Organisations und Qualifikationskonzepte bei CAD/CAM Einführung: Voraussetzung erfolgreicher Anwendung flexibler Automatisierungssysteme, Berlin 1987.

Koch, J.: Kosten- und Leistungsrechnung, 3., völlig überarbeitete und erweiterte Auflage, München-Wien 1987.

Kochan, D. u.a.: CAD/CAM-Schlüsseltechnologie als Intensivierungsfaktor, Berlin 1987.

Kosiol, E.: Kosten- und Leistungsrechnung: Grundlagen, Verfahren, Anwendungen, Berlin-New York 1979.

Kosiol, E.: Kostenrechnung, Wiesbaden 1964.

Kölbel, H.; Schulze, I.: Projektierung und Vorkalkulation in der chemischen Industrie, Berlin 1960.

Krause, F.-L.: Systeme der CAD-Technologie für Konstruktion und Arbeitsplanung, Hrsg.: G. Spur München-Wien 1980.

Krämer, G.; Bartz, G.: Zur Konzeption einer "zweckneutralen" Grundrechnung, Zeitschrift für Betriebswirtschaft 55 (1985) H. 11, S. 1120-1138.

Kreisfeld, P.: Kostenbestimmung mit CAD-Systemen für Rotationsteile, in: G. Spur (Hrsg.), Forschungsberichte für die Praxis, Produktionstechnik Berlin, Bd. 41, München-Wien 1985.

Kube, V.: Leistungserfassung im Industriebetrieb, in: H. Jacob (Hrsg.): Moderne Kostenrechnung, Wiesbaden 1978, S. 63-103.

Laßmann, G.: Betriebsmodelle, in: K. Chmielewicz (Hrsg.): Entwicklungslinien der Kosten- und Erlösrechung, Komm. Rechungswesen im Verb. der Hochschullehrer für Betriebswirtschaft e.V., Stuttgart 1983.

Lindemann, U.: Systemtechnische Betrachtung des Konstruktionsprozesses unter besonderer Berücksichtigung der Herstellkostenbeeinflussung beim Festlegen der Gestalt, in: VDI (Hrsg.): Fortschritts-Berichte Reihe 1, Nr. 60, Düsseldorf 1980.

Linder, A.: Statistische Methoden, 4., unveränderte Aufl., Basel 1964.

Loos, D.: Betriebsabrechnung und Kalkulation, Herne-Berlin 1976.

Lorenzen, H.: Wirtschaftliche Produktgestaltung, in: VDMA (Hsrg.): Leistungssteigerung von Entwicklung und Forschung im Maschinenbau, Frankfurt 1976.

Lutz, J.F.: Daten von Investitionen. In: Investitions- und Finanzplanung im Wechsel der Konjunktur. Hrsg.: W. Kilger und A.-W. Scheer. Würzburg-Wien 1981.

Manz, I.: Anwendung der Aggregation auf mehrperiodische lineare Produktionsprogrammplanungsprobleme, Frankfurt am Main-Bern-New York 1983.

Matousek, R.: Konstruktionslehre des allgemeinen Maschinenbaus, Berlin-Göttingen-Heidelberf 1957 (Reprint 1974)

Mertens, P. (Haupthrsg.): Lexikon der Wirtschaftsinformatik, Berlin-Heidelberg-New York-Paris-Tokyo 1987.

Michel, R., Torspeken, H.-D.: Neuere Formen der Kostenrechnung, 2., überarbeitete und erweiterte Auflage, München-Wien 1986.

Minolla, W.: Rationalisieren in der Arbeitsplanung - Schwerpunkt Organisation, Diss., RWTH Aachen, 1975.

Nees, G.: CAD als Universalnetz - Für und Wider, in: Rechnergestützte Aktivitäten: CAD, Hrsg.: Händler, W. und Nees, G., Bibliographisches Institut, Mannheim-Wien-Zürich 1980, S. 147-176.

Niemann, G.: Maschinenelemente Bd.I, Berlin-Göttingen-Heidelberg 1963.

Opitz, H.: Werkstückbeschreibendes Klassifizierungssystem, Essen 1966.

Pacyna, H.: Die Kosten vor dem Gießen berechnet, in: VDI-Nachrichten 34 (1980), H. 6, S. 15-23.

Pacyna, H.: Klassifikation von Gußstücken, Düsseldorf 1977.

Pahl, G.; Beelich, K.H.: Ermittlung von Herstellkosten für ähnliche Bauteile, in VDI-Bericht Nr. 347 (1979), S. 155-164.

Pahl, G.; Rieg, F.: Kostenwachstumsgesetze für Baureihen, in: VDI-Bericht Nr. 457 (1982), S. 61-69.

Pahl, G.; Rieg, F.: Kostenwachstumsgesetze nach Ähnlichkeitsbeziehungen für Baureihen, in: VDI-Bericht Nr.347 (1979), S. 61-69.

Pahl, G.; Beitz, W.: Konstruktionslehre, Berlin-Heidelberg-New York 1977.

Plaut, H.G.: Die Grenzplankostenrechnung, Zeitschrift für Betriebswirtschaft (1953).

Plaut, H.G.: Entwicklungsformen der Plankostenrechung, Schriften zur Unternehmensführung, Bd. 22 (1976).

Plaut, H.G.: Grenzplankosten- und Deckungsbeitragsrechnung als modernes Kostenrechnungssystem. Kostenrechnungspraxis, Heft 2 (1984), S. 65-73.

Preißler, P.R.; u.a.: Grundlagen der Kosten- und Leistungsrechnung, München 1979.

Radermacher W.: Relativkosten von Funktionskomplexen, in: VDI-Bericht Nr. 457 (1982), S. 83-90.

Radermacher,W.: Entwicklung eines Kosteninformationssystems für den Konstruktionsbereich, Diss., TH Aachen (1982)

Rasche, W.: Kostenrechnung und Kalkulation, Stuttgart-Berlin-Mainz 1980.

Rauschenbach, T.: Kostenoptimierung konstruktiver Lösungen, VDI-Taschenbücher T 31, Düsseldorf 1978.

Reichl, M.: CAD erfolgreich einführen, Zürich 1985.

Riebel, P.: Einzelkosten- und Deckungsbeitragsrechnung, Wiesbaden 1985.

Rieg, F.P.: Kostenwachstumsgesetze für Baureihen, Diss., TH Darmstadt 1982.

Riemann, W. O.: Betriebsinformatik, München-Wien 1988.

Rodenacker, W.; Claussen, H.: Regeln des Methodischen Konstruierens, Teil1 und Teil 2, 1973/74.

Rodenacker, W.: Methodisches Konstruieren, 2. Aufl., Berlin-Heidelberg-New York 1976.

Roth, K.; Franke, H.-J.; Simonek,R.: Aufbau und Verwendung von Katalogen für das methodische Konstruieren, in: Konstruktion 24 (1972) H. 11, S. 449-458.

Rögnitz, H.; Köhler, G.: Fertigungsgerechtes Gestalten im Maschinen- und Gerätebau, Stuttgart 1959.

Schaich, E.; u.a.: Statistik II für Volkswirte, Betriebswirte und Soziologen, 2., überarbeitete u. erweiterte Aufl., München 1982.

Scheer, A.-W.: Absatzprognosen, Berlin-Heidelberg, New York-Tokyo 1983.

Scheer, A.-W.: CIM - Der computergesteuerte Industriebetrieb, Berlin-Heidelberg-New York-London-Paris-Tokyo 1987.

Scheer, A.-W.: EDV - orientierte Betriebswirtschaftslehre, 3. Aufl., Berlin-Heidelberg-New York-Tokyo 1987.

Scheer, A.-W.: Entwurf des konzeptionellen Schemas einer Datenbank für das innerbetriebliche Rechnungswesen, in: Grenzplankostenrechnung, Hrsg.: A.-W. Scheer, Wiesbaden 1988.

Scheer, A.-W.: Konstruktionsbegleitende Kalkulation in CIM-Systemen, Veröffentlichungen des Instituts für Wirtschaftsinformatik, Heft 50, Saarbrücken 1985.

Scheer, A.-W.: Schnittstellen zwischen betriebswirtschaftlicher und technischer Datenverarbeitung in der Fabrik der Zukunft. Veröffentlichungen des Instituts für Wirtschaftsinformatik, Heft 44, Saarbrücken 1984.

Scheer, A.-W.: Strategie zur Entwicklung eines CIM-Konzeptes, Organisatorische Entscheidungen bei der CIM-Implementierung, Veröffentlichungen des Instituts für Wirtschaftsinformatik, Heft 51, Saarbrücken 1988.

Scheer, A.-W.: Wirtschaftinformatik, Informationssysteme im Industriebetrieb, 2., verbesserte Auflage, Berlin-Heidelberg-New York-London-Paris-Tokyo 1988.

Scheer, A.-W.; Ahlers, J.; Gröner, L.; Karst, M.: System zur konstruktionsbegleitenden Kalkulation im Rahmen des Computer Aided Design (CAD) aus betriebswirtschaftlicher Sicht; in: Herstellkosten im Griff?, VDI-Berichte 651, Düsseldorf, 1987, S. 33-48.

Schlageter, G. und Stucky, W.: Datenbanksysteme - Konzepte und Modelle, 2., neubearbeitete und erweiterte Auflage, Stuttgart 1983.

Schleppegrell, J.: Ein System zur Investitionsplanung auf der Grundlage einer Werkstück- und Maschinenklassifizierung, Diss., Oldenburg 1969.

Schmalenbach, E.: Kostenrechnung und Preispolitik, 8., erweiterte und verbesserte Auflage, Köln-Opladen 1963.

Schuppar, H.: Rechnerunterstützte Erstellung und Aktualisierung von Relativkosten-Katalogen, Diss., TH Aachen 1977.

Schwaiger, L.: CAD-Begriffe, Hrsg.: SIS-Staedtler Informationssysteme GmbH, Berlin-Heidelberg-New York-Tokyo 1987.

Schweitzer, M.; Hettich, G.O.: Küpper, H.-U.: Systeme der Kostenrechnung, München 1975.

Seifert; u.a.: Rechnerunterstütztes Konstruieren mit PROREN, Bd. I, Hrsg.: Institut für Konstruktionstechnik der Ruhr-Universität Bochum 1986.

Seifert; u.a.: Rechnerunterstütztes Konstruieren mit PROREN, Bd. II, Hrsg.: Institut für Konstruktionstechnik der Ruhr-Universität Bochum 1987.

Sinzig, W.: Datenbankorientiertes Rechnungswesen, Grundzüge einer EDV-gestützten Realisierung der Einzelkosten- und Deckungsbeitragsrechnung, Betriebs- und Wirtschaftsinformatik, Bd. 6, Hrsg.: H.R. Hansen, H. Krallmann, P. Mertens, A.-W. Scheer, u.a., Berlin-Heidelberg-New York-Tokyo 1983.

Spur, G., Krause, F.-L.: CAD-Technik: Lehr- und Arbeitsbuch für die Rechnerunterstützung in Konstruktion und Arbeitsplanung, München-Wien 1984.

Spur, G., Krause, F.-L.: Erläuterungen zum Begriff "Computer Aided Design", in: ZWF 71 (1976) Heft 5, S. 190-198.

Spur, G.; Anger, H.-M.; Kunzendorf, W.; Stuckmann, G.: CAPSY - A dialogue system for Coputer Aided Manufacturing Process Planing, Manchester, 19. MTDR-Konferenz 1978.

Spur, G.; Goetze, H.: Kosten und Produktgliederung in der Werkzeugmaschinenindustrie, in: ZWF 73 (1978), Heft 6, S. 299-304.

Spur, G.; Goetze, H.: Prognoseentscheidugen anhand von Kostenfunktionen, in ZWF 74 (1979), Heft 2, S. 67-74.

Steinhausen, D.; Langer, K.: Clusteranalyse, Berlin-New York 1977.

Strauch, R. von: Variantenanalyse und Anwendung in der Serienfertigung, in: Späth, H. (Hrsg): Fallstudien Operations - Research, Bd. 3, München-Wien 1980.

System RK, Funktionsbeschreibung, SAP Aktiengesellschaft, Walldorf/Baden 1988.

Tuffentsammer, K.; Wolf, M.: Vorgabezeitermittlung und Arbeitsplanerstellung im Dialog mit einem Rechner, in: TZ 71 (1977), Heft 7, S. 49-52.

VDI (Hrsg.): Elektronische Datenverarbeitung bei der Produktionsplanung- und steuerung, VDI-Gesellschaft Produktionstechnik (ADB), Düsseldorf, 1978.

VDI (Hrsg.): VDI-Richtlinie 2221, Dachrichtlinie

VDI (Hrsg.): VDI-Richtlinie 2222, Blatt 1, Konzipieren technischer Produkte, Düsseldorf 1977.

VDI (Hrsg.): VDI-Richtlinie 2222, Blatt 2, Konstruktionsmethodik, Erstellung und Anwendung von Konstruktionskatalogen, Düsseldorf 1982.

VDI (Hrsg.): VDI-Richtlinie 2225

VDI (Hrsg.): VDI-Richtlinie 2235, Wirtschaftliche Entscheidungen beim Konstruieren, Düsseldorf, 1982.

VDI (Hrsg.): VDI-Richtlinie 3258, Blatt 1, Kostenrechnung mit Maschinenstundensätzen, Begriffe, Bezeichnungen, Zusammenhänge, Düsseldorf 1962.

VDI (Hrsg.): VDI-Richtlinie 3258, Blatt 2, Kostenrechnung mit Maschinenstundensätzen, Erläuterungen und Beispiele, Düsseldorf 1962.

Vetter, M.: Aufbau betrieblicher Informationssysteme, Hrsg.: L. Richter und W. Stucky, Stuttgart, 1982.

Vormbaum, H.: Grundlagen des betrieblichen Rechnungswesens, Stuttgart-Berlin-Köln-Mainz 1977.

Webre, N. W.: An Extended Entity-Relationship Model And Its Use On A Defense Project, in Chen, P. P. (Hrsg.): Entity - Relationship Approach, S. 173 - 193.

Wedekind, H.: Datenbanksysteme I, 2. Aufl., Mannheim-Wien-Zürich 1981.

Wessel-Schlickmann, H.-J.: Rechnerunterstütztes Konstruieren - Flexible Variantenkonstruktion von Werkzeugmaschinenbaugruppen, Diss., TH Aachen 1979.

Widmer, H. U.: Kostenprognosen mit mathematisch-statistischen Methoden für Angebotskalkulation und Budget, Diss. ETH (Eidgenössisch Technische Hochschule) Zürich 1962.

Wittemann, N.: Produktionsplanung mit verdichteten Daten, Berlin-Heidelberg-New York-Tokyo 1984.

Wöhe, G.: Einführung in die allgemeine Betriebswirtschaftslehre, 16., überarbeitete Aufl., München 1986.

Zimmermann, W.: Betriebliches Rechnungswesen: Aufwands- und Ertragsrechnung, Kosten- und Leistungsrechnung, Wirtschaftlichkeits- und Investitionsrechung, 2. überarbeitete Aufl., München-Wien 1985.

Betriebs- und Wirtschaftsinformatik

Herausgeber: **H. R. Hansen, H. Krallmann, P. Mertens, A.-W. Scheer, D. Seibt, P. Stahlknecht, H. Strunz, R. Thome**

Band 6: **W. Sinzig**

Datenbankorientiertes Rechnungswesen

Grundzüge einer EDV-gestützten Realisierung der Einzelkosten- und Deckungsbeitragsrechnung

3. Aufl. 1990. DM 78,- ISBN 3-540-51786-3

Band 8: **T. Noth, M. Kretzschmar**

Aufwandschätzung von DV-Projekten

Darstellung und Praxisvergleich der wichtigsten Verfahren

2. Aufl. 1985. DM 42,- ISBN 3-540-16069-8

Band 14: **N. Wittemann**

Produktionsplanung mit verdichteten Daten

1985. DM 64,- ISBN 3-540-15665-8

Band 15: **G. Diruf** (Hrsg.)

Logistische Informatik für Güterverkehrsbetriebe und Verlader

1985. DM 48,- ISBN 3-540-15692-5

Band 17: **A. Schulz** (Hrsg.)

Die Zukunft der Informationssysteme Lehren der 80er Jahre

Dritte gemeinsame Fachtagung der Österreichischen Gesellschaft für Informatik (ÖGI) und der Gesellschaft für Informatik (GI). Johannes Kepler Universität Linz, 16.-18. September 1986

1986. DM 106,- ISBN 3-540-16802-8

Band 18: **H. R. Göpfrich**

Bildschirmtext in der Ausbildung

Dargestellt am Beispiel der Wirtschaftsuniversität Wien

1987. DM 74,- ISBN 3-540-17175-4

Band 19: **M. Schumann**

Eingangspostbearbeitung in Bürokommunikationssystemen

Expertensystemansatz und Standardisierung

1987. DM 54,- ISBN 3-540-17369-2

Band 20: **T. Noth**

Unterstützung des Managements von Software-Projekten durch eine Erfahrungsdatenbank

1987. DM 76,- ISBN 3-540-17842-2

Band 21: **H. Demmer**

Datentransportkostenoptimale Gestaltung von Rechnernetzen

1987. DM 69,- ISBN 3-540-17919-4

Band 22: **J. Becker**

Architektur eines EDV-Systems zur Materialflußsteuerung

1987. DM 72,- ISBN 3-540-18349-3

Band 23: **P. Haun**

Entscheidungsorientiertes Rechnungswesen mit Daten- und Methodenbanken

1987. DM 59,- ISBN 3-540-18418-X

Band 24: **E. Plattfaut**

DV-Unterstützung strategischer Unternehmensplanung

Beispiele und Expertensystemansatz

1988. DM 49,- ISBN 3-540-18631-X

Band 25: **R. Brombacher**

Entscheidungsunterstützungssysteme für das Marketing-Management

Gestaltungs- und Implementierungsansatz für die Konsumgüterindustrie

1988. DM 76,- ISBN 3-540-18667-0

Band 26: **F. Schober**

Modellgestützte strategische Planung für multinationale Unternehmungen

Konzeption, Potential und Implementierung

1988. DM 78,- ISBN 3-540-18767-7

Band 27: **J. Hofmann**
Aktionsorientierte Datenverarbeitung im Fertigungsbereich
1988. DM 49,– ISBN 3-540-18798-7

Band 29: **R. Oetinger**
Benutzergerechte Software-Entwicklung
1988. DM 78,– ISBN 3-540-19135-6

Band 31: **P. Mertens, V. Borkowski, W. Geis**
Betriebliche Expertensystem-Anwendungen
2., völlig neu bearb. und erw. Aufl. 1990. DM 78,–
ISBN 3-540-52599-8

Band 32: **R. Thome** (Hrsg.)
Systementwurf mit Simulationsmodellen
Anwendergespräch, Universität Würzburg, 10. 12. 1987
1988. DM 59,– ISBN 3-540-19454-1

Band 33: **W. Ruf**
Ein Software-Entwicklungs-System auf der Basis des Schnittstellen-Management Ansatzes
Für Klein- und Mittelbetriebe
1988. DM 78,– ISBN 3-540-50364-1

Band 34: **A. Back-Hock**
Lebenszyklusorientiertes Produktcontrolling
Ansätze zur computergestützten Realisierung mit einer Rechnungswesen-Daten- und Methodenbank
1988. DM 58,– ISBN 3-540-50413-3

Band 35: **J. Nonhoff**
Entwicklung eines Expertensystems für das DV-Controlling
1989. DM 55,– ISBN 3-540-50760-4

Band 36: **G. Schmidt**
CAM: Algorithmen und Decision Support für die Fertigungssteuerung
1989. DM 55,– ISBN 3-540-51088-5

Band 37: **U. Leismann**
Warenwirtschaftssysteme mit Bildschirmtext
1990. DM 90,– ISBN 3-540-51844-4

Band 38: **C. Petri**
Externe Integration der Datenverarbeitung
Unternehmensübergreifende Konzepte für Handelsunternehmen
1989. DM 78,– ISBN 3-540-51849-5

Band 39: **U. Venitz**
CIM-Rahmenplanung
1990. DM 78,– ISBN 3-540-51910-6

Band 40: **M. Klotz, P. Strauch**
Strategieorientierte Planung betrieblicher Informations- und Kommunikationssysteme
1990. DM 58,– ISBN 3-540-52461-4

Band 41: **G. Steppan**
Informationsverarbeitung im industriellen Vertriebsaußendienst
Computer Aided Selling (CAS)
1990. DM 55,– ISBN 3-540-52558-0

Band 42: **K. Hildebrand**
Software Tools: Automatisierung im Software Engineering
Eine umfassende Darstellung der Einsatzmöglichkeiten von Software-Entwicklungswerkzeugen
1990. DM 58,– ISBN 3-540-52628-5

Band 43: **K. G. Götzer**
Optimale Wirtschaftlichkeit und Durchlaufzeit im Büro
Ein Verfahren zur integrierten Optimierung der Büroinformations- und Kommunikationstechnik
1990. DM 69,– ISBN 3-540-52939-X

Band 44: **O. Schweneker**
Entwicklung eines Expertensystems für Absatzprognosen durch konzeptionelles Prototyping
1990. DM 58,– ISBN 3-540-53216-1

Springer-Verlag
Berlin Heidelberg New York London
Paris Tokyo Hong Kong Barcelona